글로벌 마켓 창업 멘토링

초판 1쇄 발행 | 2018년 6월 29일

지은이 | 배우리
펴낸이 | 이은성
교　정 | 박민정
편　집 | 김윤성, 황서린
디자인 | 최승협
펴낸곳 | *e*비즈북스

주　소 | 서울시 동작구 상도동 206 가동 1층
전　화 | (02)883-9774
팩　스 | (02)883-3496
메　일 | ebizbooks@hanmail.net
등록번호 | 제379-2006-000010호

ISBN 979-11-5783-112-8 03320

*e*비즈북스는 푸른커뮤니케이션의 출판브랜드입니다.

이 도서의 국립중앙도서관 출판예정도서목록(CIP)은 서지정보유통지원시스템 홈페이지(http://seoji.nl.go.kr)와 국가자료공동목록시스템(http://www.nl.go.kr/kolisnet)에서 이용하실 수 있습니다.(CIP제어번호: CIP2018015748)

아마존, 이베이, 라자다, 엣시, 보낸자 에
어디서 팔 것인가?

글로벌 마켓 창업 멘토링

배우리 지음

e비즈북스

프롤로그

내 인생을 바꿔준 글로벌 마켓

　지금 이 책을 펼쳐 든 독자에게 책을 선택한 이유를 묻고 싶다. 아마도 지금 자신이 처한 상황에서 이 책의 제목과 표지에 있는 단어들에 끌렸기 때문일 것이다. 솔직한 얘기로 안정적인 경제 활동을 영위해 미래에 대한 걱정이 없다면 굳이 이런 책에 관심을 갖지 않을 것이다.
　맞다. 결국은 돈에 관한 얘기다. 돈 걱정에서 자유로울 사람이 얼마나 될까? 당장 급해서든 미래에 대한 불안 때문이든 결국 돈 걱정이 독자로 하여금 이 책을 읽게 만든 것이고, 나는 그 필요성과 목표 의식에서부터 시작하려 한다.
　언론을 통해 계속 낮아지는 지표를 자주 접하다 보니 이제는 아예 무감각해지는 것 같다. 88만 원 세대, 청년 실업, 캥거루족, 조기 은퇴, 평균 수명의 연장에 따른 노인 세대의 방황 등은 더 이상 나빠질 수 없는 우리의 경제 상황을 드러낸다. 게다가 앞으로도 작금의 상황이 나아질 것이라 기대하는 사람도 많지 않다. 이러한 때 책을 통해 글로벌 마켓 창업이라는 화두를 던지며 민감한 주제인 돈 얘기를 꺼내자니 저자로서 많은 책임감을 느끼게 된다.

나는 2005년부터 글로벌 마켓에서 셀러로 장사를 시작했다. 그리고 2010년, 홀로 부딪쳐가며 얻은 경험을 살려 쓴 첫 책 《이베이, 나의 두 번째 월급봉투》를 발판 삼아, 글로벌 마켓에서 창업을 하려는 기업과 개인을 대상으로 강의도 하고 있다. 이베이 관련 책을 세 권 출간한 후 한동안 저술을 생각할 겨를이 없었다. 매년 매출이 상승하는 데다 사업과 교육을 하는 것만으로도 내 삶이 풍족하다고 느꼈다.

그럼에도 이렇게 4년 만에 새 책을 펴내게 된 가장 큰 이유는, 10년이 넘도록 글로벌 마켓에서 셀러로 활동하고 전국 각지에서 강의를 하며 수많은 후속 셀러를 양성해낸 위치에서의 책임감 때문이다. 그동안 나를 통해 글로벌 마켓에서 창업에 성공한 사람들에게 받았던 고마움의 표시에 한 번 더 보답하고 싶은 마음, 그리고 글로벌 마켓의 최전방에서 뛰면서 깨달은 것을 공유하고 설파해야겠다는 의무감도 크게 느꼈다.

글로벌 마켓 창업의 전문가이자 강사이기 전에 나는 셀러이므로 솔직히 새로운 셀러의 유입이 반가울 수만은 없다. 그들의 판매 활동이 나의 매출에 영향을 주지 않는다고 말할 수는 없기 때문이다. 하지만 나는 경쟁이 많아야 시장이 더 발전할 수 있고 전체적인 매출이 커진다고 믿는다. 발전적이고 건설적인 제안을 통해 경쟁자가 아닌 건전한 업계 동료를 만드는 것이 나의 목표이고, 이는 새 책을 내놓는 이유 중 하나이기도 하다.

부끄럽지만 내 얘기를 조금 해보려고 한다. 서른일곱이라는 많지 않은 나이에 행복이나 인생이라는 단어를 감히 지면에서 논하기는 어렵지만 이렇게 확실히 말할 수 있다. "나는 글로벌 마켓을 알게 되어 해외 바이어들에게 상품을 파는 일을 시작한 이후로 인생이 바뀌었고, 행복하게 살아왔으며, 지금도 그렇다고 자부한다."

나는 태어난 환경과 노력에 비해 훨씬 더 많은 것을 얻을 수 있었다. 젊은 나이에 좋은 대접을 받으면서, 소박하지만 즐기고 싶은 것을 원하는 만큼 즐기고도 여유롭게 저축할 만한 돈을 벌며 부족함 없이 살고 있다. 글로벌 마켓에서 일하기 시작한 이후 지금까지 누구의 도움 없이 내 힘으로 대학과 대학원을 졸업하고 집과 좋은 차 등 수억 원의 자산을 마련했으며 나름의 사치도 마음껏 부리면서 산다. 당연히 빚은 한 푼도 없다. 이 모든 것은 순전히 글로벌 마켓 덕분이다. 군대를 제대한 후 겨우내 아르바이트를 해서 등록금을 마련해 복학했을 때 통장에 5만 원이 전부였던 대학생의 삶을 글로벌 마켓이 이렇게 바꿔주었다. 나는 내가 누리는 혜택이 독자의 삶에도 스며들기를 진심으로 바란다.

지난날을 돌이켜보면 나에게는 장사꾼 기질이 어느 정도 있는 것 같다. 학생 시절에도 용돈을 벌기 위해 친구들에게, 또 인터넷을 통해 무언가를 팔곤 했다. 하지만 아무리 어릴 적부터 그런 데 관심이 있었다고 해도 다른 사람들과 비교해봤을 때 내가 들인 노력에 비해 많은 결과물을 얻은 것은 틀림없다. 그렇다면 사실 나는 이 분야에서 특별히 뛰어난 능력을 가진 사람이 아닐 수도 있다. 그저 운 좋게 일찍 이 분야를 접했고, 오랫동안 이 일을 하다 보니 자연스럽게 노하우가 생겨서 지금의 위치에 서게 된 것이다. 단지 그뿐이다.

실제로도 내가 가르친 수많은 셀러 중에서 객관적으로는 기본 능력이 부족하지만 심지어 나보다 더 좋은 성과를 거둔 경우가 몇몇 있다. 영어 단어를 떠듬떠듬 말하던 여사님, 몇 번의 아르바이트 경험이 전부였던, 군대를 갓 제대한 청년, 국내 온라인 마켓에서 실패를 겪어 빚더미에 앉아 있던 삼촌뻘 형님, 키보드 타이핑도 제대로 못하던 중년 명예퇴직자 등… 이들은 피나는 노력 끝에 안정적인 수익을 거두는 셀러로 자리 잡고 내게 고마움을 전했다.

진부한 얘기 같지만 내가 힘주어 말하고 싶은 것은, 관심과 열정을 갖고 해외 바이어들을 상대로 판매를 성사시키기 위해 치열하게 고민하며 있는 힘껏 노력한다면 글로벌 마켓에서 자신만의 시스템을 만들어 수익을 창출하고 성과를 거둘 수 있다는 것이다. 이는 독자에게 허황되게 거짓 희망을 심어주는 뜬구름 잡는 얘기가 결코 아니다. 누구나 기회를 잡겠다는 열망만 있다면 잡을 수 있고, 끊임없이 노력한다면 결국에는 이뤄낼 수 있는 현실적이고 가시적인 실체다!

《세계 최고의 명강사를 꿈꿔라》에서 저자는 강의의 수준과 깊이에 따라 강사를 단계별로 구분했다. 단순히 지식이나 정보를 설명하고 전달하는 '스피커', 자신만의 설명 방법이나 특별한 예를 통해 청중을 충분히 이해시키는 '가이드', 강의를 통해 청중에게 미래에 대한 비전을 심어주는 '컨설턴트', 청중과 하나가 되어 청중의 삶을 변화시킬 뿐 아니라 강의를 듣는 이들이 강사를 스승으로 느낄 정도로 감동을 선사하는 '멘토'가 그것이다.[1]

나 역시 글로벌 마켓 창업 강의를 하면서 그와 같은 단계를 거쳤다. 강의를 위해 나부터 공부와 실전을 무수히 반복했고, 그 결과 이 분야의 정확하고 해박한 지식은 물론 핵심과 맥락을 관통하는 비전을 갖게 되었다고 자부한다. 또한 주로 어떤 사람들이 어떤 상황에서 이 분야에 도전하는지, 그들이 어떤 어려움을 겪는지, 어떻게 해야 그것을 극복하도록 도와줄 수 있는지, 실질적으로 필요로 하는 것은 무엇인지도 정확히 알게 되었다.

이 책을 통해 이루고자 하는 가장 큰 목표는 독자의 입장에서 독자와 하나가 되어 초심자가 가진 궁금증을 함께 고민하고 해결하며, 나아가 꾸준히 성장하고 발전하도록 만드는 것이다. 그 결과 많은 독자가 '책을 통해 접한 저자의 얘기와 조언 덕분에 글로벌 마켓 창업을 시작했고, 그 덕분에 경제적으로는 물론 삶과 일상이 좋은 방향으로 변화했다'고 훗날 말할 수 있었으면 한다. 이를 위해 이 책에 내 모든 경험과 노하우를 쏟아부었으며, 최고 수준의 강의를 하겠다는 목표 의식과 사명감으로 내 인생에서 결혼식 이후로 가장 무겁게 '멘토링'이라는 세 글자를 책 제목에 붙였음을 밝힌다.

부디 이 책을 통해 독자가 목표로 하는 글로벌 마켓 성공 창업의 실마리를 찾을

---

[1] 류석우(2004), 《세계 최고의 명강사를 꿈꿔라》, 씨앗을뿌리는사람, 33~67쪽.

수 있기를 간절히 바란다. 그리고 나 또한 독자와 함께 건전한 업계 동료로서 고민하고 노력하면서 글로벌 마켓 창업의 숨겨진 가능성을 더욱 누렸으면 하는 바람이다.

할 수 있다! 글로벌 마켓 성공 창업은 관심, 노력, 끈기만 있다면 못할 사람이 없다. 다만 아무런 준비 없이 덤벼들고, 게으름을 부리고 노력하지 않으며, 쉽게 포기하고 그만두는 나약한 사람이 많을 뿐이다.

2018년 6월

배우리

차례

프롤로그 내 인생을 바꿔준 글로벌 마켓 · 4

글로벌 마켓 창업, 할 수 있을까?

글로벌 마켓에 대한 궁금증 해결 · 14
보면 볼수록 알면 알수록 매력이 넘치는 온라인 마켓 · 25
나에게 맞는 온라인 마켓은 과연 어디일까? · 38
내 능력에 맞춰서 짜보는 글로벌 마켓 진입 전략 · 64

작은 일부터 당장 시작하자

글로벌 마켓 창업의 네 가지 핵심 업무 · 74
세일즈맨, 서비스맨, 크리에이터가 되자 · 78
판매자가 되기 전에 고객이 되어보자 · 83
길을 만드는 첫걸음, 계정 세팅 · 86

설레는 마음으로 판매 상품을 골라라

끝없는 고민, 무엇을 팔 것인가? · 92
수많은 상품 카테고리 속을 파헤쳐보자 · 98
시장 조사를 통한 판매 상품 선정과 기존 셀러 벤치마킹 · 113
더 저렴하게, 더 좋은 상품을 매입하는 방법 · 123

상품 등록이 명함이다

상위 노출 알고리즘을 알아야 상품이 팔린다 · 132
완성도 높은 상품 등록을 하는 노하우 · 134
내 능력을 보여주면 글로벌 마켓이 나를 밀어준다 · 155
마켓에 따라 다른 맞춤형 상품 등록 전략 · 163

누구보다 빠르게, 남들과는 다르게

운영 관리의 흐름과 효율적인 시스템 구축 방법 · 184
상품 매입은 관대하게, 관리는 섬세하게 · 194
우는 손님도 달래서 내 편으로 만들자 · 199
경쟁력 확보와 판매에 도움을 주는 툴의 활용 · 207

글로벌 마켓 창업, 꽃길만 걷자

반가워요! 나만의 스토어 오픈 · 226
적재적소의 광고가 만들어내는 힘 · 236
닫힌 지갑도 열게 만드는 프로모션의 힘 · 241
물 들어올 때 노 젓는 쇼핑 시즌 공략법 · 251
SNS는 마케팅 수단이 아닌 일상의 한 부분이다 · 254
비즈니스에 도움을 주는 리스크 관리 방법 · 262

에필로그 · 271

Chapter
01

글로벌 마켓 창업, 할 수 있을까?

글로벌 마켓에 대한
궁금증 해결

지난 몇 년 동안 글로벌 마켓 비즈니스가 미디어를 통해 창조 경제, 한류, 블랙 프라이데이, 직구, 역직구 등과 함께 화두에 오르고 있다. 또한 글로벌 마켓 한국 지사, 국가 공공 기관, 각종 단체, 사설 학원에 이르기까지 다양한 곳에서 글로벌 마켓 창업 교육의 열기가 지속되고 있지만 많은 사람에게 여전히 낯선 분야이기도 하다. 이제는 대부분의 사람들이 당연히 이베이와 아마존 정도는 알고 있을 것 같지만, 강의 현장에서 그 이름을 언급하면 낯설어하는 사람이 많은 것이 사실이다. 경쟁이 심하지 않아 창업의 기회를 엿볼 수 있다는 긍정적인 의미에서든, 대중적으로 크게 알려지지 않은 낯선 분야라는 부정적인 의미에서든 글로벌 마켓 창업이라는 분야는 아직 '그들만의 리그'이고, 더 많은 사람이 함께한다면 더욱 건강하게 발전할 수 있을 것이다.

먼저 글로벌 마켓 창업을 처음 접하는 사람들이 갖고 있는 궁금증과 그에 대한 답변을 살펴보자. 여기서 제시한 것은 실제 강의 현장에서 많이 받는 질문으로, 관련 지식이 없는 초심자가 이 사업의 근본적인 내용을 이해하는 데 상당히 도움이 될 것이다.

Q. 글로벌 마켓 비즈니스는 어떤 일인가?

A. 쉽게 말해 온라인을 통한 소규모 무역 사업이라고 할 수 있다. 지마켓·옥션과 같은 온라인 마켓이나 쿠팡·위메프와 같은 소셜커머스, 또는 스타일난다와 같은 쇼핑몰에서 상품을 구매해본 독자가 많을 것이다. 글로벌 마켓 비즈니스는 이처럼 다양한 온라인 마켓에서 상품을 사고파는 것을 우리나라가 아닌 외국의 온라인 마켓에서 하는 것이다. 사고파는 일 중 주로 판매에 집중하는데, 이베이·아마존·엣시·보낸자·라자다와 같은 온라인 마켓 또는 빅커머스·워드프레스 등을 활용해 구축한 쇼핑몰에 상품을 등록하고 외국의 바이어들에게 판매해 수익을 창출하는 것이 글로벌 마켓 비즈니스의 주요 업무이자 핵심이다.

Q. 누구나 할 수 있는가? 어떤 조건이 필요한가?

A. 평소에 쇼핑이나 중고 상품 거래를 즐기는 사람이라면 쉽게 이 일을 이해하고 접근할 수 있다. 해외 결제가 가능한 신용카드(체크카드)를 갖고 있다면 이미 사업체를 운영하고 있는 기업이나 개인사업자는 물론 학생, 직장인, 주부 등 누구나 이 비즈니스를 할 수 있다.

그동안의 경험에 비춰 볼 때, 이 일을 하는 데 가장 중요한 자질은 상품 판매나 서비스 제공을 통해 수익을 창출하는 '장사꾼 소질'이라고 생각한다. 그런데 이는 보통 후천적인 환경의 영향을 많이 받는다. 내 경우에는 20년 동안 자영업을 하신 아버지를 통해 자연스럽게 이 분야에 흥미를 가질 수 있었다. 상품 판매, 유통, 무역, 마케팅 등에 관심이 많다면 글로벌 마켓 창업을 시작하는 데 더할 나위 없이 좋은 DNA

를 갖고 있는 셈이다.

하지만 관심과 열정이 있다고 해서 누구나 성공할 수 있는 것은 아니다. 관련된 업무 능력을 기본적으로 갖춰야 한다. 이런 능력이 부족하면 업무의 효율성이 떨어져서 비즈니스를 지속하기 어렵기 때문에 스스로 노력해 능력을 함양해야 한다.

■ 영어 실력

해외 거주 경험이 없는 이상 발음이나 문법이 완벽할 수 없겠지만 적어도 "Do you offer combined shipping or not for multiple items(여러 상품 구매 건에 대해 묶음 배송이 가능한가요?)." 정도의 상품 거래 관련 문장을 영작 및 해석할 수 있어야 한다. "Where do you get your items?", "What are your goals with this business?", "How fast do you dispatch orders?" 등의 질문에 유창하게는 아니더라도 답을 할 수 있어야 한다.

온라인 마켓에서는 상품 거래가 주를 이루기 때문에 사용하는 단어나 문장이 제한적이다. 따라서 모르는 단어는 단어장을 만들어 외우도록 한다. 영어 이외의 언어는 번역기를 사용할 수밖에 없겠지만, 이때도 우리말로 번역하지 말고 영어로 번역해야 한다. 번역기의 한계로 우리말 번역이 미흡하기 때문이다.

■ 컴퓨터 활용 능력

글로벌 마켓 비즈니스의 업무는 대부분 컴퓨터로 이뤄지므로 컴퓨터를 능숙하게 다루는 능력이 상당히 중요하다. 한글, 영문 모두 최소한 분당 300타 이상 타이핑할 수 있어야 하고, 인터넷 익스플로러 외에 크롬, 사파리, 파이어폭스 등의 브라우저가 있다는 것도 알고 있어야 한다. 그리고 특정 사이트를 즐겨찾기로 등록하고 여러 사이트를 열 때 새 탭으로 여는 방법을 익히고, 사이트에 로그인할 때 탭 버튼을 활용해 아이디와 비밀번호 입력란 전환을 빠르게 할 수 있어야 한다. 로그인할 때마다 수첩에 적어둔 아이디와 비밀번호를 보고 입력하는 사람들이 있는데 이 한 대목만

> **ⓘ 파워 솔루션**
>
> 영어 실력이 부족하다면 이베이, 아마존을 둘러보다 모르는 단어가 있으면 단어장에 써놓고 틈틈이 암기하며, 글로벌 마켓 비즈니스에서 자주 사용하는 문장을 해석하고 영작하는 연습이 필요하다. 글로벌 마켓 창업을 하겠다면서 영어를 못하는 것은, 요리사가 되려는 사람이 조미료의 이름과 맛을 모르는 것이나 다름없다.
>
> 컴퓨터 활용 능력이 떨어진다면 한컴 타자 연습으로 타이핑 속도를 향상하고, 인터넷 브라우저를 보다 빠르게 활용할 수 있도록 연습을 하여 익숙해져야 한다. 또한 이미지 편집 능력이 부족한 사람은 캡처 프로그램을 설치해 인터넷의 상품 사진을 캡처하는 연습을 하고, 이미지와 캔버스 크기 조절, 이미지 편집 등 기본적인 포토샵 기능을 공부해야 한다. 컴퓨터 활용이나 이미지 편집을 못하면서 글로벌 마켓 창업을 한다는 것은, 칼질도 제대로 못하면서 요리사가 되려는 것과 마찬가지다.

으로도 성공 가능성이 짐작된다. 또한 각종 프로그램을 컴퓨터에 설치하거나 제거하고, 컴퓨터의 속도를 높이기 위해 최적화를 진행하는 일 등을 쉽게 할 수 있어야 한다.

■ 이미지 편집과 HTML의 이해

상품을 판매할 때 가장 중요하게 다뤄지는 소스 중 하나는 상품의 이미지이므로 이미지를 자유자재로 편집할 수 있어야 한다. 어떤 프로그램을 사용하든 관계없이 브라우저에 있는 이미지를 캡처하는 방법, 스마트폰으로 촬영한 사진을 PC로 옮기는 방법을 알아야 한다. 이미지의 픽셀 개념을 이해하고, 포토샵과 같은 툴을 활용해 이미지나 캔버스의 크기를 조절하고 이미지를 자르거나 붙이며 색상을 보정하는 작업 등을 할 수 있어야 한다.

그리고 컴퓨터의 언어인 HTML에 대한 기본적인 지식도 있어야 한다. 1990년대 후반 인터넷이 급속도로 보급되기 시작할 때 다음 카페가 폭발적인 인기를 누렸다.

이런 카페를 운영해본 사람이라면 카페 대문, 글 제목이나 내용을 돋보이게 하거나 하이퍼링크를 만들기 위해 〈font color, size〉, 〈marquee〉, 〈a href〉, 〈img src〉 등의 HTML 소스를 사용한 기억이 있을 것이다. 상품을 등록할 때 필수로 동반되는 상품 설명 글을 눈에 띄게 할 수 있는 HTML 소스, 그리고 외부에 올린 이미지를 상품 설명 글에 끌어오거나 클릭으로 외부 링크와 연결시키는 기본적인 HTML 소스 정도는 알고 있어야 한다.

Q. 창업하는 데 어느 정도의 비용이 드는가?

A. 판매하려는 상품의 단가와 사무실 임대 여부 등에 따라 달라지는데, 기본적으로 필요한 자금은 최소 300만~500만 원 정도다. 글로벌 마켓 비즈니스의 경우 많은 상품을 선매입하지 않아도 되고 굳이 사무실을 임대할 필요도 없다. 집에서도 컴퓨터 한 대로 업무를 할 수 있기 때문이다.

공간과 장비에 들어가는 비용을 제외하면 가장 큰 비중을 차지하는 것은 상품 구입비다. 이베이의 경우 최초 1개월 동안 판매 가능한 금액이 500달러로 제한되고 판매 자금이 정산되는 데 21일이 소요되므로,[2] 상품 구입과 배송에 들어가는 비용은 여유 있게 책정해도 200만 원 정도다. 아마존은 판매 가능한 금액에 제한이 없으므로 처음부터 많은 매출이 발생할 수도 있지만 자금 정산에 최소 15일이 소요되므로, 이베이와 비교했을 때 비슷한 매출인 경우 추가로 100만~200만 원 정도가 필요하다. 한편 이베이는 스토어를 이용하면 월 24.95달러, 아마존은 프로페셔널 플랜을 이용하면 월 39.99달러가 과금된다.[3] 만약 1달러가 1100원이라면 매월 7만 원이 조금 넘는 금액이 고정 비용으로 발생하는 것이다.

---

[2] 이베이에서 신규 셀러의 경우 ① 최초 판매 후 90일 경과, ② 미국 바이어와 25건 이상, 250달러 이상 거래 등의 조건을 충족하기 전까지는 입금된 금액을 21일 동안 사용할 수 없다. 만약 앞의 조건을 모두 충족하면 입금된 금액을 즉시 출금할 수 있다.

[3] 아마존에서는 개인 셀러와 프로페셔널 셀러 중 하나를 선택해야 하는데, 개인 셀러는 월 이용료가 없는 대신 등록할 수 있는 상품의 개수가 40개로 제한된다.

컴퓨터와 프린터는 갖고 있는 것을 써도 되지만 새로 구비해야 한다면 100만 원 정도가 추가된다. 안정적인 업무 처리와 편리성의 측면에서 노트북보다는 데스크톱이 더 낫다. 모니터 2개를 하나의 컴퓨터에 연결해 활용하면 업무의 효율이 매우 높아지므로 반드시 구비한다. 또한 전자저울, 상자, 안전 봉투, 에어캡, 라벨지, A4 용지 등 각종 포장재와 기본 사무 용품은 모두 합쳐 20만 원 정도면 해결할 수 있다.

Q. 어떤 상품이 많이 판매되는가?
A. 교육 현장에서 가장 많이 받는 질문이 바로 이것인데 통계적인 답은 나와 있다. 우리나라 셀러들이 글로벌 마켓에서 가장 많이 판매하는 상품은 단연 화장품이다. 통계청의 온라인 쇼핑 동향 자료를 보면 화상품의 온라인 수출액이 2015년 3분기 1425억 원에서 2016년 3분기 4077억 원으로 증가했듯이 한국 화장품에 대한 해외 바이어의 관심이 엄청나다. 그 밖에도 소형 전자 제품, 의류, 패션, 휴대전화와 액세서리, K-pop, 자동차 용품과 부품 등을 해외 바이어가 많이 찾고 거래도 활발하게 이뤄진다.

위에 열거한 상품을 판매하는 셀러의 비율은 우리나라 전체 셀러의 약 70%에 달한다. 하지만 그만큼 다른 종류에 비해 경쟁이 치열하고 마진 폭도 크지 않다. 꼭 남들이 잘 파는 것을 선택해야 한다는 법은 없다. 흔히 생각하지 못하는 상품, 흔하지만 판매할 생각은 잘 하지 않는 상품에 관심을 갖고, 누군가가 어디에서는 꼭 필요로 하는 수요가 있는, '작지만 확보된 시장이 있는 상품'을 선택하는 것이 가장 이상적이다.

Q. 주로 어떤 나라에서 많이 구매하는가?
A. 이는 글로벌 마켓 플랫폼에 따라 달라진다. 이베이의 경우 대표적으로 미국에 기반을 두고 있는 www.ebay.com에서 많이 거래되지만 www.ebay.com 내에서 미국 바이어의 비율은 평균 30% 선이고 캐나다, 유럽, 호주, 남미, 중동 지역 등 미

국 외의 나라에 판매되는 비율이 나머지를 차지한다. 물론 이 비율은 상품의 종류에 따라 차이가 있다.

이베이는 캐나다, 영국, 독일, 프랑스, 스페인, 이탈리아, 아일랜드, 호주, 베트남 등에 이베이라는 같은 이름의 개별 사이트를 두고 있다.[4] 즉 www.ebay.com과 별개로 국가별 사이트가 각각 존재하는 것이다. 이 국가별 사이트는 로컬 마켓의 성격이 짙어 해당 국가 바이어의 비중이 높다. 예를 들어 이베이 영국은 대부분의 이용자가 영국 사람이다. 따라서 특정 국가를 타깃으로 해당 국가의 이베이 사이트에서 판매하면 그 국가의 판매 비중을 높일 수 있다.

아마존 www.amazon.com의 경우는 95% 이상이 미국 바이어다. 미국 내 온라인 쇼핑은 이베이보다 아마존이 월등한 우위를 점하고 있으며 대부분의 바이어가 아마존을 선호하는 추세다. 아마존 역시 캐나다, 영국, 독일, 프랑스, 스페인, 이탈리아, 인도, 일본, 멕시코 등에 같은 이름의 개별 사이트를 두고 있으며, 이베이와 마찬가지로 국가별 사이트는 로컬 마켓의 성격을 띤다. 다만 이베이는 전자결제 사이트 페이팔에 가입만 되어 있으면 하나의 페이팔 계좌로 다른 국가 이베이 사이트에서도 판매 및 수금이 가능하지만, 아마존은 다른 국가 아마존 사이트에서 판매하기 위해 해당 국가의 은행 계좌를 새로 개설하거나 적법한 세무 절차를 밟아야 하는 경우가 있다.

Q. 판매할 상품은 어디서 구입하는가?

A. 상품은 제조사에서 도매와 소매를 거쳐 소비자에게 전달된다. 보다 좋은 조건으로, 즉 더 저렴한 가격으로 상품을 구입하려면 소매보다는 도매, 도매보다는 제조사와 거래를 해야 한다. 제조사로부터 상품을 구입하면 가격 경쟁력이 생기지만 보통 제조사는 최소 주문 수량 Minimum Order Quantity, MOQ을 두기 때문에 자금 부담이 크고

---

[4] 우리나라 셀러가 필수적으로 공략해야 하는 주요 이베이 사이트로는 www.ebay.com(미국), www.ebay.com.au(호주), www.ebay.co.uk(영국), www.ebay.de(독일), www.ebay.fr(프랑스)를 꼽을 수 있다.

재고를 떠안을 위험도 증가한다.

　가장 일반적인 방법은 소매 쇼핑몰을 운영하는 사업자나 전문 도매상을 통해 상품을 도매로 구입하는 것이다. 요즘에는 일반 소비자에게는 공개하지 않고 승인받은 사업자만 이용할 수 있는 폐쇄몰 형태의 도매 사이트가 많이 운영되고 있다. 이는 대부분 해당 사이트의 정해진 절차에 따라 사업자 등록증을 제출하고 승인을 받으면 자유롭게 이용 가능하며, 단 1개라도 도매가로 주는 곳이 있을 정도로 최소 주문 수량의 부담이 없기 때문에 유용하게 활용할 수 있다.

　경우에 따라서는 소매로 구입하는 것도 고려해본다. 우리나라는 유통업계의 경쟁이 워낙 치열해 도매가와 소매가의 차이가 크지 않으며, 인터넷에서 검색한 최저 소매가가 오히려 도매가보다 더 낮은 경우도 있다. 사업사 등록증이 없어서 도매 사이트에 가입할 수 없을 때, 최소 주문 수량이 부담스러울 때, 적절한 도매 구입처를 찾기 어려울 때는 소매로 구입하는 것도 하나의 방법이다.

Q. 재고 상품은 얼마나 보유하고 있어야 하는가?

A. 보통 셀러들은 판매할 상품을 미리 구입하고 보유하는 데 인색하다. 상품이 잘 팔리면 다행이지만 그렇지 않으면 고스란히 재고가 되어 현금의 흐름이 막히고 상품을 보관하는 자리만 차지하기 때문이다. 판매되기까지 긴 시간이 걸리는 악성 재고는 결국 손해를 보더라도 어떻게든 처분해야 하므로 신중하게 상품을 구입할 수밖에 없다.

　결론적인 조언은, 판매할 상품이라면 1개라도 좋으니 최소한의 수량을 구입해 안전 재고를 확보해야 한다는 것이다. 대부분의 글로벌 마켓은 상품이 품절되어 발송하지 못하는 경우 셀러에게 페널티를 부과하기 때문이다. 페널티가 누적되면 퇴출되기도 하므로 주문이 들어왔을 때 즉시 발송할 수 있도록 최소한의 상품을 늘 보유해야 한다.

　우리나라 온라인 마켓에서는 소매 셀러들이 재고를 보유하지 않고 제조사나 도매업체에 주문 건의 위탁 배송을 맡기는 드롭시핑 drop shipping을 많이 활용한다. 하지만 글로벌 마켓에서는 이런 방법을 사용하기가 쉽지 않다. 상품의 품질과 안전한 포장 상태를 검증할 수 없다는 것, 분실이나 반송 등의 문제가 발생했을 때 책임 소재가 불분명하다는 것 등 위험 요소가 많기 때문이다.

상품의 품질이 좋지 않아 바이어가 불만을 제기하는 것을 방지하는 차원에서 반드시 셀러는 상품을 구입해 직접 눈으로 보고 검증해야 한다. 그리고 해외 판매의 경우 배송비가 차지하는 비중이 큰 편인데, 배송비는 무게에 따라 달라지므로 상품을 포장했을 때의 무게를 확인해 판매 가격을 책정해야 한다. 게다가 이베이와 아마존은 상품을 등록할 때 바코드와 같은 상품 고유 정보를 필수로 입력해야 하므로 이를 위해서도 상품 구입이 선행되어야 한다.

판매 수량을 조절할 수 있고 거래처에서도 재고 관리를 잘한다면 주문이 들어올 때마다 매입하는 것도 하나의 방법이다. 이렇게 하면 재고 부담이 줄어들고 자금의 유동성을 확보할 수 있어 유리하지만 그만큼 관리 체계를 빈틈없이 유지해야 한다.

Q. 상품을 얼마나 등록해야 매출이 꾸준한가?

A. 셀러로 활동해온 필자의 경험상 그리고 강의를 통해 성장한 셀러들을 수년간 지켜본 결과, 매출이 꾸준히 발생하려면 적어도 300종류의 상품을 구비해야 하며 이렇게 구비하기까지 최소 1년이 걸린다. 이 정도의 구색은 갖춰야 전문 셀러로서 바이어의 신뢰를 얻어 구매를 유도할 수 있다. 이미 기반을 잡은 안정적인 셀러는 상품 구성을 꾸준히 확대해 보통 1000종류 이상을 취급한다.

300종류가 많게 느껴질 수도 있지만 하나의 카테고리에 집중해 관련 세부 상품을 발굴해보면 결코 많은 숫자가 아니다. 화장품, 장난감, 유아용품 등 하나의 카테고리에 특화된 전문 쇼핑몰들을 살펴보면 최신 상품을 비롯해 주력 상품, 프로모션 상품, 구색 상품, 미끼 상품에 이르기까지 분류와 종류가 매우 다양하다. 해외 바이어들은 자신이 찾는 상품을 전문적으로 취급하는 셀러에게 구매하는 것을 선호한다. 방대한 마켓 규모만큼 다양한 바이어와 소비 패턴이 존재하므로 가끔 판매되는 상품을 많이 보유할수록 전체적인 매출이 커진다는 사실을 유념해야 한다.

Q. 사업자 등록증을 꼭 만들어야 하는가?

A. 판매 매출이 조금이라도 발생하면 사업자 등록증을 만드는 것이 원칙이다. 사업을 통해 소득이 발생하면 납세 의무가 따르는 데다, 해외 판매에 의한 매입 부가가치세 공제 혜택이 있기 때문이다. 해외 판매의 경우 최종 세금 부담이 해외에 있는 바이어에게 주어지므로 우리나라에서 매입할 때 부과된 세금이 영세율로 처리되어 부가가치세를 돌려받을 수 있다.

또한 도매 사이트나 제조사로부터 상품을 구입할 때는 사업자 등록증이 필수 조건이다. 사업자 등록증은 세무서에서 만들 수도 있고 민원24 www.minwon24.com에서 신청해 즉시 발급받을 수도 있다.

Q. 오프라인 교육을 반드시 받아야 하는가?

A. 글로벌 마켓 창업 교육을 입시에 비교할 수는 없겠지만 여건이 허락한다면 오프라인 교육을 수강할 것을 권한다. 글로벌 마켓 비즈니스는 대부분 혼자서, 많아야 3~4명이 운영하므로 적극적으로 외부 활동을 하지 않는 이상 최신 정보를 접할 기회가 많지 않다. 게다가 혼자 일하면 고독감과 무료함마저 드는데 이런 감정에 빠지면 쉽게 지치고 지루해지게 마련이다.

오프라인 교육을 통해 같은 처지의 창업자들을 만나 교류하고 경쟁하는 것은 비즈니스의 성장에 많은 도움이 된다. 어느 정도 성장한 셀러들 간에는 보이지 않는 경계심이 있어서 정보를 감추고 폐쇄적인 교류에 그치는 경우가 많지만, 창업 초기 단계에 교류한 셀러들은 성장한 이후에도 서로 협력하는 든든한 관계를 맺을 수 있다. 오프라인 교육은 배운다는 목적뿐 아니라 인적 네트워크 형성을 위해서도 반드시 필요하다. 이베이와 아마존 한국 지사에서는 무료 교육 프로그램을 운영하고 있

> **ⓘ 파워 솔루션**
>
> 이베이는 www.ebaycbt.co.kr에서 무료 셀러 양성 교육 일정을 확인할 수 있고, 아마존은 점프 스타트라는 교육 프로그램을 운영하는데 이는 services.amazon.co.kr에서 신청할 수 있다. 사설 학원은 여러 곳이 있으며 그중 케이티엠직업전문학교www.ktm.or.kr 등은 국비 지원 교육 프로그램을 운영 중이다.

으며, 사설 학원에도 전문 강사가 진행하는 체계적인 교육 과정이 있다.

필자 역시 여러 교육 기관에서 수많은 업계 사람을 만났고, 또 기회가 될 때마다 그들의 강의를 통해 강의 실력을 키울 수 있었다. 이런 경험을 바탕으로 독자가 오프라인 교육 프로그램을 선택할 때 유의할 사항을 몇 가지 소개한다.

먼저 교육 강사가 직접 판매를 꾸준히 잘하고 있는 셀러인지 반드시 확인한다. 이는 글로벌 마켓 비즈니스 관련 책을 선택할 때도 적용되는 사항이다. 글로벌 마켓은 트렌드와 정책이 급속히 변하기 때문에 실제 판매 노하우를 지닌 강사만이 초보자의 성장 동력을 만들어줄 수 있다. 판매 경험이 아예 없거나 미천한 경험을 가진 강사가 부정확한 교육을 하는 경우도 있으니 꼼꼼히 확인해봐야 한다.

교육비도 고려해야 한다. '비밀 아이템 공개', '자동화 프로그램 사용', '상품 구매 비용 투자를 통한 이익 창출' 등의 타이틀을 내걸고 적게는 수백만 원에서 수천만 원에 달하는 교육비를 받는 곳도 있다. 글로벌 마켓 비즈니스는 성공을 위한 선후 관계가 명확하다. 누구나 좋은 상품을 구비하면 많이 판매할 수 있는 것이 아니라, '판매를 잘하는 역량이 있어야 좋은 상품을 많이 팔 수 있다'는 것을 유념해야 한다.

창업을 고려하는 사람들은 무직 상태여서 절박한 경우가 많은데, 불순한 목적의 교육은 대부분 다단계 업체와 같은 화법을 구사하기 때문에 자칫 판단력이 흐려져 큰 손해를 볼 수도 있다. 선택은 독자의 몫이지만 필자의 경험에 비춰 볼 때 50만~80만 원의 수강료에 20~30시간의 실습이 포함된 교육 프로그램이 적절하다. 이보다 많은 교육비를 제시하면서 그에 상응하는 결과를 얻을 수 있다고 선전하는 콘텐츠나 노하우는 속임수일 가능성이 크다.

보면 볼수록 알면 알수록
매력이 넘치는 온라인 마켓

해외에서 생산·유통된 상품을 글로벌 마켓에서 직접 구매하는 해외 직구(직접 구매)가 유행하고 있다. 중간 마진 없이 저렴하게 상품을 구매할 수 있다는 점, 우리나라에 수입되지 않는 상품을 구해 자신의 개성을 표출할 수 있다는 점이 해외 직구를 선호하는 가장 큰 이유로 꼽힌다. 한편 이러한 직구 열풍과 반대로 해외 바이어가 우리나라 상품을 구매하는 이른바 역직구도 늘고 있다. 유학생, 이민자 등 해외에 거주하는 한국인은 물론 외국인도 온라인 마켓에서 우리나라 상품을 구매하고 있다.

사실 2000년대 중·후반까지만 해도 해외 바이어에게 상품을 판매한다는 것은 구조적으로 쉽지 않은 일이었다. 해외에 좋은 온라인 마켓이 있어도 우리나라에 위치한 셀러의 특성상 결제 수단 세팅, 배송 등에 어려움이 있어 원활하게 판매하기가 힘들었다. 하지만 날이 갈수록 전자상거래가 확장되고 여러 솔루션이 등장하면서 이제는 한국에 있어도 해외로 상품을 판매하는 데 따르는 핸디캡이 상당 부분 줄어들었다.

현재 이베이와 아마존에서 활동하는 한국 셀러는 5000명 정도로 집계된다. 우리나라에서 온라인 마켓이나 쇼핑몰을 운영하는 수에 비하면 매우 적다고 할 수 있지만, 2016년 이베이와 아마존을 통한 한국 셀러의 총매출이 약 5000억 원인 것을 감안하면 결코 무시할 수 없는 수준이다. 많지 않은 셀러가 이렇게 큰 매출을 달성할 수 있는 원동력은 한국이라는 브랜드의 우수성과 인지도, 그리고 해외 온라인 마켓의 여러 가지 장점이다.

01_ '한국'이라는 브랜드의 가치

"Why is almost everything made in China?(거의 대부분의 상품은 왜 중국산인가?)" 이는 Yahoo Answers 등 해외 검색 사이트에서 끊임없이 회자되는 대표적인 질문 중 하나다. 이에 대한 답은 여러 가지가 있지만 그중에서도 가장 중요한 이유로는 상대적으로 값싼 노동력으로 외주 대량 생산이 가능한 중국의 특성을 꼽을 수 있을 것이다. 그래서 'Made in China'는 세계적으로 저가, 저품질을 상징하는 대명사가 되었다.

수출 지향인 우리나라의 많은 제조업체는 중국에 공장을 두고 상품을 생산해왔다. 우리나라 온라인 마켓에서의 가격 경쟁이 심화되면서 가격 측면의 경쟁 우위를 확보하기 위해 우리나라 기업들은 앞다퉈 중국에 진출해 생산 라인을 가동했다. 하지만 소비자의 니즈가 다양해지면서 다품종 소량 생산 시대가 도래해 중국에서의 대량 생산은 재고 부담이라는 골칫거리가 되고 말았다. 게다가 생산 과정에서의 계약 위반, 사기 등의 문제가 비일비재하며, 중국 내 인건비의 상승으로 가격 경쟁력이 점점 떨어지고 있다. 그래서 최근에는 가격 차이가 크지 않다면 재고 부담, 계약 위반, 사기 등의 리스크를 줄이고 가격이 높더라도 더 좋은 품질로 소비자의 만족도를 높이는 데 초점을 맞추기 위해 우리나라에서 생산하는 추세다.

그전에는 삼성을 일본 브랜드로 알고 있는 외국인이 꽤 많았는데, 싸이의 〈강남스타일〉로 한국의 인지도가 높아진 것은 매우 고무적인 일이다. 또한 K-pop 열풍으로 음반과 팬 응원용품에서 더 나아가 한국의 각종 문화 콘텐츠가 세계적으로 팔려나가고 품질 좋은 생활용품, 전자 제품, 의류 및 액세서리 등의 구매가 확대되고 있다.

◆ 2012년 싸이의 〈강남 스타일〉이 세계적으로 폭발적인 인기를 끌면서 한국의 문화 콘텐츠와 상품에 관심을 갖고 구매하는 바이어가 부쩍 늘어났다. 당시 상품을 발송하는 필자의 주소가 강남구였는데, 바이어가 주소의 강남이 〈강남 스타일〉의 강남이냐고 묻곤 했다.

    시장에 진출하기 전에 상품의 경쟁 우위를 파악해 이를 강점으로 활용하는 것은 마케팅 차원에서 매우 중요한 문제다. 따라서 먼저 중국, 일본, 한국 상품의 특징을 파악하고 자기 상품의 경쟁력을 찾아내야 한다.

    중국에서 만들어진 것은 '저가의 저품질'이라는 특징이 뚜렷하다. 세계적인 브랜드가 체계적으로 품질을 관리하는 OEM 생산 방식이 아닌 이상 중국의 대규모 공장 단지에서 생산되는 제품은 대부분 단가가 매우 낮고 품질도 조악하다. 중국 생산 시장의 규모가 거대하고 내수는 물론 세계 시장에서 차지하는 비중이 크다 보니 글로벌 마켓에서도 수많은 중국 셀러가 활동하고 있다. 하지만 그들이 판매하는 상품을 자세히 들여다보면 거의 대부분이 자체적으로 상품 기획 과정을 거쳐 생산한 것이 아니라 유명 상품을 카피한 저품질이다. 또한 대량 생산의 가격 경쟁 우위에만 치우친 박리다매 과정에서의 관리 부족으로 바이어의 만족도가 전반적으로 낮은 편이다. 온라인상의 상품 사진과 실제 상품이 확연히 다른 경우도 많아, 바이어가 혹시나 하고 샀다가 역시나 하고 실망하는 일이 부지기수다.

반면에 일본 제품의 'Made in Japan'이라는 표시는 '고가의 고품질'을 상징하며, 특히 전자 제품은 독보적이라고 할 수 있을 만큼 뛰어난 품질을 자랑한다. 이처럼 높은 기술력으로 좋은 제품을 생산하므로 바이어들은 일본 제품에 대해 신뢰를 갖고 있지만, 일본은 내수 의존도가 커서 해외 소비자의 다양한 니즈를 반영한 상품의 생산이나 수출에 그다지 공을 들이지 않았다. 때문에 글로벌 마켓에서 일본 셀러의 상품을 살펴보면 일본 고유의 문화나 특색이 반영된 스테디셀러 위주의 구성에서 크게 벗어나지 못해 다양성이 부족하다. 중국 셀러는 저가의 저품질이라도 거의 모든 카테고리의 상품을 다양하게 팔고 있는 반면, 일본 셀러는 애니메이션, 캐릭터, 장난감, 전자 제품, 명품 등 특정 카테고리에만 집중하는 경향이 있다.

우리나라 제품은 1980년대까지만 해도 해외 시장에서 저가의 저품질로 취급받았다. 그러나 기업들이 품질 향상을 위해 연구·개발에 노력한 결과 21세기 들어서는 그 위상이 달라졌다. 더불어 일본 제품보다 상대적으로 저렴한 가격이 또 다른 경쟁력이 되었다. 2000년대에 우리나라 전자상거래 시장이 급속히 확대되면서 경쟁이 치열해졌고, 그 속에서 살아남으려는 노력은 독창적인 디자인, 소비자의 니즈에 맞춘 상품 기획 및 생산이라는 결과를 낳았다. 품질과 디자인이 뛰어나면서도 비교적 저렴한 가격이 형성된 것도 치열한 경쟁의 결과라고 볼 수 있다.

이러한 한국 제품이 한류 열풍을 타고 해외로 뻗어나가 그곳 소비자의 눈에 들면서 새로운 판매 시장이 형성되었다. 대표적인 예가 바로 화장품이다. 이미 해외 바이어들에게 잘 알려져 있는 로드숍 브랜드를 비롯해 우리나라 소비자에게는 생소한 중저가 브랜드가 오히려 해외에서 먼저 입소문을 타고 많이 팔려나간 경우도 있다.

이처럼 한국 제품은 내수 시장의 치열한 경쟁 속에서 얻은 경쟁력을 바탕으로 해외 소비자의 다양한 니즈를 충족하고 있다. 이는 IT 강국으로서 전자상거래 분야에 세계 최고 수준의 환경과 경쟁 구도가 만들어낸 결과라 할 수 있다. 이러한 점에 비춰 볼 때 앞으로 글로벌 마켓에서 한국 제품의 전망이 밝을 것으로 예측된다. 2016년 12월 한국무역협회 무역연구원의 자료에 따르면 해외 소비자들은 한국 제품의 강점으로 품질, 가격, 디자인을 꼽았다. 실제로 글로벌 마켓에서 한국 상품을 구매한 바이어들의 후기를 통해서도 품질, 가격, 디자인에 대한 만족도가 높다는 것을 확인할 수 있다.

종합해보면 한국 제품은 중국 제품과 차별화된 품질, 그리고 트렌드를 반영한 디자인적 요소에 강점이 있으며, 다품종 소량 생산 방식으로 선택의 다양성을 제공해 해외 소비자들에게 높은 인기를 얻고 있다. 또한 일본 제품과 비교해 뒤처지지 않는 품질이면서도 보다 저렴해 가성비가 좋은 제품으로 포지셔닝되어 있다. 한 예로, 일본 장난감이 최고라는 말은 이제 옛말이라고 해도 과언이 아닐 만큼 세계 시장에서 한국 장난감이 큰 인기를 끌고 있으며, 이는 한국 장난감을 본뜬 중국 장난감의 생산으로 이어졌다.

이처럼 'Made in Korea'는 경쟁력을 갖추고 글로벌 마켓에서 중국, 일본 제품보다 매력적인 선택지가 되었다. 과거에는 미제, 일제에 무조건 엄지손가락을 치켜들었다면 이제는 우리나라 제품을 두고 그런 일이 벌어지고 있다. 흥미로운 점은 이러한 현상이 러시아, 브라질과 같은 전자상거래 분야의 신흥 도상국뿐 아니라 이미 거대한 시장이 형성된 미국, 일본 등에서도 일어나고 있다는 것이다. 이는 세계 시장에서 우리 제품의 판매 전망이 밝다는 것을 시사한다.

02_ 편리한 해외 결제 수단의 등장

우리나라 밖에 있는 소비자에게 상품을 판매할 때 가장 기본적인 전제 기반은 결제와 배송이다. 아무리 좋은 상품을 해외 소비자에게 선보인다 한들 판매 대금을 받기가 쉽지 않거나 배송이 어렵다면 비즈니스 자체가 이뤄질 수 없다.

현재 이베이에서는 상품 판매 대금이 온라인 결제 대행사인 페이팔을 통해 송금되고 있다. 우리나라 온라인 마켓의 경우 상품 판매 대금을 받기 위해 결제 대행사를 이용해야 하는 것에 비하면 이베이는 결제 시스템이 매우 편리하다. 이베이에서 상품을 판매하면 페이팔을 통해 쉽게 전 세계 바이어들로부터 대금을 송금받고, 이를 우리나라 계좌로 인출할 수 있다. 또한 페이팔은 판매자 보호 정책과 안전하게 거래할 수 있는 시스템을 갖추고 있으므로 안심하고 이용할 수 있다.

한편 아마존의 경우 미국 현지 은행 계좌를 통해서만 상품 판매 대금을 받을 수 있다. 그전에는 직접 미국을 방문해 법인을 설립한 후 계좌를 개설하는 방법이 일반적이었으나 지금은 페이오니아, 월드퍼스트 등의 미국 가상 계좌 개설 서비스를 이용해 한국에서도 쉽게 계좌를 개설할 수 있다. 아마존에서 상품을 판매하면 미국 가상 계좌로 대금이 정산되고, 이를 우리나라 계좌로 인출할 수 있다.

ⓘ 파워 솔루션

페이팔이나 페이오니아를 통해 결제를 받으면 해당 결제 시스템에 수수료를 지불해야 한다. 원칙적으로 한국 셀러는 페이팔이나 페이오니아에 외화 통장을 연결할 수 없기 때문에 달러를 원화로 인출하는 과정에서 수수료가 포함된 환율이 적용되어 환차손이 발생한다. 따라서 매출이 커질수록 이러한 손실을 줄이는 방법을 고민해야 한다.

월드퍼스트는 페이팔에서 인출 시 판매 수수료를 절감하는 솔루션을 제공하고 있다. 또한 기업은행은 상품 판매 대금을 은행을 통해 추심해 수령할 수 있는 외국환 서비스, 페이고스(P@ygos, Payment service for Global Online Shopping)를 운영하고 있다. 국내 법인 또는 개인사업자로서 이베이, 아마존, 한국무역협회가 운영하는 Kmall24 등에 입점했거나 수출 기업이 직접 독립몰을 운영하는 경우 페이고스를 이용할 수 있다. 월 매출이 2000달러 이하라면 굳이 이용할 필요가 없지만 그 이상일 때는 인출로 인한 손실을 줄이는 대안이 되므로 고려해봐야 한다. 이베이, 아마존 입점에 대한 서비스 이용은 한국무역협회 회원사에 한해 신청이 가능하며 기업은행 홈페이지, Kmall24 홈페이지, 1566-5114 등을 통해 안내받을 수 있다.

월드퍼스트 가입하기

03_ 우체국을 활용한 배송과 재고 보유의 여유

해외 배송은 통상적으로 우체국을 이용한다. 우리나라 내에서는 오늘 주문하면 내일 상품을 수령하는 것을 당연시하기 때문에 셀러 입장에서는 재고를 항시 보유하고 제때 배송해야 한다는 부담감에 시달릴 수밖에 없다. 하지만 해외 배송은 특급 배송을 제외하면 배송 기간이 2~3주로 국내 배송에 비해 상당히 길다.

이베이와 아마존은 한국에서 배송되는 상품에 대해서는 '다른 국가에서 상품이 발송되므로 상품을 수령하기까지 약 2~3주 정도의 기간이 걸리고 있음'이라고 안내하므로 바이어들도 이를 감안해 보통 한 달 정도는 기다려준다. 되도록 상품을 보유하는 것이 원칙이지만, 국내 판매보다 시간적 여유가 있으므로 경우에 따라서는 거래가 성사된 후 상품을 구입해 2~3일 내에 배송해도 크게 문제 되지 않는다. 이렇게 하면 재고 보유에 따른 금전적인 부담도 덜 수 있다.

04_ 메시지 기반의 쉬운 커뮤니케이션

우리나라 온라인 마켓은 상품 판매 페이지에 판매자의 전화번호를 올려놓아 문제가 발생했을 때 대부분의 소비자가 전화 통화로 해결한다. 이처럼 우리나라 온라인 마켓의 대표적인 커뮤니케이션 수단은 전화인데, 하루에 전화가 몇 통 정도라면 문제 될 것이 없겠지만 판매량이 많은 경우에는 하루에 수십 통, 많게는 백 통 이상 전화가 걸려온다. 이런 전화에 일일이 응대하는 것은 상당한 스트레스라 일부 판매자는 아예 전화를 통화 중으로 돌려놓는 경우도 있다. 하지만 이런 일이 잦으면 소비자의 불만이 커질 수밖에 없고, 그렇다고 전화를 받는 직원을 따로 채용하면 인건비가 부담된다.

반면에 글로벌 마켓에서의 커뮤니케이션은 대부분 메시지를 통해 이뤄진다. 포털 사이트의 쪽지와 유사한 메시지를 통해 문의 사항을 주고받기 때문에 전화가 오는 일이 거의 없다. 또한 셀러와 바이어 사이에 시차가 있기 때문에 실시간으로 답을 해줘야 하는 것도 아니다. 보통 하루 이내에만 답을 해주면 되고, 급한 상황이라면 스마트폰으로 언제 어디서든 메시지를 보낼 수도 있다. 그러므로 글로벌 마켓 비즈니스는 바이어의 전화로 스트레스를 받을 일이 없다. 게다가 글로벌 마켓의 상품 판매 과정에서 바이어가 문의하는 내용은 거의 정형화되어 있기 때문에 답변을 유형별로 만들어놓고 복사와 붙여넣기를 하면 간편하게 해결할 수 있다.

05_ 광고 의존도가 낮은 구조

우리나라 온라인 마켓은 광고 의존도가 매우 높다. 오픈 마켓에서 판매한다면 오픈 마켓 내에서, 쇼핑몰을 운영한다면 포털 사이트에서 광고를 해야 한다. 현실적으로 우리나라 온라인 마켓에서는 광고를 하지 않으면 판매가 잘 이뤄지지 않기 때문에 판매자 입장에서는 많든 적든 광고비를 들일 수밖에 없다.

이베이와 아마존에는 각각 'Promoted Listings', 'Sponsored Product'라는 광고 캠페인이 있다. 이는 상품 검색의 노출 상승에 따른 인지도 확보와 판매에 나름 도움이 되는 수단이지만, 우리나라 온라인 마켓과 비교해보면 광고 의존도와 그 효과가 낮은 편이다. 다시 말해 우리나라에서는 광고를 하지 않으면 판매를 기대할 수 없기 때문에 광고가 필수지만, 해외에서는 굳이 광고를 하지 않아도 판매를 이어나갈 수 있으므로 '광고는 필수가 아닌 선택'이라고 할 수 있다.

이러한 구조를 쉽게 이해할 수 있도록 이베이와 아마존의 노출 순위 결정 방법을 살펴보자. 이베이에서는 자체적으로 상품 노출 순위를 결정하는 베스트매치Best Match라는 알고리즘을 적용하는데, 이는 상품 정보의 정확성과 상세함, 최근 판매율, 무료 배송 여부, 뛰어난 고객 서비스 제공, 바이어의 긍정적인 평가 등을 종합적으로 고려한다. 아마존도 이와 크게 다르지 않다. 경쟁력 있는 가격(최저가)과 충분한 재고 확보 및 업데이트, 아마존을 통한 빠른 배송이라는 요소를 노출의 우선순위를 정하는 데 가장 많이 반영하며, 키워드가 매칭되는 정도나 가격, 판매 가능 여부, 판매 상품의 가짓수, 과거 매출 이력 등과 같은 요소도 고려한다.

이처럼 글로벌 마켓에서 노출의 우선순위에 긍정적인 영향을 미치는 요인은 다양한데, 이는 '바이어의 편의성이 보장되는 좋은 서비스로 바이어로부터 좋은 평가를 받는 셀러가 상품의 정보를 정확하고 상세하게 제공하고 상품을 경쟁력 있는 가격에 내놓아 최근 판매율이 높다면 자연적으로 검색 결과의 상위에 노출되는 구조'로 정리된다. 이러한 구조는 신용을 중시하는 미국 사회의 특징이 그대로 반영된 것이라고 볼 수 있다. 속된 말로 우리나라에서는 돈만 있으면 뭐든 할 수 있다고들 얘기하지만 미국에서는 그렇지 않다. 신용하는 사람의 추천으로 취업하는 것이 보편화되어 있고 아파트를 얻을 때, 차를 구입할 때, 돈을 빌릴 때, 전기·가스·인터넷 설치와 같은 일에도 신용이 필수다.

이와 마찬가지로 이베이와 아마존에서도 광고비를 얼마나 들이냐보다는 판매 수수료를 성실하게 지불하고 바이어로부터 좋은 평가를 꾸준히 받는 것을 중요시한다. 즉 글로벌 마켓에서 원하는 것은 셀러의 '비용'이 아니라 '신용'이다. 신용을 얻으면, 광고를 많이 투입한 셀러보다 더 큰 매출을 올릴 수 있다는 것은 대기업이 골목 상권을 침해하는 우리나라의 모습과 극명하게 대비된다. 신용이라는 진입 장벽을 한 번 넘고 나면 별도의 비용이나 큰 노력 없이 계속해서 혜택을 누릴 수 있다는 것은 이베이와 아마존의 강력한 매력이다.

06_ 빠른 자금 회전

우리나라 온라인 마켓은 소비자와 판매자 사이의 거래 과정에서 판매 대금의 수금과 송금을 담당하는 중개자 역할을 한다. 지마켓을 예로 살펴보면, 소비자는 지마켓에서 상품을 구입할 때 대금을 셀러에게 직접 입금하는 것이 아니라 지마켓에 입금한다. 입금이 확인되면 지마켓은 셀러에게 구입한 사람과 상품의 정보를 주고, 셀러는 아직 돈을 받지 못한 상태에서 상품을 배송한다. 소비자는 상품을 수령하면 '구매 확정', '판매 대금 지급' 등의 기능을 통해 지마켓에 통보하며, 이러한 과정이 모두 완료된 후에야 셀러는 상품 판매 대금을 받을 수 있다. 만약 소비자가 구매 확정을 하지 않으면 7~14일의 일정 기간이 지난 후 자동 정산 과정을 거쳐 판매자에게 대금이 지급된다. 즉 우리나라 온라인 마켓의 셀러는 상품을 판매한 후 최소한 일주일이 지나야 대금을 손에 쥘 수 있다.

하지만 이베이는 바이어가 셀러의 페이팔 계좌에 돈을 직접 송금하는 시스템이다. 다시 말해 이베이는 상품이 거래되는 장을 제공할 뿐 판매 대금의 송금과 수금을 중재하지 않는다. 또한 셀러는 바이어가 입금한 것을 확인한 후 상품을 배송한다. 페이팔을 통해 받은 상품 판매 대금은 우리나라 계좌로 인출이 가능한데, 이때 소요되는 기간은 영업일을 기준으로 평균 3일이다. 즉 셀러는 상품 판매 후 3~4일 내에 대금을 받게 되는 것이다. 상품 판매 대금을 빨리 지급받는다는 것은 자금 회전율이 빠르다는 의미이고, 이는 자금 부족으로 인한 문제의 발생이 적다는 것을 뜻하기도 한다.

한편 아마존은 우리나라 온라인 마켓의 정산 구조와 거의 동일하다. 아마존에서 상품을 구매하는 바이어는 대금을 아마존에 결제하고, 셀러는 돈을 받지 못한 상태에서 상품을 배송하며, 아마존은 2주마다 한 번씩 정산해 셀러에게 송금해준다. 셀러는 이를 페이오니아, 월드퍼스트 등의 가상 계좌로 입금받아 우리나라 계좌로 인출하므로 판매 시점부터 대금을 손에 쥐기까지 15~20일 정도가 걸린다. 아마존은 매출이 많은 셀러의 경우 정산 주기를 단축해주기도 하지만 우리나라 온라인 마켓처럼 바이어의 구매 확정, 판매 대금 지급 등을 통해 보다 빨리 정산받을 수 있는 기능이 없다.

07_ 매입 부가가치세 공제 혜택

세금 혜택도 글로벌 마켓 비즈니스의 장점 중 하나다. 우리나라에서 사업자 등록증을 내고 사업을 해본 사람이라면 세금 부담이 적지 않다는 것을 잘 알 것이다. 개인 사업자는 매년 1월과 7월에 부가가치세를, 5월에 종합소득세를 신고 및 납부해야 하고, 종합소득세의 경우 누진세이므로 소득이 많을수록 세금 부담이 더욱 커진다.

글로벌 마켓을 통해 해외 바이어에게 상품을 판매하는 것은 수출에 해당하는데,

이때 부가가치세는 소비지국 과세 원칙에 따라 바이어에게 부과된다. 우리가 해외 여행 중 현지에서 상품을 구입했을 때 그 나라에서 출국하기 전에 세금 환급tax refund을 받고 귀국해서 우리나라 세관에 관세 및 부가가치세를 납부하는 것과 같은 이치다. 즉 이베이나 아마존에서의 매출 금액에는 부가가치세가 포함되지 않으며, 매입 시 세금계산서, 현금영수증 등의 증빙 서류를 구비하면 상품 매입 및 비용에서 지불한 10%의 부가가치세를 전액 공제(환급)받을 수 있다.

예를 들어 12개월 동안 온라인 마켓에서 판매 사업을 하면서 상품 매입 및 비용이 5500만 원 들고 매출이 1억 1000만 원 발생했다고 하자. 이 경우의 국내 판매와 해외 판매를 단순 비교해보면 세금 차이가 다음과 같다.

세무 항목	국내 판매	해외 판매
매입 부가가치세	−500만 원	0원
매출−매입 부가가치세	−500만 원	0원
소득세	−500만 원	−500만 원
세금 총액	−1500만 원	−500만 원

◆ 소득세는 소득 공제, 세액 공제, 세액 감면을 298만 원으로 가정해 계산함(수익 5500만 원×소득세율 0.24 − 누진세액 522만 원 − 소득 공제 등 298만 원=500만 원)

이처럼 해외 판매 시 부가가치세 항목에서 발생하는 금액은 결코 적다고 할 수 없다. 보통은 공제받는 매입 부가가치세로 소득세를 거의 대부분 충당할 수 있기 때문에 실질적으로 납부해야 하는 세금이 없거나 매우 적은데, 이는 사업 운영의 수익률 측면에서 큰 혜택이다.

다만 매입 부가가치세를 공제받기 위해 세무 신고를 할 때 주의할 점이 있다. 매입 부가가치세를 공제받으려면 수출이라는 것을 증빙해야 하는데 이는 원칙적으로 유니패스를 통한 정식 수출 신고를 통해 이뤄진다. 하지만 저렴한 상품의 판매량이 많은 경우에는 일일이 정식 수출 신고를 하기가 어렵다. 세법상 수출 시점은 선적일인데, 우체국을 이용한 해외 배송 시 상품이 비행기에 실리는 정확한 날짜를 알 수도 없다. 따라서 해외 판매의 세무 신고를 할 때는 반드시 세무서와 협의해야 하며, 세무 대리인에게 위임하는 것이 시간과 비용 측면에서 훨씬 효율적이다.

08_ 상대적으로 적은 비용과 인력 투자

2016년 전국 소상공인 실태 조사 보고서에 따르면 평균 창업 비용이 7257만 원이라고 한다. 국내 오픈 마켓의 경우 매장 임대 비용이나 인테리어 비용 등을 절감할 수 있고 1인 창업이라면 인건비도 상당 부분 줄일 수 있지만 상품과 각종 장비 등을 준비하는 데 적어도 1000만 원 정도가 필요하다.

앞서 언급했듯이 글로벌 마켓 창업은 300만~500만 원 선에서 가능하다. 사무실을 빌리지 않고 집에서 업무를 할 수 있고, 배송 기간에 여유가 있어 상품을 미리 구입하지 않아도 되며, 메시지로 커뮤니케이션을 하므로 인건비와 통신비 부담도 없다. 본인의 준비나 노력 부족으로 글로벌 마켓 비즈니스를 그만두는 것을 종종 보게 되지만 폐업으로 큰 손실을 입은 경우는 없었다. 상대적으로 적은 비용과 인력 투자로 시작할 수 있어 경쟁이 치열하고 실패할 확률도 높지만, 그럼에도 불구하고 이만큼 위험 부담이 없는 사업도 거의 찾아보기 어렵다.

기업 차원에서 이베이 비즈니스는 신사업이다. 만약 타오바오나 라쿠텐에서 비즈니스를 시작한다면 기본적으로 현지 법인 설립, 사무실 임대, 직원 인건비 등의 비용이 필요하지만, 이베이나 아마존에서는 초기 비용의 부담 없이 직원 한두 명을 배치해 시작하는 것이 일반적이다. 그마저도 인력을 새로 채용하기보다는 기존의 인력을 활용하는 경우가 대부분이다. 글로벌 마켓 비즈니스는 전형적인 롱텀 비즈니스의 성향을 띠므로 급격한 성장 곡선을 그리는 것이 아니라 차츰 성장하는 것이 일반적인 패턴이다. 따라서 사업이 성장하면 인력을 충원하고 투자를 늘려가며 안정적으로 비즈니스를 할 수 있다.

이처럼 글로벌 마켓 비즈니스는 많은 장점을 갖고 있지만 한편으로 단점도 있다. 해외 배송을 해야 하므로 판매 가능한 상품이 제한적이라는 점, 반품이 어렵다는 점, 배송 상품 분실 등의 위험이 있다는 점, 영어를 사용해야 한다는 점, 계정에 문제가 생기면 비즈니스 자체가 큰 타격을 입는다는 점, 플랫폼의 정책이 자주 변경된다는 점 등이 단점으로 꼽힌다. 여기에 덧붙여 가장 큰 단점은 단기간에 크게 성장하기 어렵다는 것이다. 그러나 이베이와 아마존은 물론이고 세상 어디에도 단기간에 대박을 칠 수 있는 비즈니스는 없다는 사실을 강조하고 싶다. 창업 후 1년 이내에 절반 이상이 폐업하고, 창업 컨설턴트는 많지만 폐업 컨설턴트는 없는 현실에서 단기간에 대박을 꿈꾸는 것은 막연한 환상과 기대일 뿐이다.

앞서 설명했듯이 이베이와 아마존은 셀러의 기본 자질과 함께 신용이 중요한데, 이 신용은 하루아침에 쌓이지 않는다. 따라서 시작부터 너무 욕심을 내지 말고 차근차근 이루려는 자세가 필수다. 처음에는 자신이 사용하지 않는 물건이나 평소에 관심을 가진 상품을 테스트해본다는 생각으로 가볍게 접근하는 것이 좋다. 그러다 해외 바이어에게 상품을 파는 소소한 재미를 느껴보고, 거래 경험을 통해 시스템에 익숙해지는 과정이 필요하다. 이후 어느 정도 매출이 생기는 3~6개월이 되면 진지한 자세로 본격적인 사업을 시작하는 것이 바람직하다. 또한 판매할 만한 상품을 끊임없이 발굴하고 시장 조사를 통해 트렌드를 연구·분석해야 하며, 나아가 바이어들의 소비 성향을 파악하고 광고, 프로모션 등 다양한 판매 마케팅 전략을 세운다. 이렇게 해야 글로벌 마켓 비즈니스의 단점을 이겨내고 장점을 누리면서 안정적으로 사업을 유지할 수 있을 것이다.

나에게 맞는 온라인 마켓은
과연 어디일까?

현재 글로벌 마켓에서 활동하는 셀러들에게 각광받는 플랫폼은 여러 가지가 있다. 그중에는 핸디캡이나 장벽 없이 활발하게 활동할 수 있는 곳도 있지만, 구조적으로 진입하기 어렵거나 바이어가 해외 셀러로부터 구매하는 것이 보편화되지 않은 곳도 있다. 따라서 창업을 하기에 앞서 현재 한국의 셀러가 활동할 수 있는 글로벌 마켓 플랫폼의 특징과 성향을 살펴봐야 한다.

글로벌 마켓의 환경은 빠르게 변화하고 있다. 하나의 플랫폼만으로는 원하는 큰 그림을 그리기 어려울 수도 있다. 다양한 플랫폼을 전체적으로 살펴보고 각 플랫폼의 특성을 고려해 사업에 반영하는 멀티채널 활용 전략이 아니면 성공을 기대하기 어려운 것이 작금의 상황이다. 그래서 가장 먼저 해야 할 일은 다양한 글로벌 마켓 플랫폼의 전체적인 맥락을 이해하는 것이다.

물론 차이점이 있지만 모든 플랫폼의 기본적인 흐름과 프로세스는 거의 동일하다. 예를 들어 이베이에 상품을 등록할 수 있다면 이를 응용해 아마존에도 상품을 등록할 수 있다. 따라서 큰 그림을 그리고 방향을 설계한 뒤 각 플랫폼의 특성에 따라 차근차근 확장해간다면 다양한 채널을 활용할 수 있을 것이다.

전자상거래가 활성화된 미국, 아시아, 유럽, 호주 등을 중심으로 그곳 소비자들이 이용하는 마켓의 지형도를 그려보면 한국 셀러가 진출할 만한 플랫폼으로는 이베이, 아마존, 엣시, 보낸자, 라자다, 큐텐, 타오바오, 라쿠텐 등을 꼽을 수 있다.

01_ 전 세계 개인 소장품과 취미용품의 성지, 이베이

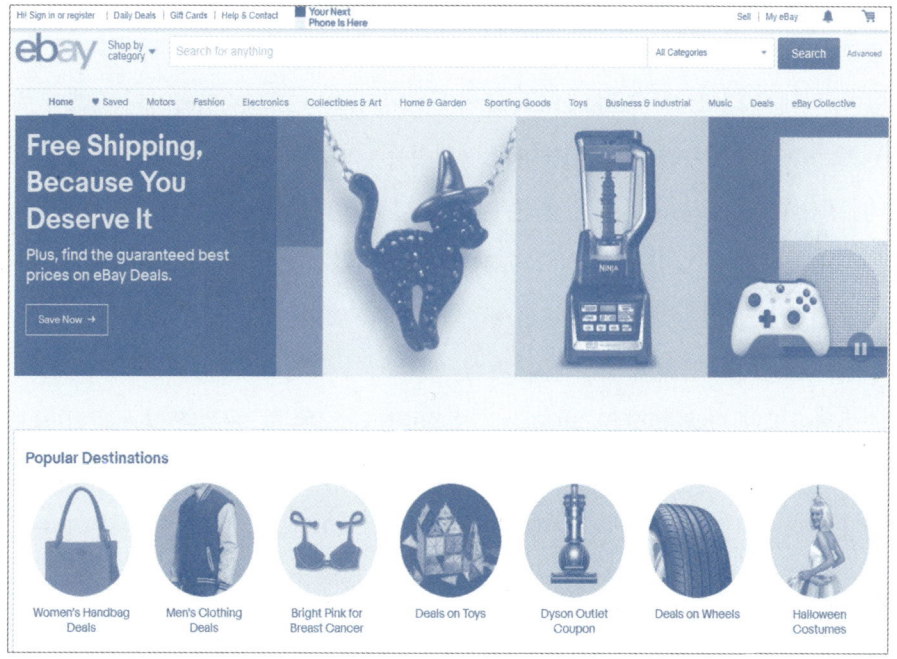

- 사이트: www.ebay.com
- 초기 투자 비용: 적음
- 기대 매출: 보통
- 진입 난이도: 낮음
- 사용 편리성: 보통
- 기대 수익: 높음

1995년 설립된 이베이는 개인의 중고 물건을 거래하는 온라인 경매로 큰 인기를 누리며 발전해왔다. 창립자인 피에르 오미디야르 Pierre Omidyar 는 옥션웹이라는 사이트를 만들고 고장 난 레이저포인터를 경매에 부쳐 판매에 성공했다. 그런데 바이어에게 자신은 고장 난 레이저포인터를 모으는 것이 취미라는 황당한 대답을 들었다고 한다. 이처럼 이베이는 세상에 참 다양한 사람들이 있고 팔 수 있는 상품도 무궁무

진하다는 사실을 여실히 보여주었다.

'당신이 찾는 것이 무엇이든 이베이에 다 있다Whatever it is, you can find it on ebay'라는 광고 문구가 드러내듯 이베이에서는 사람들의 다양한 소장품이 활발하게 거래되고 있다. 이베이 내에서는 'Collectibles(개인 소장품)'라는 카테고리에서의 거래가 매우 활성화되어 있는데, 이는 이베이의 정체성을 나타내는 상징적인 카테고리다. 이베이는 다양한 상품이 많이 있을 뿐 아니라 전문 셀러가 아닌 일반 사람들이 중고 물건을 판매할 수 있다는 점, 상품 사진이나 설명의 수준이 그리 높지 않다는 점 등이 우리나라의 카페 '중고나라'와 흡사하다. 그만큼 이베이는 상품을 판매하는 데 요구되는 요건이나 장벽이 낮은 편이다.

이베이의 또 다른 특징은 경매라는 독특한 판매 방식이다. 이는 우리가 흔히 알고 있는 부동산 경매, 미술품 경매와 마찬가지로 정해진 시간에 가장 높은 가격으로 입찰한 사람에게 판매하는 방식이다. 경매는 정해진 판매 가격이 없으므로 운이 좋으면 생각보다 낮은 가격에 원하는 물건을 손에 넣을 수 있다는 것이 매력이다. 이베이에서 진행되는 경매는 마감 직전까지 낮은 가격을 유지하다 마감이 몇 초 남지 않은 시점에 한꺼번에 입찰이 몰려 몇 초 사이에 가격이 몇 배로 뛰는 광경이 자주 연출되곤 한다. 또한 독특한 경매 상품이 올라와 많은 사람의 이목을 끌기도 했으며[5] 이베이의 경매를 소재로 한 TV 광고가 등장하기도 했다.

셀러의 입장에서는 가격을 예측하기 힘든 희귀한 물건을 경매로 판매하면 주목을 받을 수 있을뿐더러 높은 입찰가를 기대할 수 있다. 희귀한 물건이 아니더라도

---

[5] 이베이에서 매년 이슈가 되는 가장 유명한 경매는 '워런 버핏과의 점심 식사'다. 이 이벤트는 주로 뉴욕 맨해튼에 있는 스테이크 전문점 스미스앤드월런스키에서 3~4시간 동안 이뤄지는데, 낙찰자는 버핏에게 "다음번에는 어디에 투자할 건가요?" 등 모든 분야에 관해 물어볼 수 있다. 버핏은 경매 수익금 전액을 도시 빈민 구제 단체인 글라이드재단에 기부해 가정 폭력 피해 여성, 빈곤 청소년 등을 돕는데 지금까지 기부한 액수는 2300만 달러가 넘는다. 1999년 첫 경매의 낙찰가는 2만 5000달러였지만 2008년 이후에는 입찰 최소 금액이 100만 달러로 뛰었다. 2015년에는 중국 게임업체 다리안제우스엔터테인먼트에게 234만 5678달러에 낙찰되었고, 2016년에는 345만 6789달러를 써낸 익명의 참가자에게 낙찰되었다. 〈버핏과의 점심, 345만 달러의 낙찰〉, 《중앙일보》, 2016년 6월 14일.

미끼 상품이나 재고 상품을 처분할 때도 경매를 유용하게 활용할 수 있다. 또한 경매는 일반적인 정찰제 판매에 비해 검색 노출도가 높은 편이므로 정찰제 판매 상품으로 유인하는 수단으로도 이용된다.

이베이의 가장 큰 장점은 진정한 의미의 글로벌 마켓이라고 할 수 있을 만큼 다양한 나라의 바이어들과 거래할 수 있다는 것이다. 앞서 설명했듯이 미국에 기반을 둔 www.ebay.com 내에서도 미국 외 나라의 바이어가 높은 비중을 차지하고 있다. 즉 각국 바이어들이 지닌 다양한 니즈를 광범위하게 포괄할 수 있고, 미국 외 나라의 바이어와 거래할 때 한국에서 판매하더라도 특별한 핸디캡이 없다는 것이 가장 큰 장점이다.

보통의 플랫폼은 해당 나라의 셀러와 바이어의 비중이 크기 때문에 그 나라의 표준에 맞추기 힘든 외국 셀러는 어려움을 겪을 수밖에 없다. 만약 지마켓에서 중국 셀러가 상품을 판매한다면 상대적으로 긴 배송 기간과 문의에 따른 불편을 감수해야 하므로 구매를 꺼릴 것이다. 그러나 이베이에서 독일 바이어가 상품을 구매하는 경우 미국 셀러에게 구매하든 한국 셀러에게 구매하든 배송 기간이나 편의 등에 별반 차이가 없다. 게다가 이베이를 통해 해외 셀러에게 구매하는 바이어는 배송 기간이나 편의성에 대한 기대가 로컬 마켓에서 구매할 때보다 낮기 때문에 보다 유연하게 거래를 성사시킬 수 있다.

한편 이베이의 가장 대표적인 단점은 신규 셀러의 활동을 상당 부분 제한한다는 것이다. 이미 언급했듯이 이는 미국 현지에서 쌓은 신용 이력이 없으면 남녀노소 지위 고하를 막론하고 신용카드 한 장 못 만드는 미국 사회의 풍토가 반영된 것으로도 볼 수 있다. 이베이의 신규 셀러는 판매할 수 있는 상품의 수가 제한되는 등 상당한 제약을 받으며, 이를 극복하기 위해서는 상품 판매량을 늘려 긍정적인 판매 후기를 쌓음으로써 제한을 푸는 방법뿐이다. 판매할 수 있는 상품의 수를 늘리려면 통상적으로 전화 인터뷰를 해야 하는데 여기에는 불편함과 번거로움이 따르는 것이 현실이다.

02_ 전 세계 유통 시장의 거대한 공룡, 아마존

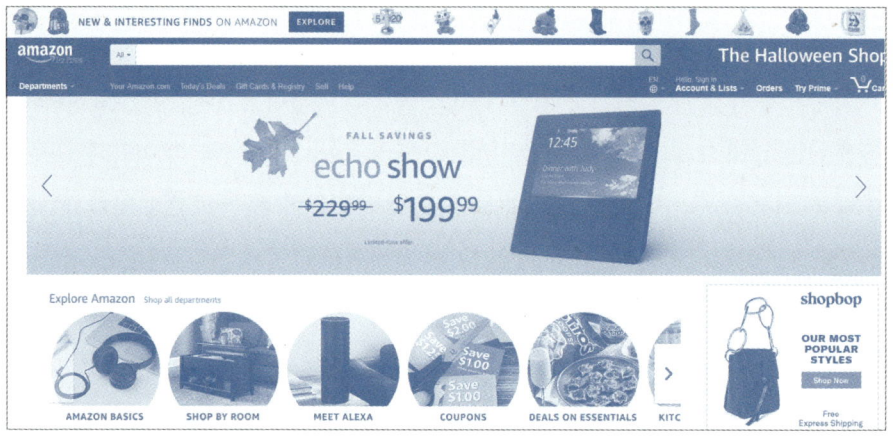

- 사이트: www.amazon.com
- 초기 투자 비용: 많음
- 기대 매출: 매우 높음
- 진입 난이도: 높음
- 사용 편리성: 쉬움
- 기대 수익: 보통

미국 내 온라인 마켓 점유율이 이베이보다 훨씬 높은 아마존은 www.amazon.com 의 경우 95% 이상이 미국 바이어다. 이베이는 캐나다, 영국, 독일, 프랑스, 스페인, 이탈리아, 아일랜드, 호주, 베트남 등에 개별 사이트가 있고, 아마존은 미국 외에 캐나다, 영국, 독일, 프랑스, 스페인, 이탈리아, 인도, 일본, 멕시코 등에 개별 사이트가 있는데 둘 다 로컬 마켓의 성격을 띤다.

아마존은 1994년에 제프 베조스 Jeffrey Bezos 가 설립한 인터넷 서점 카다브라에서 출발해 1995년 아마존으로 이름을 바꾸었다. 2000년 가을부터 아마존 외의 일반 셀러도 상품 판매가 가능한 온라인 마켓 형태로 전환했으며, 2007년 전자책 킨들을 출시해 큰 인기를 끌었다. 그 밖에도 상품 할인(유통), 빠른 무료 배송(물류), 무제한

저장 공간(클라우드), 무료 음악과 영화(콘텐츠), 슈퍼마켓(아마존고) 등 온·오프라인과 IT, 물류 등을 아우르는 서비스를 제공해 미국 내에서 가장 영향력 있는 거대 기업으로 발전했다.

아마존의 가장 큰 장점은 바로 '혁신적인 배송 시스템', '개인별 주문 추천을 통한 지속적인 구매 유도', '경쟁력 있는 상품 가격'에 있다. '이익보다 시장을 지배하라, 손해 봐도 싸게 팔아라, 제품이 아닌 경험을 팔아라, 사업을 무한 확장하라'라는 아마존의 경영 방식은 전 세계 유통 시장의 판도를 송두리째 바꿔놓았다. 아마존은 지금도 매년 R&D에 많은 비용을 투자하고 있다.

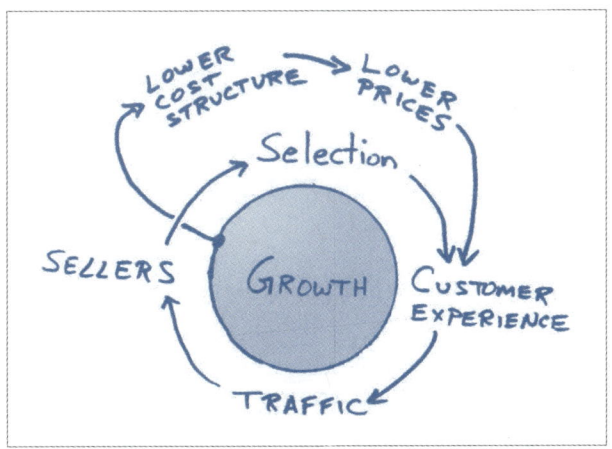

◆ 제프 베조스가 회사의 경영 철학을 설명하기 위해 냅킨에 즉흥적으로 그린 그림으로, 성장은 더 낮은 비용 구조와 더 낮은 가격에서 나오고 이것이 훌륭한 고객 경험으로 이어진다는 내용이 담겨 있다. 즐거운 경험을 많이 하면 사이트 방문자가 늘어나고 더 많은 판매자를 끌어들이게 된다는 논리도 포함된 이 그림에서는 '이익'이라는 단어를 찾아볼 수 없다.

셀러라면 특히 아마존의 FBA Fulfillment By Amazon 라는 서비스를 주목해야 한다. 이는 셀러가 아마존의 물류 창고로 상품을 보내면 아마존에서 이를 보관해뒀다가 판매가 이뤄지면 포장 및 배송, 바이어의 문의에 대한 응대까지 모두 대신 해주는 서비스다. 셀러 입장에서는 상품을 아마존의 창고에 보내기만 하면 되니 업무의 효율성이 극대화되어 상품 매입과 마케팅에 집중할 수 있다.

미국 바이어로만 한정하면 아마존은 이베이보다 상품 판매량이 월등하다. 따라서 FBA를 이용하면 아무리 많은 주문이 들어와도 포장 및 배송을 일일이 신경 쓸 필요가 없어 업무 과부하가 생기지 않는다. 바이어의 입장에서는 매년 119달러를 내고 아마존 프라임 서비스를 이용하면 주문한 상품을 2일 만에 무료로 받을 수 있는데, 이는 FBA에 입고된 상품이 배송되는 것이다. 이베이는 셀러가 배송하지만, 아마존의 FBA는 전문적으로 빠른 시간 내에 배송하기 때문에 안심하고 활용할 수 있어 셀러들이 매우 선호하는 서비스다.

아마존이 온라인 쇼핑의 절대 강자가 된 비결은 빠른 배송 외에도 개인별로 최적화된 주문 추천을 통한 지속적인 구매 유도를 꼽을 수 있다. 아마존은 1999년부터 개인 맞춤형 추천 알고리즘 'A9'으로 상품을 추천하고 있다. 기존 구매 이력, 구매 상품 간 연관성, 구매 전환 비율, 바이어 만족도 등을 빅데이터로 분석해 상품을 추천하는 이 알고리즘은 아마존 매출의 약 35%를 차지할 정도로 막강한 위력을 발휘하고 있으며 바이어의 만족도도 높다.

이처럼 아마존의 기술력과 시장 지배력은 대단하지만, 아마존의 또 다른 강점인 '경쟁력 있는 상품 가격'은 셀러에게 장벽으로 작용할 소지도 있다. 아마존의 중요한 특징 중 하나는 상품 검색 결과 페이지에 있다. 일반적인 온라인 마켓에서는 어떤 상품을 검색하면 그것을 판매하는 셀러들의 상품 페이지가 나열된다. A라는 상품을 판매하는 셀러가 10명이라면 검색 결과 목록에 10개의 상품이 모두 노출되는 것이다. 하지만 아마존의 상품 노출 방식은 이와 다르다. 아마존에서는 A라는 상품을 판매하는 셀러들이 모두 상품 페이지를 공유하고 상품 페이지 내에서 하나로 묶인다. A라는 상품을 판매하는 셀러가 10명이라도 A라는 상품이 하나만 노출되고, 이를 클릭해 상품 페이지로 들어가야 셀러의 목록이 보이는 구조로 되어 있다.

이는 우리나라의 최저가 검색 결과 페이지와 비슷한 구조라고 할 수 있다. 즉 A라는 상품이 검색 결과에 나오고, 이를 판매하는 셀러와 입점한 마켓이 목록으로 나열

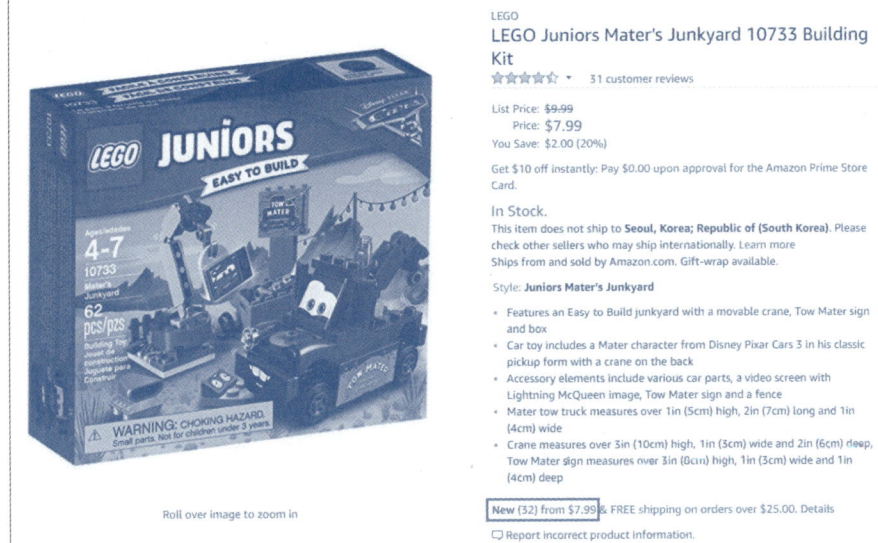

◆ 이 상품을 판매하는 셀러는 32명이며 위와 같이 상품 페이지를 공유한다.

된다. 이런 방식에서는 당연히 최저가로 상위에 노출된 셀러가 돋보이고, 또 이 셀러에게 구매하는 비율이 높아질 수밖에 없다.

　아마존에서도 FBA 배송과 최저가인 셀러를 목록의 맨 위에 노출시키고 있다. 이렇게 최상위에 노출되는 것을 'Buy Box를 차지했다'고 표현하는데, Buy Box를 차지하면 판매량의 대부분을 점유할 수 있기 때문에 셀러들의 경쟁이 매우 치열하다. 그렇다 보니 더 경쟁력 있는 가격으로 바이어를 끌어모으는 패턴이 반복되고 있다. 그러므로 셀러 입장에서는 공유되는 상품 페이지에 간단히 상품을 등록할 수 있어 매우 편리하지만, FBA를 이용하지 않거나 가격 경쟁력을 갖추지 못하면 Buy Box에서 밀려나 매출이 거의 발생하지 않는다.

　아마존은 셀러에게 요구하는 기본 자질이 이베이보다 까다로운 데다 이베이와 마찬가지로 신규 셀러의 활동을 제한하고 있다. 이베이는 판매할 수 있는 상품의 수를 제한하는 반면, 아마존은 그러한 제한이 없지만 일부 카테고리는 승인 절차를 거쳐

야만 판매가 가능한 것이 차이점이다. 승인을 받으려면 보통 상품을 구매한 이력을 증명할 수 있는 본사 또는 총판 구매 내역서를 제출해야 하며, 일부 카테고리의 판매 승인에는 1000~3000달러의 입점 비용(환불되지 않음)이 들기도 한다.

만약 화장품과 장난감을 판매한다면 이베이에서는 가입 후 화장품과 장난감을 합쳐 10개의 상품만 등록할 수 있다. 그러나 아마존에서는 카테고리 판매 승인이 필수인 화장품의 경우 승인 절차를 거치기 전까지는 하나도 등록할 수 없고, 카테고리 판매 승인이 필요 없는 장난감은 10개든 100개든 등록이 가능하다.

아마존의 또 다른 단점은 정책이 워낙 까다롭고 엄격해 계정 운영의 안정성을 기대하기 어렵다는 것이다. 2017년 8월 발표된 아마존 셀러 1600명의 설문 조사 결과에 따르면 셀러의 절반 이상(52%)이 바이어의 클레임이나 경쟁 셀러의 위협보다도 아마존 자체를 더 두려워하는 것으로 나타났다. 다시 말해 셀러들은 아마존의 정책에 따른 셀러 자격 박탈을 가장 걱정하는 것이다.[6] 아마존은 일방적 통보에 의한 갑작스러운 계정 정지나 허위 신고에 따른 사유서 요구 등이 잦은 편인데, 현재로서는 셀러가 이와 같은 리스크를 안고 갈 수밖에 없는 상황이다.

03_ 엣지 있는 수공예품 전문 마켓, 엣시

- 사이트: www.etsy.com
- 초기 투자 비용: 적음
- 기대 매출: 보통
- 진입 난이도: 낮음
- 사용 편리성: 보통
- 기대 수익: 높음

---

6 Martech Adviser, 〈Here's What's Next for Amazon Sellers〉, 2017년 8월 3일

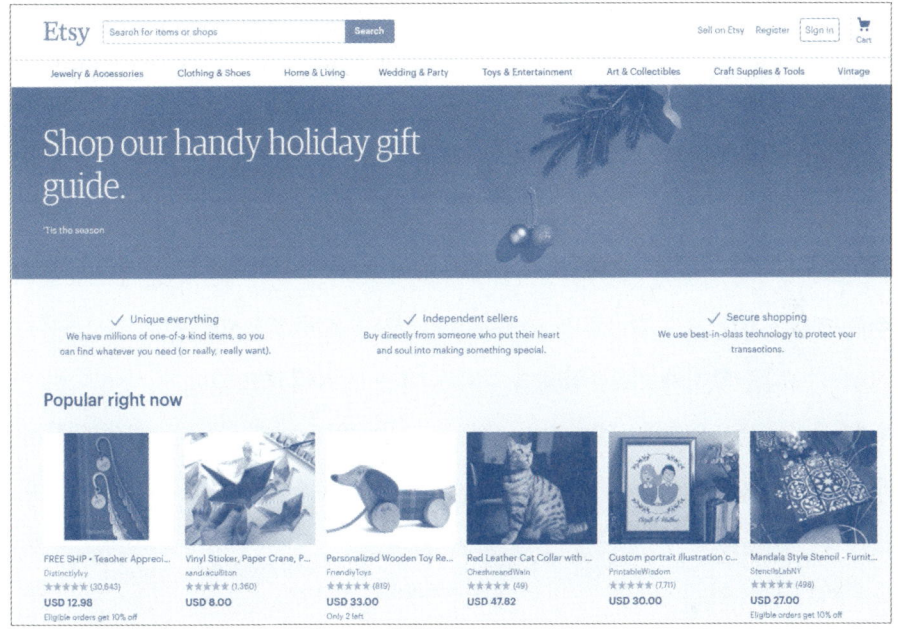

2005년 미국에서 설립된 엣시는 수공예품만을 전문적으로 취급하는 온라인 마켓이다. 목수이자 웹디자이너였던 로버트 캘린 Robert Kalin은 대표적인 전자상거래 사이트인 이베이보다 특별한 사이트에 자신이 만든 수공예품을 등록하고 싶어 수공예품과 부자재, 빈티지 상품 등을 판매하는 온라인 마켓을 구축하게 되었다. 길지 않은 역사에도 불구하고 수공예품이라는 작지만 확실한 시장을 공략한 결과 지금은 미국뿐 아니라 전 세계의 바이어들이 이용하는 글로벌 마켓으로 발돋움했다.

엣시의 장점은 무엇보다 저렴한 판매 수수료다. 상품 판매 시 부과되는 수수료가 이베이와 아마존은 10~15%인 데 반해 엣시는 고작 3.5%라 셀러는 보다 높은 수익을 기대할 수 있다. 또한 엣시는 신규 셀러에 대한 제한이 전혀 없어 마음껏 상품을 등록할 수 있다.

특히 주문 제작 시 커뮤니케이션이 필요한 수공예품을 취급하기 때문에 엣시는 셀러와 바이어의 교류가 상당히 활발한 마켓이다. 페이스북처럼 엣시에서는 마음에

드는 상품이나 셀러의 숍에 '좋아요 Favorite' 표시를 하고 이를 자신의 프로필에 공유할 수 있으며, 사용자들 간의 팔로우와 팔로잉도 활발하다. 따라서 바이어들과 활발한 교류를 갖고 그들과의 커뮤니케이션에 세심하게 신경을 써야 매출을 늘릴 수 있다.

한편 엣시는 완제품과 부자재의 검색 결과가 구분되지 않는다는 불편함이 있었다. 그래서 수공예품을 제작하는 사람들이 필요로 하는 부자재를 전문적으로 판매하는 엣시스튜디오www.etsystudio.com를 2017년부터 운영하기 시작했다. 엣시스튜디오에서는 각종 부자재, 도안, 공예법 강좌 등이 주로 거래되고 있다. 엣시에 이미 가입한 셀러는 별도의 가입 절차 없이 같은 로그인 정보로 엣시스튜디오를 이용할 수 있다.

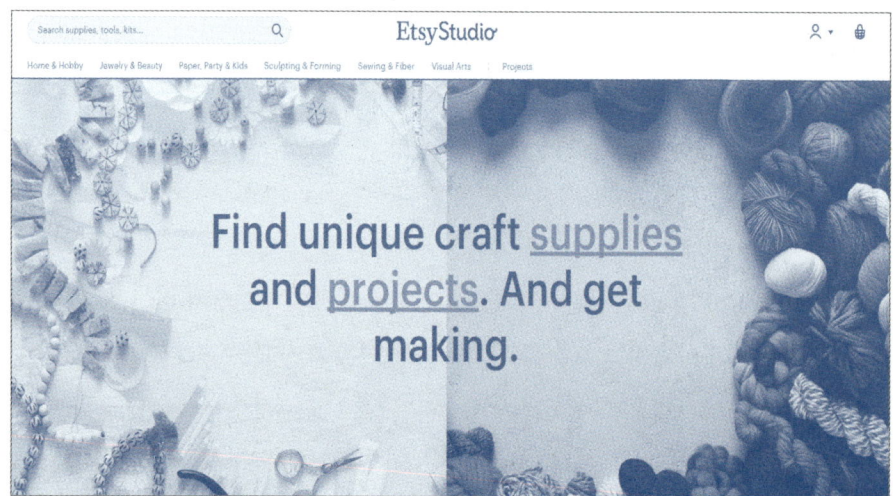

◆ 수공예품 제작에 필요한 각종 부자재를 전문적으로 판매하는 엣시스튜디오

엣시의 단점은 판매 가능한 상품이 한정적이라는 것이다. 엣시는 수수료가 저렴하고 간편하게 이용할 수 있는 반면 수공예품과 이를 만드는 데 쓰이는 부자재, 빈티지 상품이 아니면 등록이 불가하다는 기본 방침이 엄격해, 만약 그 외의 상품을

등록하면 모니터링에 의해 삭제된다. 이는 장점으로 작용하기도 하는데, 누구나 쉽게 유통 가능한 공산품이 아니라 직접 만든 상품으로 틈새시장을 공략할 수 있기 때문이다. 한편 수공예품을 전문적으로 취급하고자 한다면 엣시 외에도 미국의 아트파이어www.artfire.com, 독일의 다완다www.dawanda.com도 고려할 만하다.

04_ 이베이와 아마존의 완벽한 보완재, 보낸자

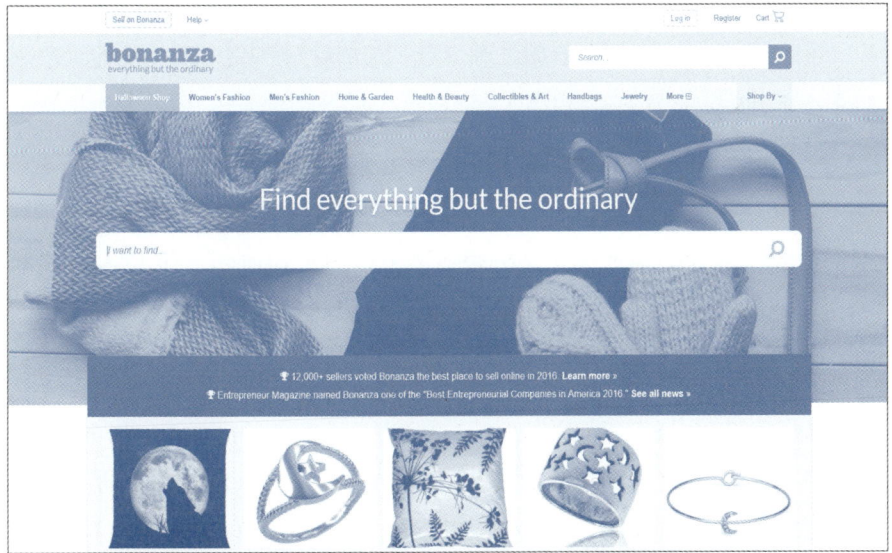

- 사이트: www.bonanza.com
- 초기 투자 비용: 적음
- 기대 매출: 낮음
- 진입 난이도: 매우 낮음
- 사용 편리성: 쉬움
- 기대 수익: 보통

독자는 말할 것도 없고 현재 온라인 마켓에서 활동 중인 셀러라도 보낸자라는 이름이 생소한 이들이 많을 것이다. 보낸자는 2007년 빌 하딩Bill Harding이 만든 온라인 마켓으로, 2008년 Ecommerce Guide가 '이베이를 대체할 수 있는 최적의 마켓'으로 언급하면서 주목 받으며 성장해왔다. 설립된 지 10년이 지났지만 온라인 마켓으로서 보낸자의 정체성을 명확하게 특징 짓기는 쉽지 않다. '일상적인 모든 것 everything but the ordinary'이라는 보낸자의 광고 문구만 봐도 어떤 카테고리나 판매 방식에 강점이 있는지 알기 어렵다.

사실 보낸자는 마켓이라기보다는 하나의 툴로 접근하는 것이 바람직하다. 보낸자의 가장 큰 장점은 바로 이베이, 아마존, 엣시 등에 올려놓은 상품을 클릭 몇 번만으로 그대로 보낸자로 옮겨 올 수 있는 특별한 기능이다. 심지어 바이어에게 받은 거래 후기의 점수도 옮겨 올 수 있다.

보낸자는 판매 수수료가 3.5%로 매우 저렴하다. 따라서 셀러는 이베이나 아마존의 가격보다 수수료 차액만큼 할인된 가격으로 판매할 수 있는데, 이러한 가격 경쟁력은 바이어들이 보낸자를 찾게 하는 중요한 요인이다. 이베이나 아마존에서 흔한 빅셀러의 성공 스토리를 보낸자에서는 찾아보기 어렵지만, 보낸자는 셀러의 비즈니스에 보완재 역할을 하며 나름의 영역을 구축한다는 점에서 활용도가 높고 충분히 의미 있는 플랫폼이다.

보낸자는 일반적인 툴과 비슷한 개념의 멤버십을 운영하고 있다. 이는 무료로 사용 가능하지만 필요에 따라 연간 구독 기준으로 골드(월 25달러), 플래티넘(월 55달러), 타이탄(월 167달러) 등으로 업그레이드할 수도 있다. 멤버십의 장점은 구글 쇼핑과 연동된 광고 기능인데, 높은 등급일수록 터보 트래픽을 통해 더 많은 페이지뷰를 보장해준다. 플래티넘 이상부터는 페이스북 광고도 가능하다.

보낸자가 제공하는 또 다른 서비스인 웹스토어 Webstores도 주목할 만하다. 웹스토어는 쉽게 말해 온라인 마켓이 아닌 독립적인 쇼핑몰을 구축할 수 있도록 지원하는 서비스다. 독립몰은 솔루션을 기반으로 설치 및 운영되는데 현재 마젠토, 빅커머스, 쇼피파이 등은 간편한 구축, 다양한 디자인 무료 제공, 구글과의 연동을 통한 유입 증대와 같은 서비스를 내세우며 높은 점유율을 보이고 있다. 최근 출시된 보낸자의 솔

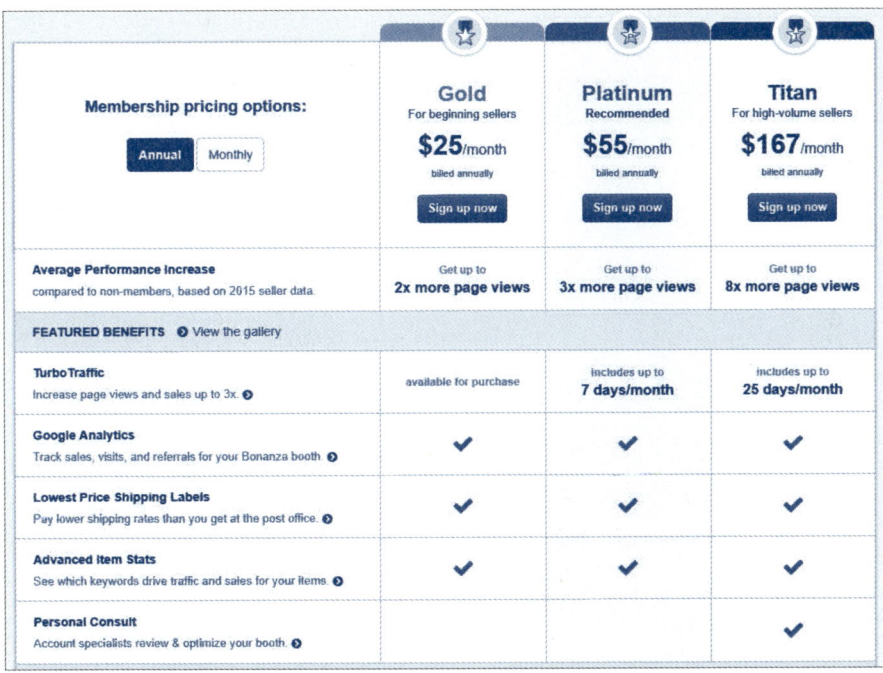

◆ 보낸자의 멤버십 체계와 이용 가격

루션을 활용하면 간편하게 독립몰을 구축할 수 있을 뿐 아니라, 보낸자에서와 같이 이베이, 아마존, 엣시 등에 등록한 상품을 그대로 가져와 연동할 수 있다.

05_ 동남아시아의 아마존, 라자다

- 사이트: www.lazada.com.my
- 초기 투자 비용: 많음
- 기대 매출: 보통
- 진입 난이도: 높음
- 사용 편리성: 어려움
- 기대 수익: 보통

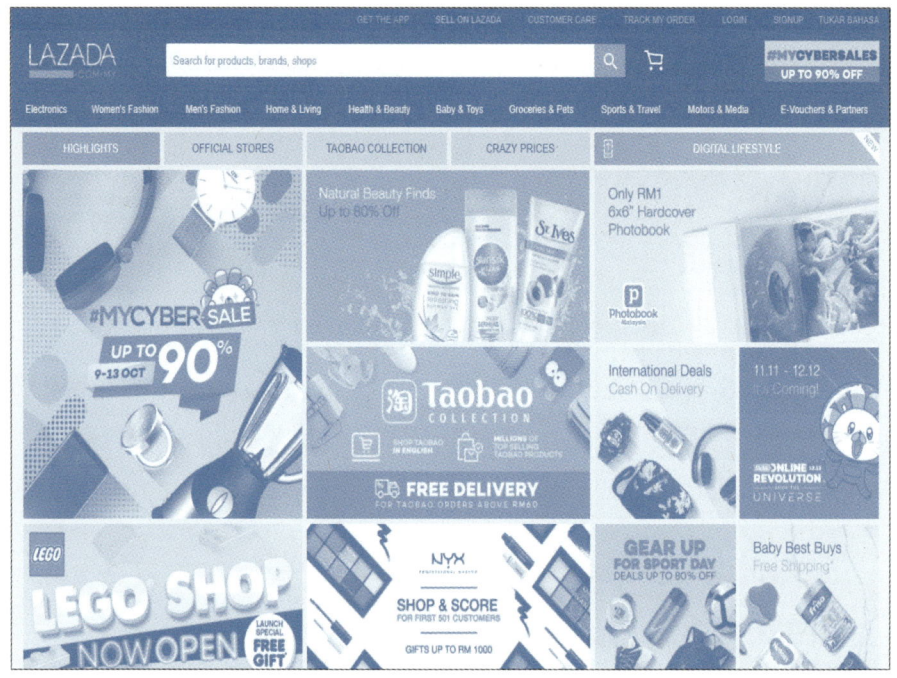

　라자다는 2012년 설립된 온라인 마켓으로 독일계인 로켓인터내셔널이 말레이시아, 필리핀, 베트남, 태국, 싱가포르, 인도네시아에 법인을 설립해 운영하고 있다. 사이트의 화면 구성과 구조가 아마존과 유사해 '동남아시아의 아마존'이라고도 불리는 라자다는 동남아 6개국의 5억 6000만 소비자를 대상으로 오픈 마켓 시장을 선도하고 있다. 2014년부터는 아마존을 제치고 동남아시아 내에서 가장 높은 매출을 기록한 글로벌 마켓인 라자다는 2017년을 기준으로 3000개의 브랜드를 포함해 1만 3500여 셀러가 등록되어 있으며, 판매되는 상품의 수는 2억 1000만 개에 달한다.

　아마존의 장점이 혁신적인 배송 시스템인 것처럼 라자다 역시 60여 개의 물류 회사와 제휴해 만든 자체 배송 시스템 LGS Lazada Global Shipping를 운영하면서 특히 배송 부문에 많은 투자를 하고 있다. LGS가 본격적으로 운영되지 않은 2016년 중반 이전에는 셀러가 바이어에게 직접 배송할 수 있었지만 이제는 LGS를 통한 배송이 필수다.

만약 한국 셀러가 바이어의 주문을 받으면 48시간 내에 운송장 번호를 입력하고 상품을 라자다 서울 물류센터7로 보내야 한다. 서울 물류센터에 입고된 상품은 홍콩 물류센터로 이동해 홍콩, 중국 화물과 취합된 후 최종 도착 국가로 가고, 현지에서 바이어에게 배송하는 과정을 거친다. 아마존의 FBA와 마찬가지로 셀러는 라자다 서울 물류센터로 상품을 보낸 후 발생할 수 있는 배송 관련 문제를 전혀 신경 쓰지 않아도 된다.

라자다는 사업자 등록증이 있어야만 셀러로 입점이 가능하며, 교육 키트 내 초보자 교육 동영상 자료를 시청한 후 초보자 시험과 최초 등록 상품에 대한 라자다의 품질 검사를 통과해야 한다. 판매 수수료는 이베이, 아마존과 비슷한 수준이고 아마존처럼 페이오니아, 월드퍼스트를 통해 상품 판매 대금을 수령하는 구조다.

라자다에서 판매하고자 할 때는 동남아시아의 경제 수준과 그들의 문화를 고려해야 한다. 라자다에서는 브랜드 상품이 상당히 선호되며 가격 할인이나 증정품 유무에도 상당히 민감한 경향이 있다. 상품 등록을 시작하는 순간부터 할인 가격을 설정할 수 있고 증정품이 있는지 여부도 별도로 기재하라고 할 정도다. 라자다는 쇼핑이 많은 연말이나 피크 시즌에 셀러에게 판매 수수료를 받지 않는 프로모션을 제공하는데, 이는 셀러의 수익 증진을 위한 배려가 아니라 그만큼 상품을 할인해서 판매하라는 의미다.

동남아시아는 선진국보다 뒤늦게 전자상거래가 활성화된 만큼 초기 진입을 통한 선점이 중요하다. 우리나라 셀러의 라자다 시장 개척은 아직 시작 단계에 머물러 있다. 동남아시아 시장을 공략하는 단초를 찾기 위해 트렌드를 분석해 접근한다면 차별화된 경쟁력으로 사업을 성장시킬 수 있을 것이다.

---

7 서울시 강서구 양천로 373(가양동 92-1) CJ대한통운 GFC 센터 2층, 031-460-3715/3716

06_ 지마켓의 동남아시아 버전, 큐텐

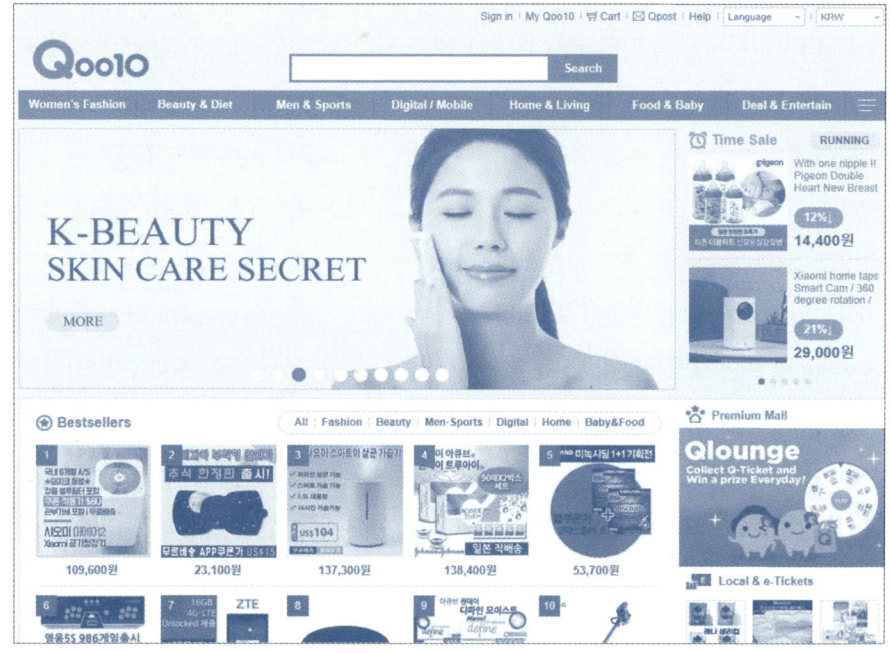

- 사이트: www.qoo10.com
- 초기 투자 비용: 매우 많음
- 기대 매출: 높음
- 진입 난이도: 매우 높음
- 사용 편리성: 매우 어려움
- 기대 수익: 보통

큐텐은 우리나라 지마켓의 전 대표인 구영배 씨가 만든 온라인 마켓으로, 과거 지오시스지마켓이라는 회사명으로 지마켓 싱가포르, 지마켓 일본을 운영하다 2012년 큐텐으로 이름을 변경했다. 큐텐은 싱가포르, 일본, 중국, 인도네시아, 말레이시아, 홍콩, 중국 등에 나라별 사이트를 운영하면서 동남아시아 시장을 공략하는 가장 강력한 플랫폼으로 자리매김하고 있다. 이 나라별 사이트들은 하나의 플랫폼으로 연동되어, 상품 정보를 한 사이트에 등록하면 다른 나라 큐텐 사이트에 전시 및 노출할 수 있는 기능도 있다.

큐텐은 셀러 전용 프로그램인 QSM이 한국어로 되어 있고, 한국에 있는 수출 영업 MD와의 커뮤니케이션도 한국어로 할 수 있어 언어의 장벽이 없다. 수수료의 경우 판매 수수료만 7~12%가 부과될 뿐 등록 수수료와 인출에 따른 환율 차액이 없다는 것이 장점이다.

한편 큐텐의 가장 큰 문제는 우리나라 지마켓을 바탕으로 하기 때문에 우리나라 온라인 마켓의 판매 시스템이 많이 차용되었다는 데에 있다. 즉 치열한 광고 경쟁과 가격 경쟁을 피할 수 없다는 얘기다. 큐텐의 광고는 딜 플러스 광고, 공동구매 플러스 광고, 카테고리 플러스 광고, Q-스페셜 플러스 광고, 키워드 플러스 광고, 타임세일 광고, 데일리 딜 할인 광고, 숍 단골 할인 광고 등 매우 복잡 다양하다. 게다가 카테고리별로 MD가 있고, 제조사나 총판은 매출을 높이기 위해 MD와 협의해 자발적이든 강제적이든 프로모션을 진행해야 하는 경우가 부지기수다. 그래서 쿠폰이나 무료 배송 등의 혜택을 추가함으로써 발생하는 손실이 적지 않고, 이는 결국 셀러의 마진 감소로 이어진다.

또한 큐텐은 다른 플랫폼에 비해 정산 주기가 길다. 파워 셀러는 배송 완료 후 7일 이후의 수요일에 정산받지만, 보통 셀러는 배송 완료 후 15일 이후의 수요일에 정산받으므로 상품 주문부터 정산까지 길게는 1개월이 걸리기도 한다. 이는 자금 회전을 방해할 뿐 아니라 심한 경우 비즈니스의 존폐를 좌우할 수도 있는 단점이다.

배송은 큐텐의 계열사인 큐익스프레스를 사용해야 바이어의 만족은 물론 노출도에 유리하다. 큐익스프레스를 사용하지 않으면 셀러 평가 중 배송 점수가 낮아지기 때문에 강제적으로 큐익스프레스를 사용할 수밖에 없는 상황이다. 큐익스프레스는 큐텐에 최적화된 배송 서비스로 송장 등의 체계가 큐텐과 일원화되어 있다는 것이 장점이지만, 우리나라의 물류센터로 배송해야 하므로 우체국을 통해 직접 상품을 발송하는 것보다 비용 측면에서 불리하다.

07_ 거대한 중국 시장의 최대 오픈 마켓, 타오바오

- 사이트: www.taobao.com
- 초기 투자 비용: 매우 많음
- 기대 매출: 낮음
- 진입 난이도: 매우 높음
- 사용 편리성: 매우 어려움
- 기대 수익: 매우 낮음

중국 온라인 마켓의 거대한 성장은 알리바바그룹이 주도하고 있다. 알리바바그룹은 1999년 마윈馬雲이 중국 제조업체와 해외 바이어를 잇는 B2B 사이트 알리바바www.alibaba.com를 개설하면서 설립되었다. 2003년에는 전자상거래 사이트인 타오바오를 만들어 급속히 성장했으며, 그 영향으로 2006년 이베이가 중국에서 철수하기도 했다.

알리바바그룹이 운영하는 사이트는 현재 알리바바, 알리익스프레스, 타오바오, 티몰 등이며, 그중에서도 누구나 상품을 판매할 수 있는 C2C 플랫폼인 타오바오가 대표적이다. 타오바오는 별도의 비용 없이 입점할 수 있어 해외 셀러의 접근성이 좋은 편이다. 다만 외국인의 경우에는 반드시 직접 중국에 방문해 타오바오의 결제 시스템인 알리페이(쯔푸바오)와 연동되는 현지 은행 계좌를 개설해야 한다. 또한 매출이 커져서 계좌에 많은 금액이 쌓이면 이를 한국으로 송금하는 데 제한이 있어 서류 제출 등 절차를 거쳐야 한다.

한편 티몰(톈마오)은 중국과 홍콩에 법인을 설립한 기업이 일반 소비자에게 상품을 판매하는 B2C 플랫폼이다. 기본적으로 중국 또는 홍콩 현지의 법인 등 사업자등록증이 있어야 입점이 가능하며 매장형 플래그숍, 브랜드 플래그숍, 전문 경영 매장 등 입점 방식이 다양하다. 소비지의 입장에서는 당연히 타오바오보다는 티몰을 선호하고 신뢰하는 경향이 있다.

한국 셀러가 중국 온라인 마켓을 공략하는 데 가장 어려움을 겪는 부분은 바로 신뢰 획득과 통관 문제다. 타오바오에서도 셀러가 신뢰를 얻는 것이 중요한데, 이는 셀러의 등급과 바이어 상담에서 잘 드러난다. 거래 평가에 따라 셀러의 등급을 '하트', '다이아몬드', '왕관', '황금 왕관'으로 구분하고 각 등급별로 1~5개로 세분되어 있다. 최소한 다이아몬드 3개 정도의 등급이 되어야 바이어가 믿고 구매하는 것으로 알려져 있는데, 다이아몬드 3개 등급은 좋은 평가를 1000건 이상 받아야 획득할 수 있다.

또한 셀러는 일반적으로 바이어의 문의를 아리왕왕으로 대표되는 실시간 메신저로 응대한다. 때문에 셀러는 어느 정도 중국어로 읽고 쓰기가 가능해야 한다. 중국 바이어는 상품에 대한 상담이 원활해야 셀러를 신뢰하므로 바이어 상담이 어렵다면 판매도 어렵다고 봐야 한다. 그리고 실제 상품과 다른 가품이나 저품질의 상품이 판치다 보니 상품 이미지와 설명에 신경을 써야 한다.

위의 내용은 셀러가 노력하면 극복할 수 있는 것이지만 통관 문제는 차원이 다르다. 내수 보호를 위해 중국은 온라인을 통해 수입되는 상품에 부과했던 특별 세금인 행우세 parcel tax를 2016년 4월부터 폐지했다. 행우세는 화장품을 기준으로 100위안 미만의 상품 구매 시 면세 혜택이 있었지만, 새로운 세금 정책에서는 기존 행우세를 종합세로 대체하고 1인당 연 구매 한도 2만 위안 내에서 기초 화장품과 생활용품에 11.9%, 색조 화장품에 47%의 세금을 부과한다. 또한 '국제 전자상거래 소매 수입 상품 리스트'를 발표하고 여기에 포함된 상품만 수입이 가능하도록 제한함에 따라 중국 위생청의 허가를 받아야 하는데, 이는 길고 복잡한 통관 절차가 필요하다.

면세되던 중저가 상품에는 세금이 붙게 되었으나 50%의 세금이 부과되던 고가의 기초 화장품은 세금이 11.9%로 낮아져 유리해진 면도 있다. 하지만 문제는 바이어가 통관에서 계류된 상품을 세금을 납부하고 수령하지 않는 일이 많다는 것이다. 이 경우 바이어는 상품을 받지 못했다는 이유로 클레임을 제기하고, 상품이 도착했다는 것을 확인하지 못한 셀러는 모든 책임을 지게 된다.

더 큰 문제는 바이어가 세금을 납부하지 않아 세관에 계류된 상품을 회수하는 절차가 매우 복잡해 이를 포기하는 경우가 많다는 것이다. 이는 고스란히 셀러의 손실이 되기 때문에 안정적인 판매를 지속하기가 어려운 것이 현실이다. 그래서 중국에 있는 물류 창고에 상품을 대량으로 보내놓고 현지에서 발송하는 방법을 고려하기도 하나, 판매를 위한 위상 허가에 따르는 시간과 비용, 그리고 60%에 달하는 관세를 생각하면 이득이 없는 셈이나 마찬가지다.

08_ 일본 최대의 오픈 마켓, 라쿠텐

- 사이트: www.rakuten.com
- 초기 투자 비용: 매우 많음
- 기대 매출: 높음
- 진입 난이도: 매우 높음
- 사용 편리성: 매우 어려움
- 기대 수익: 높음

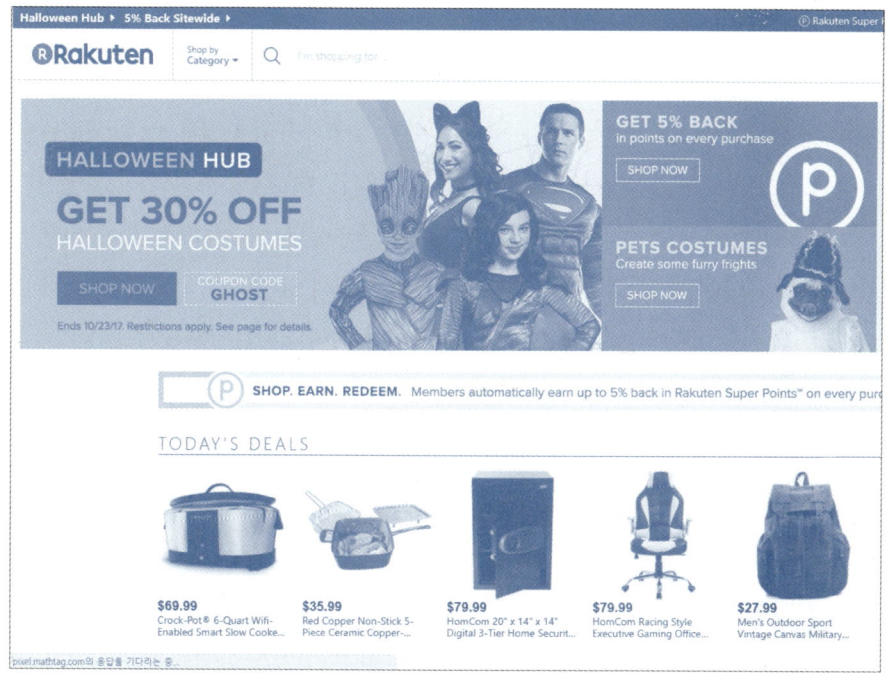

라쿠텐은 일본의 대표적인 입점형 쇼핑몰로 야후와 함께 일본의 온라인 마켓을 주도하고 있다. 야후는 일본의 국민 포털 사이트이기도 한데 온라인 마켓 형태의 야후쇼핑, 경매를 기반으로 하는 야후옥션의 성장과 함께 독자적인 영역을 구축하고 있다.

라쿠텐은 '실버', '골드', '플래티넘'이라는 순위를 이용한 등급제와 각종 이벤트, 포인트 제도 등으로 소비자의 구매 패턴을 즉흥적이고 충동적으로 만들어왔으며, 이에 길들여진 소비자가 계속 라쿠텐을 찾음으로써 많은 충성 고객의 호응을 등에 업고 있다. 라쿠텐에서는 배송과 후불 결제가 결합된 서비스인 다이비키代引き가 인기를 끌고 있다. 다이비키는 바이어가 상품을 받으면서 상품 가격과 배송비에 다이비키 수수료(9999엔까지는 324엔, 29999엔까지는 432엔 등)를 합쳐 배송 기사에게 현장 지불하는 결제 방식이다.

일본의 온라인 마켓을 공략하겠다면 라쿠텐은 그 규모와 영향력으로 볼 때 가장 먼저 고려해야 할 대상이지만 입점이 매우 까다로워 포기하는 경우가 많다. 라쿠텐은 일본에 현지 법인과 사무실이 있어야 입점이 가능하기 때문이다. 간혹 우리나라에서 오랫동안 문제없이 법인으로 활동한 경우 입점이 되기도 하지만 신생 법인이나 개인사업자는 해당되지 않는다. 일본 현지에서 사무실을 운영하지 않으면 입점 자체가 불가능하므로 보통은 일본 현지에서 라쿠텐에 입점한 업체에 상품 판매를 위탁하는 판매 대행을 활용한다.

2017년 일본의 온라인 마켓은 라쿠텐이 부동의 1위, 아마존 재팬이 2위, 야후가 3위를 차지했다. 따라서 입점이 어려운 라쿠텐보다는 아마존 재팬이 현실적으로 더 좋은 선택일 수도 있다. 아마존 재팬은 FBA를 활용한 배송이 가능하고 한국에서 일본으로의 배송비도 상당히 저렴하기 때문이다. 다만 이 경우에도 까다로운 점이 있는데, 아마존 재팬의 물류 창고로 상품을 발송할 때 미국 아마존과 마찬가지로 한국에서 직접 아마존 창고로 발송하는 것이 아니라 반드시 일본 현지의 보증인이 입고하도록 되어 있다. 이는 절차와 신용을 중시하는 일본의 특성상 외국인에게 불리한 점으로, 글로벌 마켓 비즈니스에서도 일본은 가깝고도 먼 나라다.

09_ 글로벌 마켓 비즈니스의 최종 목적지, 독립몰

- 초기 투자 비용: 많음
- 기대 매출: 초기 매우 낮음~높음
- 진입 난이도: 높음
- 사용 편리성: 어려움
- 기대 수익: 초기 매우 낮음~높음

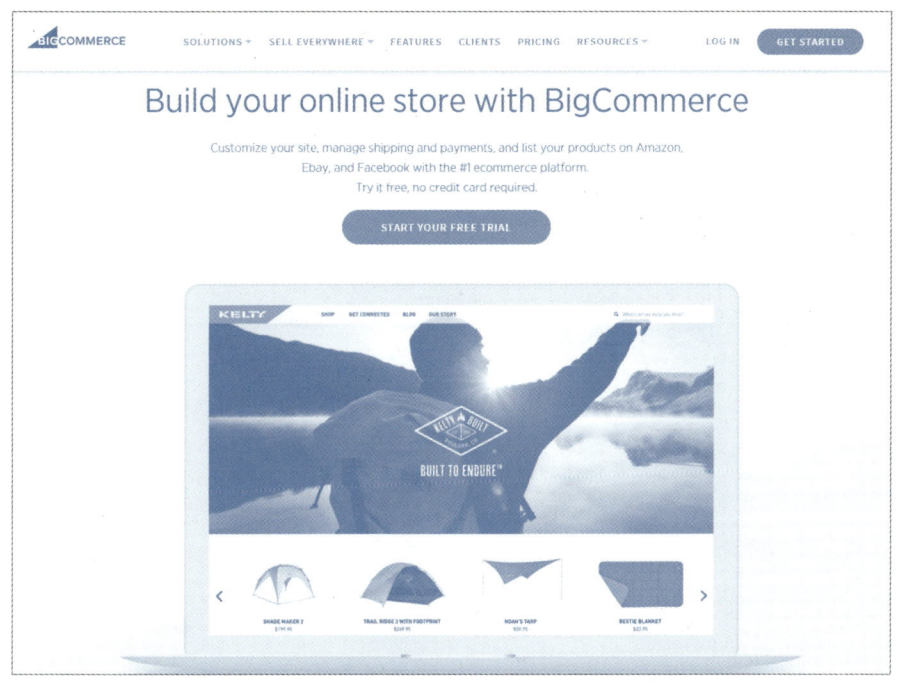

독립몰(전문몰)은 대개 영어로 구축하므로 '영문 쇼핑몰'이라고 부른다. 앞서 설명한 플랫폼이 모두 온라인 마켓 형태인 것과 달리, 독립몰은 특정 플랫폼에 입점해 판매하는 것이 아니라 이름 그대로 독립적인 공간에서 독자적으로 상품을 판매하는 형태의 쇼핑몰을 말한다. 해외 판매를 할 때 궁극적으로 구축해야 하는 것이 바로 영문 쇼핑몰이다. 글로벌 마켓 창업은 쉽게 말해 백화점에 입점한 것에 비유할 수 있는데, 이런 방식은 판매 수수료를 부담해야 하고 플랫폼의 정책 변화 등에 휘둘릴 수밖에 없다. 그러나 영문 쇼핑몰을 구축하면 독립적으로 판매할 수 있으므로 판매 수수료와 같은 비용 부담이 없고 정책의 제약을 받지 않으면서 원하는 방식으로 마케팅과 광고를 할 수 있다.

최근의 영문 쇼핑몰 솔루션은 포털 사이트에 카페나 블로그를 개설하는 것처럼 구축 방법이 간편하게 설계되어 있다. 영문 쇼핑몰을 올바르게 활용하기 위해서는 비용, 안정성, 활용 범위, 솔루션의 고객 서비스 등을 고려해야 하는데, 대표적인 영문 쇼핑몰 솔루션은 다음과 같다.

주요 영문 쇼핑몰 솔루션과 사이트 주소

솔루션	사이트 주소
빅커머스(Big Commerce)	www.bigcommerce.com
CS카트(CS Cart)	www.cs-cart.com
마젠토(Magento)	www.magento.com
오픈카트(Open Cart)	www.opencart.com
프레스타숍(PrestaShop)	www.prestashop.com
쇼피파이(Shopify)	www.shopify.com
우커머스(WooCommerce)	woocommerce.com
워드프레스(WordPress)	ko.wordpress.com

우선 어떤 나라에서 제공하는 솔루션을 활용할지 결정해야 한다. 우리나라 쇼핑몰이라면 카페24, 메이크샵 등을 활용할 수 있으나 우리나라와 외국 시스템은 큰 차이가 있다. 카페24와 메이크샵도 영문 쇼핑몰 솔루션을 제공하지만 이는 단순히 우리나라 쇼핑몰 환경의 언어를 영어로 바꾼 것이므로 해외 바이어에게 최적화된 환경은 아니다. 해외 바이어가 이용하기 좋은 영문 쇼핑몰을 구축하려면 기본적으로 쇼핑몰의 코딩 방법이 웹 표준에 기반한 것인지, 크로스 브라우저를 지원하는지, 구글이나 야후 등 해외 포털 사이트의 검색엔진에서 노출될 수 있는 구조인지 등을 확인해야 하는데, 현재로서는 우리나라 솔루션보다 해외 솔루션이 더 글로벌 쇼핑 환경에 최적화되어 있다.

가장 중요한 것은 구글이나 야후 등 해외 포털 사이트의 검색엔진에서 잘 노출될 수 있는지, 즉 검색엔진 최적화Search Engine Optimization, SEO에 적합한 솔루션인지 여부다. 아직까지 우리나라 솔루션은 해외 솔루션에 비해 해외 포털 사이트의 SEO에 미흡한 것이 사실이다. SEO가 중요한 이유인즉, 해외 포털 사이트에서는 우리나라 포털 사이트와 달리 광고를 통한 유입이 큰 부분을 차지하지 않는다. 예를 들면 네이버는 광고에 의한 파워링크나 블로그, 카페 게시글을 통해 대부분의 수요가 유입되지만, 구글의 경우 광고를 하더라도 네이버처럼 최상단에 노출되지 않고 측면에 보이며 유용한 정보를 우선적으로 노출해 상대적으로 공정한 경향이 있다. 즉 우리나라 포털 사이트에서는 정보의 유용성이 떨어져도 광고비를 많이 들이면 수요를 끌어들일 수 있는 반면, 해외 포털 사이트에서는 광고비의 액수보다는 유용한 콘텐츠를 많이 생산하는 것이 수요를 유인하는 요소가 된다. 따라서 구글의 검색 결과에 페이지나 링크를 노출시키려면 타이틀title, 상세 설명description, 키워드keyword, 퍼머링크permalink는 기본이고 롱테일 키워드long tail keyword도 지속적으로 개발해야 한다.

영문 쇼핑몰은 구축 후 단기간에 많은 수요의 유입이 거의 불가능하기 때문에 차근차근 꾸준히 SEO를 전략적으로 구사해야 한다. 글로벌 마켓 플랫폼을 통해 거래한 바이어에게 홍보하는 것도 좋은 방법이고, 검색엔진을 통한 자연적인 노출의 한계는 SNS 홍보와 마케팅으로 보완할 수 있다. 백화점에 입점하면 셀러가 백화점을 홍보하지 않아도 되지만 상가에 가게를 낸다면 손님이 찾아올 수 있도록 직접 홍보를 해야 하는 것과 마찬가지다. 독립몰은 자리를 잡기까지 무엇보다 꾸준함과 성실함이 요구되며, 수익을 키우고 독자적으로 바이어 관리와 마케팅을 하기 위해서는 영문 쇼핑몰이 필수적이다.

한편 솔루션을 이용해 쇼핑몰을 구축하는 경우 서버, 호스팅 등의 비용이 든다. 또한 솔루션에 오류가 발생하지는 않는지, 문제가 생겼을 때 쉽게 지원을 받을 수 있는지 등도 고려해야 한다.

> ⓘ **파워 솔루션**
>
> 다양한 글로벌 마켓이 있고 각각의 특성이 다른 상황에서 모든 마켓을 단기간에 이해하고 적응하기는 쉽지 않을 것이다. 그래서 해주고 싶은 말은 취미 생활을 즐기듯 '실컷 놀아보라'는 것이다. 이베이나 아마존을 상품 판매라는 일의 관점에서 접근하면 어렵게 느껴지고 흥미를 잃게 된다. 때문에 처음에는 상품을 구매하는 바이어의 입장에서 쇼핑을 한다는 생각으로 시작하는 것이 좋다. 평소에 관심이 있었던 상품이나 브랜드를 마음껏 검색해보고 둘러보자. 갖고 싶었던 물건을 구입해보는 것도 좋다. 이렇게 부담 없이 상품을 검색하고 구경하다 보면 각 글로벌 마켓의 특성을 자연스럽게 익히고 주요 상품을 파악할 수 있어 셀러로서 글로벌 마켓을 이해하고 적응하는 데 큰 도움이 된다.

내 능력에 맞춰서 짜보는
글로벌 마켓 진입 전략

이베이, 아마존, 엣시, 보낸자, 라자다, 큐텐, 타오바오, 라쿠텐 등 다양한 글로벌 마켓의 특징과 장단점을 살펴봤다. 이러한 온라인 마켓에서 비즈니스를 하는 데에는 ① 관련 경험, 자본, 인력, 글로벌 마켓 비즈니스에 요구되는 기본 능력 등 셀러의 상황, ② 판매하려는 상품에 관한 지식과 경험의 깊이 등을 고려해 ③ 진입하고자 하는 플랫폼의 우선순위를 정하고 거기에 집중하는 전략이 필요하다.

미국 미네소타 주 로체스터에 있는 종합병원 메이오클리닉Mayo Clinic에는 이런 문구가 쓰여 있다. "Think Big, Start Small, Move Fast(크게 생각하고, 작은 것부터 시작하며, 빨리 진행하라)." 이를 제목으로 한 책이 출간되기도 했는데 글로벌 마켓 창업을 할 때도 이 말을 깊이 새겨두길 바란다. 많은 상품을 취급하는 자신의 스토어를 여러 플랫폼에서 운영하며 외국 바이어에게 상품을 판매하는 모습을 상상해보자. 그리고 계정을 세팅한 후 상품 하나를 등록하는 작은 일부터 시작하자.

다음 내용을 읽고 각자의 상황에 따라 자신의 레벨을 파악하고 플랫폼 진입 전략을 세운다. 진입 전략과 예상 수익 등을 시뮬레이션해보는 것은 글로벌 마켓 창업 계획의 첫 단추를 끼우는 일이다. 이 책에서는 평균적인 경우인 레벨 2~3을 기준으로 설명을 이어나갈 것이다.

아래 표에서 기본 업무 능력은 앞의 1절에서 설명한 영어 실력, 컴퓨터 활용 능력, 이미지 편집과 HTML의 이해 및 실제 활용 능력을 말한다. 그리고 예상 수익은 판매 상품의 종류와 셀러의 역량에 따라 크게 달라지겠지만, 그동안 지도했던 셀러들의 실제 결과를 바탕으로 매일 노력을 게을리하지 않는다는 가정하에 설정한 것이다. 또한 임대료, 인건비, 세금과 같은 비용은 고려하지 않았다.

■ 레벨 1

중고 거래 사이트에서 사고팔아본 경험조차 없다. 자본금이 거의 없고 어떤 상품군을 선택할지 전혀 감이 없으며 기본 능력도 부족한 수준이다.

사업자 형태	개인
업무 형태	파트타임
창업 자본	300만 원 미만
보유 인력	1명(본인)
기본 업무 능력	낮음
판매 상품 수	50개 미만
플랫폼 진입 전략	이베이 → 보낸자
예상 수익	1년 후 월 30만~50만 원, 2년 후 월 50만~100만 원

▪ 레벨 2

평소 쇼핑에 관심이 많고 중고 거래 사이트에서 사고팔아본 경험이 있다. 그리고 생각해둔 상품군이 있다.

사업자 형태	개인
업무 형태	파트타임
창업 자본	300만~500만 원
보유 인력	1명(본인)
기본 업무 능력	보통
판매 상품 수	300개
플랫폼 진입 전략	이베이 → 보낸자 → 엣시
예상 수익	1년 후 월 50만~100만 원, 2년 후 월 150만~200만 원

▪ 레벨 3

무역, 유통, 경영 등 관련 업계에 종사한 경험이 있다. 특정 상품군을 정해 현황을 어느 정도 파악하고 구입 및 판매 계획을 세운 수준이다.

사업자 형태	개인 및 개인사업자
업무 형태	풀타임
창업 자본	500만~1000만 원
보유 인력	1~2명
기본 업무 능력	보통~높음
판매 상품 수	1000개
플랫폼 진입 전략	이베이 → 보낸자 → 엣시 → 아마존 → 라자다
예상 수익	1년 후 월 150만~200만 원, 2년 후 월 300만~500만 원

■ 레벨 4

법인으로서 우리나라에서 오픈 마켓, 쇼핑몰 등을 운영 중이다. 경험이 풍부하고 다양한 상품군의 생산·유통 라인이 확보되었으며, 나아가 해외에 법인을 설립하고 지사를 운영하는 사업 계획을 추진하고 있다.

사업자 형태	법인
업무 형태	풀타임
창업 자본	5000만 원 이상
보유 인력	3~5명
기본 업무 능력	높음
판매 상품 수	1000개 이상
플랫폼 진입 전략	이베이 → 보낸자 → 엣시 → 아마존 → 라자다 (경우에 따라 큐텐 → 타오바오 → 라쿠텐)
예상 수익	1년 후 월 500만~1000만 원, 2년 후 월 1500만~2000만 원

자신의 레벨을 알았다면 목표를 설정하고 업무 실행 계획을 수립해야 한다. 이때 거창하고 막연한 계획보다는 세부 계획으로 시작해 전체적인 큰 그림에 이르도록 구체적인 행동 계획을 세워야 한다. 그래야 작은 계획부터 하나씩 실행에 옮길 수 있고 이런 것들이 모여 큰일이 이뤄진다.

다음 표는 글로벌 마켓 비즈니스 업무 실행 계획으로, 시작부터 시간의 경과에 따라 무엇을 수행해야 하는지 구체적으로 정리했다. 그동안 필자에게 교육을 받으면서 성실히 노력해 성과를 거둔 셀러들은 모두 이 과정보다 느리지 않았다. 한 단계씩 차근차근 나아가되 너무 시간을 끌지 않도록 주의하자. 날짜가 정해져 있는 시험을 준비하는 자세로 목표를 세우고 정해진 기간 내에 실행 계획을 이행한다면 글로벌 마켓 셀러로서 안정적인 진입에 성공한 것이나 다름없다.

글로벌 마켓 비즈니스 업무 실행 계획

일차	이베이	보낸자	엣시	아마존	라자다	비고
1~2	계정 세팅					레벨 1
3	테스트 상품 10개 등록 (경매)					
4~7	판매 상품 선정/시장 조사					
8	테스트 상품 10개 판매					
9~10	판매 후 배송 실습					
11~12	셀링 리미트 증액					
13~30	50개 리스팅					
31~40	스토어 구독/스토어 꾸미기					
41	셀링 리미트 증액/광고 진행					
42~70	100개 리스팅/25건 판매	계정 세팅				레벨 2
71	셀링 리미트 증액	이베이 상품 연동	계정 세팅/숍 꾸미기			
72~100	150개 리스팅/50건 판매					
101	셀링 리미트 증액/프로모션 진행	5건 판매				
102~130	200개 리스팅/80건 판매/글로벌 톱레이티드 셀러	광고 레벨 변경 테스트	15개 리스팅/5건 판매	계정 세팅/상품 5개 리스팅/FBA 입고		레벨 3
131	셀링 리미트 증액		25개 리스팅/15건 판매	FBA 판매 시작		
132~160	250개 리스팅/120건 판매	10건 판매		상품 15개 리스팅/20건 판매		
161	셀링 리미트 증액		50개 리스팅/30건 판매	FBA 2차 입고		
162~190	300개 리스팅/180건 판매			40건 판매	계정 세팅/시험 통과/25개 리스팅	레벨 4
191	셀링 리미트 증액	20건 판매	광고, 프로모션 진행	상품 30개 리스팅/FBA 3차 입고	5건 판매	
192~220	400개 리스팅/250건 판매			100건 판매	50개 리스팅/20건 판매	

글로벌 마켓 플랫폼 중 진입이 가장 용이하고 첫 판매까지 걸리는 시간이 가장 짧은 것은 이베이다. 판매의 위력은 아마존이 가장 크지만 반드시 재고를 보유해야 하므로 어느 정도 판매에 감을 잡을 시간이 필요하며, FBA 입고까지 걸리는 시간도 고려해야 한다.

이베이에서 처음 판매할 때 어려운 점은 피드백 점수가 없기 때문에 바이어의 신뢰를 얻을 수 없다는 것이다. 이를 극복하기 위해 보통은 마스크팩, 양말 등의 상품을 0.99달러에 무료 배송으로 설정해 경매로 판매하는 방법을 많이 사용한다. 이렇게 하면 판매가 이뤄지기는 하지만 대부분 최종 낙찰 가격이 형편없어 판매할 때마다 손실이 발생한다. 일단 판매해보려는 마음은 이해하지만 이는 장기적으로 봤을 때 거의 도움이 되지 않는다. 게다가 이처럼 저가의 상품으로 피드백을 쌓겠다는 목적이 뚜렷한 방법을 이베이에서는 금지하고 있다.

판매 과정을 경험하기 위해 이베이에서 시험해보기 가장 좋은 상품은 우리나라 아이돌의 포토카드다. 요즘에는 음반에 아이돌의 사진과 인쇄 사인, 메시지 등이 담긴 명함 크기의 카드를 랜덤으로 삽입하곤 하는데, 음반을 구입해도 원하는 멤버의 포토카드가 아닐 수도 있기 때문에 자신이 원하는 카드를 낱장으로 구매하려는 사람들이 있으며, CD 가격과 맞먹는 가격에 거래되는 경우도 비일비재하다.

최근 발매된 아이돌의 음반 중 랜덤 포토카드 삽입이라고 명시된 것을 구매해 그 속에 들어 있는 포토카드만 경매에 올려보자. 정말 인기 없는 멤버가 아니라면 적어도 몇 달러에 판매가 성사될 것이다.

포토카드는 상품의 사진을 여러 장 찍을 필요도 없고 상품에 대한 설명도 크기, 재질, 상태 정도만 기재하면 되므로 상품 등록을 연습하기에 더할 나위 없이 좋다. 더구나 종이 1장이라 배송이 아주 쉬워서 상품 배송 및 그 후 처리 과정을 경험하는 데에도 큰 도움이 된다.

그동안 수많은 강의를 통해 글로벌 마켓 창업과 비즈니스의 프로세스를 셀러들에게 지도했지만, 가르치는 입장에서 늘 무언가 조금 부족한 것 같다는 생각을 갖고

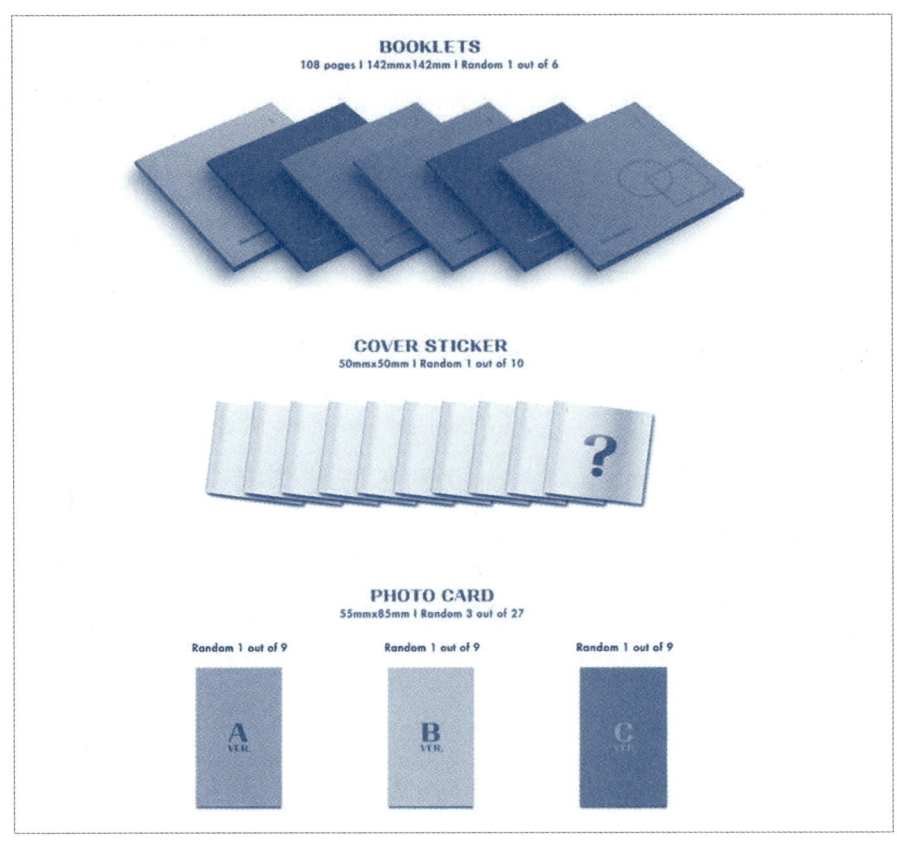

◆ 부클릿, 커버 스티커, 포토카드가 모두 랜덤인 트와이스 정규 1집 앨범. 이 앨범 1장만 사도 부클릿과 CD, 커버 스티커, 포토카드 3장, 총 5개의 상품을 이베이에 등록할 수 있다.

있었다. 그러다 우연히 만다라트 mandalart 기법을 알게 되었는데, 이 기법을 통해 보다 구체적이고 완벽하게 글로벌 마켓 성공 창업을 위한 행동 계획을 만들 수 있었다.

먼저 큰 종이에 가로세로 9칸, 총 81칸의 사각형을 그린다. 가운데 사각형에 자신이 이루고자 하는 최종 목표를 쓰고, 그 사각형을 둘러싼 8칸에는 그 목표를 현실화할 실천 계획을 키워드 중심으로 기재한다. 그런 다음 8개의 행동 계획을 그 주변으로 확장하고, 다시 각각의 목표를 둘러싼 칸에 그 목표를 달성하기 위한 세부 실천 계획을 적는다. 이렇게 계획을 세우는 과정에서 자기 자신과 목표를 진지하게 들여

다보게 된다. 시냇물이 모여 큰 강을 이루고 마침내 바다로 흘러가듯 작은 행동들이 최종 목표를 향해 뻗어나가는 것을 가시화해 집중할 수 있다. 아무리 실력이 좋아도 목표와 행동 계획을 분명히 세우고 실행에 옮기지 않으면 안 된다는 것을 만다라트 기법을 통해 깨닫게 될 것이다.

  이 책은 다음과 같이 만다라트를 응용한 행동 계획표를 기초로 목차를 구성했다. 5개의 행동 계획에 네 가지 핵심적인 세부 실천 계획을 설정해 총 20개의 과정으로 축소·요약했다. 이렇게 만다라트 기법으로 구성한 글로벌 마켓 성공 창업을 위한 행동 계획이 이제부터 펼쳐질 것이다. 실천 계획을 차근차근 숙지하고 실행에 옮긴다면 최종 목표로 설정한 글로벌 마켓 성공 창업에 다가갈 수 있을 것이다.

글로벌 마켓 성공 창업을 위한 행동 계획표

전자상거래의 이해와 핵심 업무 파악	글로벌 마켓 창업 마인드 세팅	판매 상품 선정	판매 상품 카테고리 비교 분석	상품 노출 알고리즘의 이해와 활용	상품 등록 시 고려해야 할 내부 요소 확인
기초 이론과 실력 쌓기		판매 상품 준비		상품 등록	
구매를 통한 프로세스 경험	올바른 계정 세팅	시장 조사의 방법론 실행	판매 상품 구입	상품 등록 시 고려해야 할 외부 요소 확인	꾸준한 상품 등록
셀러의 스토어 세팅	광고, 프로모션	글로벌 마켓 성공 창업		판매 후 프로세스 확립	재고 및 거래처 관리
마케팅과 리스크 관리				판매 관리	
Holiday 시즌 공략과 SNS 마케팅	리스크 관리와 대응			바이어 커뮤니케이션과 클레임 관리	운영 관리의 효율성 극대화

Chapter
02

작은 일부터
당장 시작하자

글로벌 마켓 창업의
네 가지 핵심 업무

글로벌 마켓에서 상품을 판매하기에 앞서 전자상거래의 근본적인 특징을 이해할 필요가 있다. 전자상거래는 인터넷을 기반으로 고객, 기업, 정부 등의 경제 주체가 상품과 서비스를 거래하는 것을 말한다. 즉 거래 당사자가 직접 만나지 않고 인터넷을 통해 구매, 판매, 마케팅, 광고, 대금 결제 등의 절차를 수행하는 것이다. 이러한 거래 형태를 의미하는 용어로 전자상거래가 가장 광범하게 사용되며 '인터넷 비즈니스', 'e-비즈니스'라고도 한다.[8] 이러한 전자상거래의 네 가지 필수 요건은 다음과 같다.

첫 번째 요건은 '시장'이다. 만약 오프라인에서 상품을 판매한다면 상점이 시장에

---

[8] Patiricia B. Segbald(1998), 〈Consumers.com: How to Create a Profitable Business Strategy for the Internet and Beyond〉, 《Times》, p. 25.

해당하며, 전자상거래의 경우에는 특정한 인터넷 공간인 플랫폼, 즉 이베이, 아마존, 보낸자, 엣시, 라자다 등이 시장이다.

전자상거래의 두 번째 요건은 '판매할 상품'이다. 세상에는 수많은 상품이 있으며 그중에서 '무엇을 팔 것인가'를 결정하는 일은 사실상 비즈니스의 승패를 가름하는 매우 중요한 요소다. 따라서 치밀한 시장 조사를 거쳐 판매 상품을 신중하게 선정해야 한다.

세 번째 요건은 '판매 방법'이다. 흔히 마케팅이라고 불리는 이 요건은 '광고, 판매, PR, 판촉, 다이렉트 메일, 가격 결정, 시장 조사 등의 다양한 활동'이라고 설명할 수 있다.[9] 다시 말해 다양한 활동을 통해 상품을 판매하는 방법이 바로 마케팅이다. 이베이, 아마존, 보낸자, 엣시, 라자다 등의 오픈 마켓은 각각 독자적인 광고 시스템과 프로모션 툴을 갖추고 있다. 시스템의 정형화된 틀에 맞춰 마케팅을 하는 방법과 더불어 셀러가 스스로 다양한 방법을 연구해 실행해보는 것도 필요하다.

마지막 네 번째 요건은 '결제 수단'이다. 다른 나라를 상대로 상품을 판매할 때는 국내 거래와 달리 화폐 단위, 환율, 환전 문제, 수금 시 부담해야 하는 각종 수수료를 고려해야 한다. 아직까지는 한국 셀러가 선택할 수 있는 결제 수단이 매우 제한적이지만 점점 더 나은 서비스를 제공하는 솔루션이 등장하고 있으니 이를 적극적으로 활용해 안정적인 결제 기반을 구축해야 한다.

이와 같은 전자상거래의 필수 요건을 종합해 글로벌 마켓 비즈니스에 적용하면 실제로 수행하는 핵심 업무는 다음의 네 가지로 요약된다. 이를 통해 글로벌 마켓 비즈니스의 전반적인 흐름을 파악할 수 있다.

첫 번째 핵심 업무는 '계정 세팅'으로, 이는 모든 글로벌 마켓 플랫폼에서의 시작 절차다. 뒤에서 계정 세팅을 다룰 때 자세히 설명하겠지만, 대부분은 개인 정보를 정확히 입력하고 해외 결제가 가능한 신용카드나 휴대전화 문자를 통한 인증을 거

---

[9] 폴 스미스 지음, 최경남 옮김(2005), 《마케팅이란 무엇인가》, 도서출판 거름, 31쪽.

치면 된다. 한 가지 유의할 점은, 모든 글로벌 마켓 플랫폼은 일단 가입하면 탈퇴했다 다시 가입하기가 쉽지 않으므로 처음에 실수 없이 세팅을 완료해야 한다는 것이다.

두 번째 핵심 업무는 '상품 등록'이다. 앞의 계정 세팅은 한 번 하고 나면 다시 할 일이 없지만 상품 등록은 비즈니스를 그만두기 전까지 거의 매일 해야 하는 일이다. 달리 말해 이 업무를 지속적으로 하지 않으면 비즈니스를 접게 될 수도 있다. 농사에 비유하자면 씨앗을 뿌리는 일이기 때문에 이 업무를 제대로 하지 않으면 나중에 수확할 것이 없는 셈이다. 그만큼 상품 등록에는 많은 노력과 시간을 투자해야 한다.

창업한 지 6개월쯤 지난 시점에는 이베이의 경우 300종류, 아마존의 경우 경쟁이 심하지 않은 상품이라면 15종류, 엣시는 50종류, 라자다는 25종류 정도의 상품을 유지해야 꾸준한 매출을 기대할 수 있다. 물론 이는 단기간에 달성하기 어려운 일이며, 카테고리에 따라 종류의 수가 다를 것이다. 이제 시작한 초심자라면 하루에 최소한 4~5시간을 투자해 여러 가지 상품을 등록하고 다른 셀러들의 리스팅을 참고해 자기 리스팅의 완성도를 높이는 것이 최우선 과제다.

글로벌 마켓 비즈니스의 세 번째 핵심 업무는 '판매 후 관리'로, 결제 확인부터 배송 및 사후 처리에 이르기까지 판매 후에 발생하는 일련의 과정이다. 이는 매우 유기적이고 과정마다 시간이 많이 걸릴 수도 있으나 일부 과정은 툴을 활용해 자동화하면 효율적이다. 상품 등록을 꾸준히 하면 어느 수준까지는 그에 비례해 판매 후 관리 업무가 늘어난다. 그러므로 시간이 날 때 각 단계에서 수행해야 할 업무를 꼼꼼히 진행해보고 많이 판매될 때 보다 빠르고 정확하게 처리하는 요령을 터득해둬야 한다.

네 번째 핵심 업무는 '마케팅과 운영 관리'다. 꾸준히 상품을 등록하면 판매 후 관리 업무도 늘어난다고 앞서 언급했는데, 어느 시점이 되면 매출 한계점에 이르게 된다. 아마존에서 FBA를 이용하는 경우에는 상품을 매입하기 위한 자금의 한계가 있을지언정 매출의 한계점이 없다고 봐도 무방하다. 하지만 이베이의 경우 상품을 계속 늘려도 매출이 늘어나지 않고, 상품의 종류가 너무 많음으로써 오히려 바이어가 빠르고 정확하게 상품을 검색하는 것을 방해한다. 또한 최근 판매율이 높은 상품이 노출 순위의 최상단에 있어야 하는데 신상품에 묻혀버려 주력 상품의 매출을 저해하기도 한다. 이럴 때 수행해야 하는 업무가 바로 마케팅과 운영 관리다.

매출을 늘린다는 근본적인 목적은 동일하지만, 마케팅의 경우 신상품을 소개하기 위함인지, 쇼핑 시즌에 매출을 극대화하기 위함인지, 재고를 처분하기 위함인지 등 여러 가지 세부 목적이 있다. 그리고 그 방법도 다양하므로 셀러는 많이 연구하고 시도해봐야 한다. 마케팅이 성공적으로 이뤄지면 당연히 수익 증가로 이어지고 매출의 한계점도 극복할 수 있다. 이러한 맥락에서 운영 관리는 신상품 등록, 경쟁 셀러 분석 및 벤치마킹, 재고 조사, 월/분기 결산, 업무 환경 관리, 직원 채용 및 관리, 정책 변경 확인, 세무 신고 등 운영의 제반 사항을 살펴보고 효율적으로 일할 수 있는 환경을 만드는 것이다.

이상의 네 가지 핵심 업무는 어떤 글로벌 마켓 플랫폼에 진입하든 공통적으로 적용되는 것이다. 플랫폼마다 고유한 특징이 있고 매뉴얼이나 방법론에 차이가 있기도 하지만 전체적인 흐름은 대동소이하다. 따라서 새로운 플랫폼에서 비즈니스를 시작하더라도 이 핵심 업무 위주로 접근하면 된다.

글로벌 마켓 플랫폼을 운영하는 기술적인 측면에서 공통적으로 활용되는 메뉴가 있다. 이러한 메뉴는 판매 흐름 전반에 걸쳐 핵심이 되는 것으로, 판매 중인 상품을 열람하는 메뉴, 판매된 상품, 즉 주문 건을 열람하는 메뉴, 플랫폼에서 부과하는 수수료의 내역을 열람하는 메뉴, 바이어와 커뮤니케이션을 할 수 있는 메뉴 등이다. 다음 표와 같이 플랫폼에 따라 명칭이 조금씩 다르지만 주요 메뉴의 명칭과 위치를 알아두면 앞서 설명한 핵심 업무를 수월하게 처리할 수 있을 것이다.

공통적인 주요 메뉴를 나타내는 용어

메뉴	이베이	아마존	엣시	보낸자	라자다
판매 중인 상품 열람	Listings	Manage Inventory	Listings	Add or Edit Items	Manage Products
주문 건 열람	Orders	Manage Orders	Orders	Recent Sales	Manage Orders
수수료 내역 열람	Seller Account	Report	Your Bill	Billing Statement	Account Statement
커뮤니케이션 채널	Messages	Messages	Conversation	Messages	e-mail

세일즈맨, 서비스맨, 크리에이터가 되자

글로벌 마켓 비즈니스의 업종은 어떻게 정의해야 할까? 상품을 해외 바이어에게 판매한다는 사실만 놓고 보면 무역업, 유통업, 도소매업이 떠오를 것이다. 하지만 필자는 한 단계 더 나아가 세일즈 요소, 서비스 요소, 창조적 요소, 예술적 요소 등 다양한 업무 요소가 결합된 '종합 경영 서비스직'이라고 말하고 싶다.

이 말이 거창하게 들릴지 모르겠지만, 글로벌 마켓 창업 후 실제 업무의 면면을 들여다보면 실로 다양한 요소가 포함되어 있다. 비즈니스 과정에서 셀러는 지금 하려는 일의 숨겨진 민낯을 살펴보고 그 일의 구체적인 어려움을 파악해야 한다. 자신이 감당할 수 없는 일을 제거하고 자신에게 잘 맞는 일을 선택하는 것은 사업을 안정적으로 유지하는 데 매우 중요하기 때문이다. 따라서 글로벌 마켓 셀러는 다음과 같은 자질을 갖춰야 한다.

01_ 글로벌 마켓 셀러는 세일즈맨이다

판매를 목적으로 한다는 점에서 글로벌 마켓 셀러는 세일즈맨이다. 구매하기로 결심한 사람보다는 그렇지 않은 사람을 대상으로 구매를 권하는 세일즈맨처럼 셀러는 상품의 구매를 유도하기 위한 노력을 게을리하지 말아야 한다. 그리고 세일즈맨이 발로 뛰면서 명함을 돌리고 홍보에 열을 올리는 것과 마찬가지로 글로벌 마켓 셀러는 다양한 상품을 꾸준히 등록해야 한다. 상품을 등록하는 것을 리스팅listing이라고 하는데, 리스팅 하나하나는 셀러의 명함이고 셀러와 바이어를 연결해주는 연결 고리이기도 하다.

상품을 등록할 때는 고품질 이미지를 첨부하고 사양과 장점을 자세히 설명해야 한다. 사실 이 일은 보통 혼자서 하는 데다 반복적이기 때문에 지루하게 느껴질 수도 있다. 상품을 등록한 후 바로 판매가 된다면 신이 나서 누가 시키지 않아도 리스팅을 할 것이고 할 때마다 성취감을 느낄 수 있겠지만, 상품을 등록한다고 해서 판매가 보장되는 것은 아니기 때문이다.

정확한 통계로 집계된 것은 아니지만 경험에 따르면 상품을 100가지 등록했을 때 1개도 판매되지 않는 상품이 30가지는 될 것이다. 또한 판매된 70가지 중에서 고작 1~2개만 판매되는 것이 절반은 된다. 나머지 30여 가지 중에서 베스트셀러가 되는 상품은 많아야 5가지 안팎이다. 이베이에서 매일 10가지씩 100가지 상품을 등록했지만 열흘 동안 단 하나도 판매되지 않은 적이 있다. 이럴 때는 세일즈맨이 매일같이 발품을 팔아가며 열심히 명함을 돌렸지만 문의 전화 한 통 오지 않을 때 느낄 법한 공허감을 느끼게 된다. 또 열심히 사진을 찍고 설명을 달아서 아마존에 신상품을 올렸는데 곧바로 다른 셀러가 Sell Yours로 따라붙어 가격을 대폭 낮추는 바람에 1개도 판매하지 못하고, 아무런 노력도 하지 않고 무임승차한 다른 셀러가 팔아치운 경우도 있다. 칼만 안 들었을 뿐 강도를 당한 것 같은 일이 일상다반사로 일어난다.

02_ 글로벌 마켓 셀러는 서비스맨이다

판매 과정 중에 다양한 유·무형 서비스를 제공해야 한다는 점에서 글로벌 마켓 셀러는 서비스맨이다. 상품을 다른 나라에 있는 바이어에게 보내주는 것뿐 아니라 바이어의 문의에 대한 응대, 선물 포장, 배송 서비스 선택 등 구매 시의 요청 사항 처리, 클레임 해결 등의 서비스를 제공한다. 그런데 글로벌 마켓 비즈니스에는 우리나라 온라인 마켓에서의 판매보다 어려운 점이 있다. 언어의 장벽이 있고 배송 과정이 길고 복잡하며 구조적으로 문제가 발생할 소지가 있기 때문이다.

바이어의 전화를 받을 일이 거의 없기는 하지만, 영어를 잘하지 못한다면 매일 영어를 읽고 쓰는 일이 고역일 것이다. 때때로 영어권이 아닌 나라의 바이어가 모국어로 메시지를 보내면 번역기를 돌리는 수고도 감수해야 한다. 발송한 상품이 제대로 도착하지 않은 데 따른 문의에 응대해야 하는 경우도 많은데, 특히 우편 물량이 폭증하는 연말에는 하루에 수십 건을 처리할 때도 있다. 우리나라 내에서는 택배 배송이 아무리 늦어도 4~5일 내에 이뤄지므로 배송 문제 처리 기간이 길지 않지만, 해외로 배송한 경우 보낸 지 2주가 지난 시점부터 바이어가 이틀마다 배송 상황을 문의한다면 번거로운 일이 아닐 수 없다. 언제 도착하느냐는 반복적인 질문에 더 이상할 말도 없고 차라리 환불을 해주고 싶은 마음이 들 정도다.

구조적인 문제란, 예를 들어 악성 바이어를 만나 억울하게 환불을 해주거나, 말도 안 되는 사유로 반품을 요청해서 손해를 보거나, 명백한 사기를 당하거나, 상품이 도착 국가의 세관에 계류되었는데 바이어가 세금을 내고 찾아가지 않아 결국 반송되어 왕복 배송비를 무는 경우 등이다. 이런 일이 발생하면 대부분의 셀러는 자신에게 일방적으로 불리하다며 플랫폼의 정책을 탓하곤 한다. 하지만 그것은 틀린 생각이다.

아무리 좋은 상품이 많아도 바이어가 찾아주지 않으면 소용이 없기 때문에 모든 플랫폼은 바이어 위주의 정책을 펼 수밖에 없다. 이 전제를 받아들이지 않고는 글로벌 마켓 비즈니스를 할 수 없다. 인정할 것은 인정해야 하며, 만약 모르고 시작했다면 충분히 준비하지 않은 셀러의 잘못이 큰 것이다. 글로벌 마켓에서 셀러로 활동하려면 프로 의식을 갖춰야 한다. 언제 어디서나 친절하게 팬을 대하는 프로 선수나 연예인 주위에는 팬이 떠나지 않지만, 자기 기분 내키는 대로 팬을 대하는 경우에는 결국 팬도 등을 돌리고 만다. 셀러는 돈을 받고 상품과 서비스를 제공해 바이어를 만족시킬 책임이 있고, 바이어는 상품과 서비스에 대가를 지불하고 그에 대해 평가할 자격이 있다. 바이어가 없다면 셀러도 존재할 수 없으므로 셀러는 최대한 바이어의 입장에서 생각하고, 바이어의 만족을 위해서라면 간혹 손실도 감내할 준비가 되어 있어야 한다.

세상에 구조적으로 완벽할 일은 없다. 온라인이든 오프라인이든, 국내든 해외든, 사업을 하면서 항상 매너 좋은 고객만 받을 수는 없는 노릇이다. 더러 말도 안 되는 억지를 부리거나 악의적인 고객도 있다. 사람은 자기 위주로 생각하는 경향이 있는데 유독 그런 고객을 만나면 어려움을 겪을 수도 있다. 그러나 셀러라면 이런 문제가 발생했을 때 겸허하게 받아들이는 마음의 자세가 필요하다. 속상한 일이 생겼을 때 해주고 싶은 말은, 어차피 벌어진 일이니 긍정적으로 생각하고 현 상황에서 가능한 최선의 조치를 취한 후 되도록 빨리 훌훌 털어버리라는 것이다. 그나마 다행스러운 점은 양심적이고 올바른 바이어가 훨씬 많다는 것이다.

어려움을 어떤 마인드로 이해하고 받아들이는지는 셀러가 동네 장사꾼 수준인지, 글로벌 마켓 비즈니스맨인지 구분하는 척도가 된다. 더 큰 목표를 바라보고 리스크를 관리하며 효율적인 프로세스를 만들어나가는 것은 글로벌 마켓 비즈니스뿐 아니라 다른 사업에서도 통용되는 성공의 요인이다.

03_ 글로벌 마켓 셀러는 크리에이터다

글로벌 마켓 비즈니스의 브랜딩, 디자인, 마케팅은 국내에 국한된 온라인 마켓 비즈니스와 달리 정형화되지 않고 열려 있는 구조다. 다시 말해 실행 방법에 경우의 수가 무수히 많고 새로운 아이디어가 중요하다. 이러한 점에서 글로벌 마켓 셀러는 다양한 아이디어를 창출하고 이를 업무에 적용해 더 좋은 결과를 만들어내는 크리에

이터다.

　글로벌 마켓 비즈니스에서 중요한 요소 중 하나는 브랜딩이다. 따라서 자신이 어떤 상품을 전문적으로 판매하는 셀러인지, 어떤 철학으로 스토어를 운영하는지를 바이어에게 다양한 방법으로 어필할 필요가 있으며, 콘텐츠를 만들고 구성하는 데 창조적인 능력을 발휘해야 한다.

　마케팅도 마찬가지다. 예를 들어 이메일 마케팅을 한다면 누구를 대상으로 할 것인지, 이메일을 보내는 목적이 무엇인지, 언제 이메일을 보낼 것인지, 어떤 주기로 보낼 것인지 등을 창의적으로 결정해야 한다. 또한 특정 구매 조건 충족 시 혜택을 주는 프로모션을 진행하는 경우에는 구매 조건을 일정 금액으로 할 것인지, 구매 수량으로 할 것인지, 혜택은 일정 금액을 할인해줄 것인지, 일정 퍼센트를 할인해줄 것인지, 증정 상품을 줄 것인지, 아니면 배송비에 대한 혜택으로 배송비를 할인해줄 것인지, 업그레이드해줄 것인지 등 선택지가 다양하다.

　이러한 방법을 고민하고 연구하며 창조적으로 개발하는 것은 마케팅의 성패를 좌우한다. 물론 모두 다 성공할 수는 없고 실패하는 경우도 있을 것이다. 하지만 다양한 시도를 하다 보면 이론적으로나 감각적으로 성공적인 방법론에 접근할 수 있으며, 이는 마케팅의 성패를 넘어 글로벌 마켓 비즈니스의 성공을 이끄는 견인차 역할을 할 것이다.

04_ 글로벌 마켓 셀러는 예술가다

글로벌 마켓 비즈니스의 업무 중에는 예술적인 요소도 포함되어 있기 때문에 글로벌 마켓 셀러는 예술가가 되어야 한다. 미국의 미래학자 존 나이스비트 John Naisbitt는 20여 년 전 펴낸 《메가트렌드 2000》에서 "미래에는 고도의 기술이 도입될수록 그 반동으로 보다 인간적이고 따뜻함이 유행되는 하이터치의 시대가 될 것이다"라고 했는데, 이는 오늘날의 글로벌 마켓 비즈니스에 그대로 적용되는 말이다.

　브랜드와 상품에 예술적인 요소를 더해 감성 마케팅을 추구함으로써 단순히 상품만 파는 것이 아니라 바이어에게 정서적·심미적 만족감을 줄 수 있다면 더할 나위 없을 것이다. 예술적인 요소를 가미하는 작업은 브랜드 로고와 슬로건을 제작하는 일, 상품을 촬영하는 일, 상품 설명에 스토리를 더하는 일, 상품을 깔끔하고 안전하게 포장하는 일, 패키지가 돋보이도록 디자인하는 일, 패키지에 작은 선물이나 손으로 쓴 감사 카드를 동봉해 감성에 어필하는 일, 바이어가 흥미를 갖고 참여할 수 있는 이벤트를 진행하는 일 등 판매의 거의 모든 과정에서 행해진다. 필자의 주변 사람들은 내가 글로벌 마켓 비즈니스로 돈을 버는 것에 대한 얘기를 듣고 싶어 하는데, 그들에게 이런 얘기를 해주면 생각보다 할 일이 너무 많다고들 한다. 남의 돈을 내 주머니에 넣는 것이 어디 쉬운 일이겠는가.

글로벌 마켓 비즈니스는 단순히 상품을 매입해서 판매하는 것으로 끝나는 일이 아니다. 글로벌 마켓은 누군가에게는 취미로 직구를 하는 사이트지만 전 세계의 수많은 셀러에게는 치열한 생존의 현장이다. '마땅히 할 일이 없으니 물건이나 떼다가 팔아볼까? 이베이에서 팔면 장사가 잘된다던데.' 가끔 이렇게 접근하는 사람들을 보면 한심하다는 생각이 든다. 이런 마음가짐이라면 그냥 취미로 직구나 하는 것이 좋겠다. 진중한 자세와 마음가짐으로 최선을 다해야만 성공의 실마리를 잡을 수 있다는 것을 늘 기억하길 바란다.

판매자가 되기 전에
고객이 되어보자

글로벌 마켓 비즈니스를 시작할 때 선행 학습으로 좋은 것이 구매, 흔히 얘기하는 직구다. 사실 구매는 판매보다 더 재미있다. 판매를 계속하다 보면 구매는 잘 하지 않는 경우가 많고, 반대로 셀러의 본분을 잊고 구매에 깊이 빠져드는 사람들도 있다. 하지만 구매를 꼭 나쁘게만 볼 것은 아니다. 이 책은 우리나라의 상품을 해외에 판매하는 데 초점을 맞추고 있지만, 구매를 하다가 좋은 상품을 발굴하면 그 상품에 마진을 붙여 국내에서 판매하는 인바운드 비즈니스의 기회를 잡을 수도 있기 때문이다. 우리나라에서 해외로 수출했을 때 가치가 창출되는 상품보다 해외에서 우리나라로 수입했을 때 가치가 창출되는 상품이 더 많을지도 모른다. 기회는 노력하는 과정에서 우연히 찾아오니 열린 자세로 모든 가능성을 염두에 두자.

구매를 해보라고 권유하는 이유는 바로 바이어의 입장에서 거래의 흐름을 직접 경험해봐야 하기 때문이다. 구매할 상품을 결정하고 값을 지불한 후 상품을 받기까지 얼마나 걸리는지, 기다릴 만한지, 셀러와의 커뮤니케이션이 편리한지, 구입하는 데 애로 사항은 없는지 등을 직접 겪어봄으로써 상품 판매 과정을 역으로 파악하는 것이다. 만약 친절한 응대와 빠른 배송 서비스를 제공하는 셀러와 거래를 하게 된다면 본보기로 삼고, 반대로 불만족스러운 셀러와 거래를 하게 된다면 자신이 느낀 불만을 바이어가 겪지 않도록 적절한 조치를 취해야 할 것이다.

예를 들어 이베이에서 전문적으로 스토어를 운영하고 피드백 점수가 1만 점 이상인 셀러, 그리고 스토어 없이 피드백 점수가 100점 이하인 셀러에게 구매해보라. 구매 상품에는 제한이 없지만 되도록 자신이 판매하려는 상품과 비슷한 것이 좋다. 특히 판매 경험이 많은 전문 셀러에게 상품을 구매해보는 것이 중요하다. 이런 셀러는 해당 상품에 대한 이해도가 매우 높고 효율적인 포장 방법, 상품 코드 기재 방식, 배송 라벨을 붙이는 방법 등에 수많은 시행착오를 거친 노하우를 갖고 있어 이를 직접 눈으로 확인해볼 수 있을 것이다.

판매 실적이 나쁜 셀러에게 구매를 해보라는 데에도 이유가 있다. 이런 셀러는 전문 셀러에 비해 상품 사진과 설명 글의 완성도부터 떨어진다. 그리고 바이어의 편의를 고려해 묶음 배송의 배송비를 자동으로 세팅해놓는 부분이나 상품의 구성 등에 부족한 점이 많을 것이다. 실제로 구매해보면 전문 셀러는 대부분 판매 후의 과정마다 이메일이나 메시지로 안내를 해주지만 비전문적인 셀러는 거의 이런 서비스를 제공하지 않는다. 또한 상품과 배송 문의에 대한 응답이 상당히 느리고, 상품의 포장 상태나 배송 라벨을 붙이는 방법 등에 아마추어 티가 난다. 심지어 파손된 상품이 오거나 아예 상품을 받지 못하거나 오배송 등의 문제가 발생하기도 한다. 만약 전문 셀러가 이런 실수를 한다면 진심 어린 사과를 하고 재빨리 보상해주지만, 판매 실적이 나쁜 셀러는 늑장 대응을 하는 경우가 많다.

어떤 셀러가 되고 싶은가? 이 책을 읽는 독자는 모두 전문 셀러가 되길 바란다. 바이어가 만족한다면 구매가 계속되어 좋은 평판을 얻을 수 있으며 이는 더 많은 바이어를 만나는 기회로 이어진다. 잘 팔지 못하는 셀러에게는 분명 이유가 있다. 이들의 단점을 파악하고 대비하는 것은 물론, 바이어 입장에서 느낀 감정과 경험했던 문제를 잊지 말고 그 같은 실수를 하지 않도록 해야 한다.

한편 이베이에서 구매를 하면 피드백 점수를 올릴 수도 있다. 모든 준비를 갖췄지만 거래 실적이 전혀 없는 피드백 0점인 상태에서는 여러모로 불리한 점이 많다. 결제 시스템인 페이팔이 일정 금액 한도에서 해외 거래의 위험 요소로부터 바이어를 보호해줘 피드백 점수가 없는 셀러를 꺼리는 경향이 다소 감소하기는 했다. 그렇다 해도 여전히 많은 바이어는 피드백 점수가 없는 셀러로부터의 구매를 망설이는 것이 현실이다. 그래서 어느 정도 피드백 점수를 얻기 전까지는 경매를 통한 판매 가격이 평균보다 많이 떨어지거나 문의를 많이 받을 수밖에 없다. "Do you really exist?(당신은 실존 인물입니까?)"와 같은 황당한 질문을 받기도 하고, 바이어가 요청하는 문구를 적은 메모지와 상품을 함께 찍어서 인증해달라는 요청을 받기도 한다.

이베이에서는 특이하게 피드백이라는 거래 평가를 셀러와 바이어가 서로 간에 남길 수 있다. 그래서 피드백 10점을 판매 10건으로만 만들었을 수도 있고, 판매 5건과 구매 5건으로 만들었을 수도 있다. 만약 두 셀러의 피드백 점수가 각각 90점, 100점이라면 10점 차이는 전혀 의미가 없다. 하지만 두 셀러의 피드백 점수가 각각 0점,

10점이라면 얘기가 다르다. 같은 10점 차이라도 후자의 경우에는 10점인 셀러가 0점인 셀러보다 여러 가지 불편을 덜 겪기 때문이다. 그러나 아마존에서는 상품 자체와 리뷰에 중점을 두기 때문에 셀러의 피드백 점수가 그리 중요하지 않다.

수공예품을 판매하는 엣시에서는 주문 제작 상품을 구매해보라. 단순히 공산품을 유통하는 것이 아니라 많은 커뮤니케이션이 필요한 거래 과정에서 셀러가 어떻게 대응하는지, 그리고 능력이 곧 브랜드인 이런 마켓에서는 어떤 서비스를 제공하는지 참고하면 셀러로서 갖춰야 할 역량을 파악할 수 있다.

길을 만드는 첫걸음, 계정 세팅

글로벌 마켓 창업을 할 때 가장 먼저 해야 할 일은 플랫폼에 가입해 계정을 세팅하는 것이다. 이는 사업에 필요한 사무실이나 장사할 점포를 계약하는 것에 비유할 수 있다. 강의 현장에서 만나는 초보자들 가운데 가입과 계정 세팅 시 실수를 하는 바람에 시작부터 문제가 발생하고 이로 인해 의욕이 꺾여 그만두는 경우가 있다. 글로벌 마켓 플랫폼에 가입할 때는 신용카드, 통장 등 민감한 정보가 필요하며 작은 실수라도 하면 이를 수습하기가 꽤 번거롭다.

1장에서 구분한 레벨 3을 기준으로 플랫폼 가입 및 계정 세팅 절차를 살펴보자. 레벨 3의 플랫폼 진입 전략에 따르면 계정을 세팅해야 할 플랫폼은 이베이, 보낸자, 엣시, 아마존, 라자다이며, 이 5개 플랫폼에 가입하고 나면 결제 대금을 수령하는 전자결제 사이트인 페이팔, 페이오니아 또는 월드퍼스트에도 가입해야 한다. 따라서 레벨 3의 경우에는 최소 7개 사이트에 가입하게 된다.

글로벌 마켓 플랫폼의 사이트 주소

글로벌 마켓 플랫폼	사이트 주소
이베이	www.ebay.com
페이팔	www.paypal.com
아마존	sellercentral.amazon.com
엣시	www.etsy.com
보낸자	www.bonanza.com
라자다	sellercenter.lazada.com.my
페이오니아	www.payoneer.com
월드퍼스트	www.worldfirst.com/us/

대부분의 플랫폼은 요구하는 정보가 비슷하다. 따라서 다음 내용을 메모장이나 워드에 정확하게 입력해놓고 복사와 붙여넣기를 하여 계정을 세팅하면 효율적이기도 하고 문제 발생의 소지도 줄일 수 있다.

① 이메일 주소e-mail address: 글로벌 마켓 비즈니스 전용으로 사용할 이메일 주소를 넣는다. 전용 이메일 계정을 새로 생성해야 한다면 글로벌 마켓에서 가장 일반적으로 사용되는 지메일Gmail이 좋다. 국내 포털 사이트의 이메일 계정은 해외 바이어에게 낯설 뿐 아니라 해외에서 발송되는 이메일을 차단하는 경우가 있으므로 되도록 사용하지 않는다.

② 비밀번호password: 보통은 플랫폼별로 비밀번호를 다르게 설정하지는 않는다. 잘 기억할 수 있으면서도 다른 사람이 유추하기 어렵도록 숫자, 영어, 특수문자를 조합해 안전하게 만든다.

③ 이름first name: 여권의 이름을 넣는다.

④ 성last name: 여권의 성을 넣는다.

⑤ 상호명 business name : 셀러의 브랜드를 넣는다. 판매할 상품이 정해졌다면 이와 연관지어 쉬운 단어를 조합해 만들되 바이어가 쉽게 기억할 수 있는 것이 좋다. 강의에서 만난 수강생들은 'Socks and the City', 'Socksense', 'Baghug' 등 상품과 직접적으로 연관된 톡톡 튀는 아이디어를 내놓았다.

　　간혹 셀러의 브랜드와 사업자 등록증의 상호명이 다른 경우도 있는데 이럴 때는 브랜드를 기입하는 것이 좋다. 단, 페이팔에서는 반드시 사업자 등록증의 상호명을 입력해야 하며, 아직 정하지 못했다면 자신의 이름 full name 을 그대로 입력해도 된다.

⑥ 휴대전화 번호 phone number : 모든 플랫폼에서는 가입 시 한국의 국가 번호 82가 앞에 붙는다. 82 다음에 자신의 휴대전화 번호를 넣으면 되는데, 맨 앞의 0을 지우고 '10-1234-5678'와 같은 형식으로 입력한다.

⑦ 우편번호 postal code : 다섯 자리의 우편번호를 넣는다.

⑧ 구 단위까지의 주소 street address : 우리나라 주소를 영문으로 표기할 때는 기재 순서가 반대가 된다. 예를 들어 '서울시 강남구 대치로1번길 15 1동 101호'를 영어로 옮기면 '1-101, 15, Daechiro 1beon-gil, Gangnam-gu, Seoul'이 된다. 아직도 지번 주소를 사용하는 사람이 많지만, 고지서에 기재된 주소와의 비교로 신원을 확인할 일이 있을지도 모르니 도로명 주소를 넣는다. 단어마다 쉼표로 구분하며, '동 dong'이나 '호 ho'라는 말 대신 붙임표(-)를 넣고 건물 번호도 숫자만 쓴다. (예: 305, 86-4, Gwangmyeongro, Jungwon-gu)

⑨ 시 city : 시市를 넣는다. 서울특별시나 광역시는 시 이름을 쓰면 되지만 경기도, 강원도 등은 도 단위 아래에 시 단위가 있으므로 'Ansan-si', 'Goyang-si'와 같이 기입한다.

⑩ 시/도 states : 'state'는 '주州'를 뜻하지만 우리나라 주소에서는 도道에 해당한다. 'Gyeonggi-do', 'Jeollabuk-do'와 같이 기입하고 서울특별시와 광역시의 경우에는 시市를 다시 기입한다.

⑪ 여권 번호, 운전면허증 번호, 은행 계좌 번호 확인: 일부 플랫폼에서는 신원 확인을 위해 여권 번호나 운전면허증 번호가 필요하다. 여권 번호는 여권에 기재된 그대로 기입하고, 운전면허증 번호는 지역을 제외한 숫자만 기입한다. 또한 페이팔이나 페이오니아의 경우 달러를 한국 계좌로 인출하기 위해 국내에서 사용하는 은행 계좌 번호가 필요하다.

추가로 해외 결제가 가능한 신용카드(체크카드)를 준비해야 한다. 모든 플랫폼에서는 셀러의 지불 능력을 확인하기 위해 결제 수단으로 신용카드 정보를 입력하라고 한다. 앞면에 VISA, Master Card라고 표시된 카드는 해외 결제를 제한하지 않았다면 별 문제 없이 사용할 수 있다. American Express도 사용 가능하지만 페이팔에 가입할 때는 등록한 카드로 1.95달러를 결제하고 이 결제 내역의 가맹점명에 인증 번호를 부여해 이를 확인하도록 하는데, 2~3일 후에야 인증 번호를 확인할 수 있다는 것이 단점이다. 카드 등록 시 가결제를 진행하는 플랫폼도 있으므로 체크카드에는 반드시 1만 원 정도의 잔액이 있어야 한다. 또한 결제 내역을 확인해야 하는 경우도 있으니 해당 카드 사용 시 문자나 스마트폰 어플로 알림을 받을 수 있도록 미리 준비해두는 것이 편리하다. 라자다는 사업자 등록증이 필수 서류이므로 사업자 등록증을 컬러로 스캔한 파일도 준비해둬야 한다.

> ⓘ **파워 솔루션**
>
> 계정을 세팅한 다음에는 셀러로서 활동을 시작할 수 있으며, 각 사이트에서 관련 정보와 매뉴얼을 제공한다. 모든 글로벌 마켓 플랫폼은 궁금한 점이 있거나 도움이 필요할 때 문의할 수 있는 고객센터도 운영하고 있다. 각 플랫폼의 정보와 매뉴얼이 잘 정리되어 있으므로 글로벌 마켓 비즈니스의 업무를 본격적으로 시작하기 전에 꼼꼼히 습득해놓으면 문제가 발생했을 때 유용하게 활용할 수 있을 것이다.
>
> ① 이베이
> - Seller Center: pages.ebay.com/seller-center/index.html
> - Customer Service: ocsnext.ebay.com/ocs/home
>
> ② 아마존
> - Seller Central 내 Notification(로그인 후 첫 화면)
> - Customer Support: sellercentral.amazon.com/cu/contact-us
>
> ③ 엣시
> - Seller Handbook: www.etsy.com/seller-handbook
> - Help Center: www.etsy.com/help
>
> ④ 보낸자
> - Seller Success: www.bonanza.com/site_help/seller_success/home
> - Help Center: www.bonanza.com/site_help/contact_us
>
> ⑤ 라자다
> - Lazada University: www.lazada.com/sellercenter/my/university
> - Help Center: www.lazada.com.my/helpcenter

Chapter
03

설레는 마음으로
판매 상품을 골라라

끝없는 고민, 무엇을 팔 것인가?

어떤 상품을 팔 것인가? 판매 상품 선정은 온라인 마켓에서 활동하는 셀러라면 그동안의 판매 경험과 상관없이 누구나 고민하는 문제다. 이미 특정 상품을 지속적으로 판매하고 있는 셀러라도 사업의 안정성을 유지하고 트렌드를 반영하기 위해 새로운 상품을 발굴해야 하기 때문이다. 판매 경험도 없고 어떤 상품을 선택할지 고민해본 적도 없다면 더욱 막막할 것이다. 어떤 상품을 선정하는가에 따라 사업의 성패가 갈리므로 다음 내용을 참고해 신중하게 결정해야 한다.

01_ 집과 생활 공간에서 힌트 얻기

어떤 상품을 선정해야 할지 고민이라면 가장 먼저 자신의 집과 생활공간에서 힌트를 구하라. 바이어가 구매하는 것은 집에 있는 물건의 범주를 크게 벗어나지 않을 것이다. 창업 초기에는 상품 구입과 재고 확보가 어려울 수도 있는데 이럴 때는 자신이 사용하지 않는 중고 물건을 판매해보는 것도 좋은 경험이 된다.

〈러브하우스〉 BGM을 흥얼거리며 집을 천천히 둘러보라. 집 안에 들어설 때 가장 먼저 마주하는 현관문의 도어록, 운동화·구두·슬리퍼 등의 신발, 옷장에 있는 티셔츠·바지·원피스·셔츠·치마·아웃도어 등의 의류, 가방과 모자, 목걸이·귀걸이·반지·시계 등의 액세서리. 침실에 있는 베개·이불·매트 커버·담요 등의 침구류, 전등, 안대, 화장대에 있는 스킨케어·색조 화장품·향수 등의 화장품, 오디오·DVD·컴퓨터·프린터·카메라·게임기·청소기 등의 전자 제품, 의자·소파·서랍장 등의 소형 가구, 쿠션과 카펫, 주방에 있는 그릇·컵 등의 식기류와 조리 도구, 기타 주방용품, 건강식품, 커피와 차, 욕실에 있는 샴푸·린스·수건·칫솔·치약·각종 홀더, 책·음반·우표·화폐·피규어·프라모델 등의 각종 수집품과 핸드메이드 물건, 아이 방에 있는 포대기·장난감·인형·유모차·아동복·가방·문구류·책·악기·보드게임, 스포츠 및 취미 생활과 관련된 낚시·요가·골프·배드민턴·수영·캠핑·스키 용품, 구기 종목의 공과 장비, 드론, 자전거, 창고에 있는 공구와 잡동사니, 집 안 곳곳에 보이는 앤티크 제품, 사진 액자, 홈데코, 물건을 수납하는 상자, 개·고양이·새·물고기 등의 애완동물 용품에 이르기까지 집 안을 한번 둘러봐도 이렇게 다양한 상품을 찾을 수 있다.

또한 늘 지니고 다니는 휴대전화와 관련된 액세서리, 자동차에 있는 방향제, 거치대, 수납용품, 장식용품, 자동차 부품, 사무실에 있는 각종 집기와 사무용품, 회사에서 취급하는 각종 장비에 이르기까지 일상생활에서 발견할 수 있는 상품은 무궁무진하다.

02_ TV, 잡지, SNS에서 힌트 얻기

다양한 미디어를 적극적으로 탐색하는 것도 상품 발굴의 힌트를 얻는 데 매우 좋은 방법이다. TV를 통해 접하는 수많은 콘텐츠, 상품, 광고 속에서 아이디어를 얻을 수 있다. 특정 연예인이 사용해서 유명해진 상품은 새로운 트렌드를 이끌어내므로 관심을 가질 필요가 있으며, 영화·드라마·예능에서 다뤄지는 상품, 특히 PPL을 유심히 살펴봐야 한다.

그리고 서점에 가서 잡지를 훑어보면 사회·정치, 경제·경영, 라이프스타일, IT, 모바일, 건강, 취미, 유·아동, 예술, 여행, 스포츠, 가정생활, 종교, 역사 등 온갖 분야가 총망라되어 있다. 이 수많은 콘텐츠도 판매 상품에 관한 아이디어를 손쉽게 얻을 수 있는 보물 창고다. 특히 잡지에 실린 광고를 통해 최근 유행하고 주목받는 상품의 트렌드를 확인할 수 있다.

많은 사람의 일상생활에 깊숙이 자리한 SNS도 주목해야 한다. 특히 최근 가장 각광받는 인스타그램은 해시태그로 키워드의 인기와 개개인의 다양한 평가를 파악할 수 있다. 판매하고자 하는 상품이 정해지면 범위가 넓은 키워드부터 검색해보고, 많은 사람이 올려놓은 콘텐츠 중 연계되는 구체적인 키워드로 확장해나간다.

03_ 자신의 관심 상품과 시장성이 뛰어난 상품 사이의 딜레마

셀러 자신이 관심을 갖고 있고, 잘 알며, 좋아하는 카테고리의 상품을 선택한다면 장기적인 관점에서 좋은 효과를 낼 수 있을 것이다. 열정을 갖고 몰입하며 지치지 않고 사업을 오래 지속할 가능성이 높기 때문이다. 관심도 없고 잘 알지도 못하면서 다른 셀러들이 많이 판매한다는 이유로 상품을 선택한다면 흥미를 잃는 경우가 많다.

필자의 경우 스포츠와 수집을 좋아해서 자연스럽게 스포츠 관련 수집용품을 취급하기 시작했다. 상품에 대해 잘 알고 있었기 때문에 바이어가 좋아할 만한 것을 고를 수 있었고, 바이어의 다양한 문의에 당황하지 않고 답해주었다. 또한 갖고 싶었던 상품을 구했을 때의 감정을 잘 알기 때문에 판매 과정 중에 더 정성스러운 서비스를 제공할 수 있었다.

자기 자신이 어떤 상품을 좋아하고 관심이 있는지, 또 잘 알고 있는 상품은 무엇인지 곰곰 생각해보라. 이는 그동안 살아오면서 형성된 성격, 가치관, 세계관, 그리고 성장 환경, 직업 등과 밀접한 관련이 있게 마련이다. 필자의 편견일 수도 있으나, 개인적으로 알고 지내는 셀러들을 가만히 살펴보면 그러한 요소와 그 사람의 판매 상품 사이에 묘하게 얽혀 있는 고리를 종종 발견하곤 한다.

고등학생 시절부터 오토바이 타기를 즐기던 한 청년은 자연스럽게 오토바이 관련 용품 및 자동차 부품·용품 사업체의 대표로 성장했다. 우체국에서 일하시던 아버지 밑에서 어릴 적부터 우표 수집을 했던 어떤 이는 우표를 판매하다 수집용 화폐까지 취급하고 있다. 뛰어난 미모의 소유자로 항상 자기 관리에 철저한 한 여성은 화장품과 향수 셀러가 되었다. 방탄소년단의 열렬한 팬인 어느 대학생은 방탄소년단을 비롯한 연예인 굿즈를 판매하고 있다. 아이 셋을 키우면서 온갖 육아용품을 사용하다가 그것을 판매하게 된 주부도 있다. 여성 속옷을 판매하는 한 남성은 위로 누나가 셋이라 어릴 적 장난삼아 여자 옷을 입어보곤 했다고 한다. 그는 세심한 성격으로 여성 속옷 사이즈를 잘 파악하고 있다. 패션 상품을 취급하는 어떤 셀러는 자기주장이 강하며 겉모습으로 사람을 판단하는 경향이 있고, 장난감을 판매하는 40대 중반 남성은 나이에 비해 순수하고 가끔 철없어 보이는 행동을 하기도 한다.

화장품, 소형 전자 제품, 의류, 패션 액세서리, 휴대전화 액세서리, K-pop 상품, 자동차 부품 및 용품 등은 우리나라 셀러가 판매하는 상품의 70%를 차지한다. 새로이 창업하는 셀러들 또한 이런 카테고리를 벗어나지 못하고 있다. 그도 그럴 것이 해외 바이어가 즐겨 찾아 시장성이 좋기 때문이다.

이론적으로 가장 이상적인 것은 해외 바이어가 많이 찾는 특정 상품에 대해 셀러가 잘 알고 있고 관심도 많은 경우다. 하지만 이는 흔치 않기 때문에 결론적으로 ① 시장성이 매우 뛰어나지만 경쟁이 치열해서 수익 구조가 좋지 않은 상품, ② 셀러가 관심을 갖고 있지만 바이어가 거의 찾지 않는 것을 제외한 상품 가운데 가장 이상적인 답을 찾는다. 가장 좋은 그림은 셀러가 관심을 가진 상품으로서 시장성이 매우 뛰어나지는 않더라도 나름의 작지만 확보된 틈새시장을 발굴하는 것이다.

04_ 한 카테고리에의 집중

판매할 상품을 선정하고 나면 후보에 있었던 것이나 미련이 남는 것은 모두 잊고 하나의 카테고리에 집중해야 한다. 이는 상품의 구성에 직접적인 영향을 미치며 셀러의 전문성과도 직결된다. 바이어는 상품을 전문적으로 취급하는 곳에서 구매하려는 경향이 있다. 스타일난다에서는 장난감을 팔지 않고 건담샵에서는 옷을 팔지 않는 것처럼 국내 유명 쇼핑몰을 보더라도 독자적인 카테고리의 상품에 집중하고 있다. 만약 여성복 셀러가 시장을 확장하겠다고 남성복, 아동복, 운동복까지 취급하면 바이어는 더 이상 이 셀러를 여성복 전문 셀러로 여기지 않고 최신 트렌드를 반영한 상품을 파는지, 신상품이 빨리 입고되는지 등에 의구심을 갖게 된다.

그런데도 많은 셀러는 다양한 상품군을 다루면 바이어가 더 몰려들고 판매량도 증가할 것이라는 기대감에 하나의 계정으로 여러 가지 카테고리의 상품을 판매하곤 한다. 하지만 이는 다양한 상품을 구비하겠다는 셀러의 욕심만 해소될 뿐 전문성이 떨어지고 내부 재고 관리도 어렵다. 상품이 골고루 판매된다고 해도 여러 거래처에서 상품을 매입하는 데 시간과 비용을 낭비하게 되며, 무엇보다 셀러가 전문적으로 취급하는 상품을 바이어에게 선보여 브랜드를 인지시키고 구매를 유도하고 더 나아가 재구매를 이끌어내는 브랜딩의 효과를 전혀 기대할 수 없다.

이는 아마존보다 이베이에서 더 문제가 된다. 만약 다양한 유통망을 확보하고 적절한 인력을 투입해 여러 카테고리의 상품을 취급하고자 한다면 계정을 여러 개 만들어 각각의 계정마다 독립적인 카테고리의 상품을 판매하는 것이 좋다. 다양한 상품군을 아우르려는 욕심은 서비스의 질을 떨어뜨릴 뿐이다. 장난감 몇 종류, 화장품 몇 종류, 휴대전화 케이스 몇 종류, 모자 몇 종류와 같은 오합지졸 형태는 절대로 피하라. 카테고리를 다양화하기보다 자신 있는 카테고리를 월등하게 키워라!

> ⓘ **파워 솔루션**
>
> 글로벌 마켓을 향한 시각을 돌려 우리나라 온라인 마켓의 주요 카테고리를 살펴보고 해외 판매가 가능한 상품을 골라보는 것도 하나의 방법이다. 우리나라 온라인 마켓에서 판매되는 상품의 카테고리는 일반적으로 다음과 같이 구분되어 있다.
>
> ① 남녀 기초 화장품: 메이크업, 네일, 헤어, 보디/핸드크림, 향수, 미용 기구, 뷰티
> ② 패션 잡화: 신발, 가방, 소품, 시계, 주얼리, 선글라스, 안경, 언더웨어
> ③ 출산, 영·유아: 기저귀, 물티슈, 유모차, 외출용품, 임부용 스킨케어, 유아용 목욕 제품, 유아용 크림, 매트/안전용품, 수유/이유용품, 완구
> ④ 생활, 주방: 주방용품, 위생/세안, 욕실용품, 청소/세탁/세제, 수납/공구, 생활 잡화, 건강 생활용품(운동 기구 등)
> ⑤ 취미: 악기, 게임, DIY, 반려동물 용품(사료, 간식, 위생용품, 소품)
> ⑥ 가구, 홈데코: 침실, 수납 가구, 거실, 주방 가구, 유·아동/학생, 침구, 카펫, 커튼, 인테리어 소품, 조명
> ⑦ 가전, 디지털: 컴퓨터/주변기기, 저장장치, 게임, 빔, 카메라, 디지털/액세서리, 대형 가전, 계절 가전, 생활 가전, 주방 가전, 이·미용 가전, 건강 가전, 음향 설비, 자동차 가전
> ⑧ 스포츠, 레저: 스포츠화, 기능화, 피트니스, 구기/라켓, 골프, 자전거/보드, 등산, 캠핑/낚시, 자동차용품
> ⑨ 식의약품: 농·수·축산품, 가공식품, 음료, 간식, 건강식품, 다이어트 식품
> ⑩ 의류: 남성 의류, 여성 의류, 영·유아 의류, 모자

수많은 상품 카테고리
속을 파헤쳐보자

셀러들의 평균적인 레벨을 기준으로 할 때 진입할 글로벌 마켓 플랫폼은 이베이, 아마존, 엣시, 보낸자, 라자다로 요약된다. 각 플랫폼의 상품 카테고리는 조금씩 다른데 거시적인 관점에서 이를 비교·분석해보는 것은 매우 중요하다. 카테고리 구성에는 그 마켓의 특성이 그대로 반영되어 있는데, 그동안의 경험에 따른 필자의 관점에서는 이베이의 카테고리 구성이 전자상거래 플랫폼의 표준에 가장 가깝다고 생각한다. 아마존과 라자다는 전자 제품 쪽에, 엣시는 수공예 쪽에 기울어진 경향이 있다.

2017년 중반 이베이는 전 분야의 카테고리 체계를 9개 분야와 그 아래의 87개 대분류로 대폭 개편했다. 변경된 체계는 기존의 것보다 세부적이어서 'Industrial Supply(산업 부품)'처럼 제외해도 무방한 카테고리가 상당수 포함되어 있으며, 분류 체계가 너무 많아 한눈에 파악하기에는 어려움이 있다. 따라서 개편하기 전 이베이의 카테고리 체계와 거의 동일한 보낸자의 카테고리 체계를 먼저 살펴보자.

보낸자의 카테고리 체계는 이베이를 모방한 것으로, 이베이의 개편 전 체계와 비교해보면 'Digital Goods'가 있는 대신 'Gift Cards & Coupons, Real Estate'가 없는 것을 제외하고는 똑같이 34개 대분류로 구성되어 있다. 보낸자의 카테고리 구성, 즉 이베이의 과거 카테고리 구성을 통해 전자상거래 플랫폼의 표준을 알아본 후, 보다 세분화된 현재 이베이의 카테고리 구성을 살펴보겠다.

이베이에서 한국 셀러가 특히 포진해 있는 카테고리는 Fashion, Electronics, Home & Garden, Sporting Goods, Toy & Hobbies다. 모든 카테고리는 중분류 아래에 소분류로 세분화되어 있고 매우 다양하므로 자신이 탐색하고자 하는 카테고리는 반드시 전체적으로 하나하나 꼼꼼히 파헤치고 세부 카테고리 내에서 판매되는 상품을 둘러봐야 한다.

보낸자의 카테고리 구성

- Antiques
- Art
- Baby
- Books
- Business & Industrial
- Cameras & Photo
- Cell Phones & Accessories
- Coins & Paper Money
- Collectibles
- Computers/Tablets & Networking
- Consumer Electronics
- Crafts
- Digital Goods
- Dolls & Bears
- DVDs & Movies
- Entertainment Memorabilia
- Everything Else
- Fashion
- Health & Beauty
- Home & Garden
- Jewelry & Watches
- Music
- Musical Instruments & Gear
- Parts & Accessories
- Pet Supplies
- Pottery & Glass
- Specialty Services
- Sporting Goods
- Sports Mem, Cards & Fan Shop
- Stamps
- Tickets & Experiences
- Toys & Hobbies
- Travel
- Video Games & Consoles

이베이의 카테고리 구성

Motors	Parts & Accessories
	Vehicles
Fashion	Beauty
	Handbags & Accessories
	Health
	Jewelry
	Kids & Baby(Kids'Clothing, Shoes & Accs)
	Men's Clothing
	Shoes
	Watches
	Women's Clothing
Electronics	Camera & Photo
	Car Electronics
	Cell Phones & Accessories
	Computer & Tablets
	TV, Video & Audio
	Video Games & Consoles
Collectibles & Art	Antiques
	Art
	Coins & Paper Money
	Collectibles
	Comics
	Dolls & Bears
	Entertainment Memorabilia
	Pottery & Glass
	Sports Memorabilia
	Stamps
Home & Garden	Baby
	Bath
	Bedding
	Crafts
	Food and Beverages
	Furniture

Home & Garden	Home Décor
	Home Improvement
	Housekeeping & Organization
	Kitchen & Dining
	Major Appliances
	Pet Supplies
	Tools
	Yard & Garden
Sporting Goods	Boxing, Martial Arts & MMA
	Cycling
	Fishing
	Fitness & Running
	Golf
	Hunting
	Indoor Games
	Outdoor Sports
	Sporting Goods Wholesale Lots
	Team Sports
	Tennis & Racquet Sports
	Water Sports
	Winter Sports
	Yoga & Pilates
Toys & Hobbies	Action Figures
	Building Toys
	Diecast & Toy Vehicles
	Educational
	Games
	Model Railroads & Trains
	Models & Kits
	Preschool Toys & Pretend Play
	Radio Control and Control Line
	TV, Movie & Character Toys
	Trading Card Games

Business & Industrial	Agriculture & Forestry
	Construction
	Electrical & Test Equipment
	Fuel & Energy
	General Office
	Healthcare, Lab & Life Sciences
	Heavy Equipment Attachments
	Heavy Equipment
	Heavy Equipment Parts & Accessories
	Industrial Automation and Control
	Light Equipment & Tools
	MRO & Industrial Supply
	Manufacturing & Metalworking
	Packing & Shipping
	Printing & Graphic Arts
	Restaurant & Catering
	Retail & Services
	Websites & Businesses for Sale
Music	Musical Instruments and Gear
	Recorded Music
	Tickets & Experiences

한편 아마존의 카테고리 체계는 23개의 대분류로 구성되어 있는데 그중 자체 상품 및 서비스인 Amazon Music, Amazon Video, Appstore for Android, Credit & Payment Products, Echo & Alexa, Fire Tablets, Fire TV, Home Services, Kindle E-readers & Books, Prime Photos and Prints, Subscribe with Amazon, Treasure Truck 등을 제외하면 실질적인 카테고리는 11개라고 볼 수 있다. 다음 표는 아마존에서 프라임 회원에게 제공하는 서비스가 포함된 세부 카테고리를 제외한 것이다. 아마존에서는 상품 수가 가장 많고 구조적으로 세분화가 잘되어 있는 전자 제품 및 스포츠 카테고리 등이 주력임을 알 수 있다.

아마존의 카테고리 구성

Automotive & Industrial	Automotive Parts & Accessories
	Automotive Tools & Equipment
	Car/Vehicle Electronics & GPS
	Tires & Wheels
	Motorcycle & Powersports
	Vehicles
	Your Garage
	Industrial Supplies
	Lab & Scientific
	Janitorial
	Safety
	Food Service
	Material Handling
Beauty & Health	All Beauty
	Luxury Beauty
	Professional Skin Care
	Salon & Spa
	Men's Grooming
	Health, Household & Baby Care
	Vitamins & Dietary Supplements
Books & Audible	Books
	Children's Books
	Magazines
	Textbooks
	Textbook Rentals
Clothing, Shoes & Jewelry	Women
	Men
	Girls
	Boys
	Baby
	Luggage

Electronics, Computers & Office	TV & Video
	Home Audio & Theater
	Camera, Photo & Video
	Cell Phones & Accessories
	Headphones
	Video Games
	Bluetooth & Wireless Speakers
	Car Electronics
	Musical Instruments
	Wearable Technology
	Electronics Showcase
	Computers & Tablets
	Monitors
	Accessories
	Networking
	Drives & Storage
	Computer Parts & Components
	Software
	Printers & Ink
	Office & School Supplies
Food & Grocery	Grocery & Gourmet Food
	Wine
Handmade	Jewelry
	Handbags & Accessories
	Beauty & Grooming
	Home Décor
	Artwork
	Stationery & Party Supplies
	Kitchen & Dining
	Furniture
	Wedding
	Baby
Home, Garden & Tools	Home
	Kitchen & Dining
	Furniture

Home, Garden & Tools	Bedding & Bath
	Appliances
	Patio, Lawn & Garden
	Fine Art
	Arts, Crafts & Sewing
	Pet Supplies
	Event & Party Supplies
	Home Improvement
	Power & Hand Tools
	Lamps & Light Fixtures
	Kitchen & Bath Fixtures
	Hardware
Movies, Music & Games	Movies & TV
	Blu-ray
	CDs & Vinyl
	Musical Instruments
	Headphones
	Video Games
	PC Gaming
	Digital Games
	Entertainment Collectibles
Sports & Outdoors	Athletic Clothing
	Exercise & Fitness
	Hunting & Fishing
	Team Sports
	Fan Shop
	Golf
	Leisure Sports & Game Room
	Sports Collectibles
	All Sports & Fitness
	Camping & Hiking
	Cycling
	Outdoor Clothing
	Scooters, Skateboards & Skates
	Water Sports

Sports & Outdoors	Winter Sports
	Climbing
	Accessories
	All Outdoor Recreation
Toys, Kids & Baby	Toys & Games
	Baby
	Video Games for Kid
	Kids Birthdays
	For Girls
	For Boys
	For Baby

엣시의 카테고리 체계는 수공예품과 빈티지 상품을 중심으로 8개 대분류, 41개 중분류로 구성되었다. 수공예품과 빈티지 상품으로 한정되어 있음에도 바이어의 다양한 니즈에 맞춰 카테고리가 체계적으로 세분화되어 있다.

엣시의 카테고리 구성

Jewelry & Accessories	Accessories
	Bags & Purses
	Necklaces
	Rings
	Earrings
	Bracelets
	Body Jewelry
Clothing & Shoes	Women's
	Men's
	Kids & Baby
	Bags & Purses
Home & Living	Home
	Bath & Beauty
	Pet Supplies

Wedding & Party	Party Supplies
	Invitations & Paper
	Wedding Decorations
	Wedding Gifts
	Wedding Accessories
	Wedding Clothing
	Wedding Jewelry
Toys & Entertainment	Toys
	Electronics & Accessories
	Books
	Movies & Music
Art & Collectibles	Prints
	Photography
	Painting
	Sculpture
	Glass Art
	Drawing & Illustration
	Mixed Media & Collage
	Fiber Arts
	Dolls & Miniatures
	Collectibles
Craft Supplies & Tools	Home & Hobby
	Jewelry & Beauty
	Sewing & Fiber
	Papercraft
	Visual Arts
	Sculpting & Forming
Vintage	

아마존과 유사한 면이 많은 라자다는 카테고리 체계의 대분류가 12개이고 주력 카테고리는 전자 제품과 패션이다. 시장 조사를 다루면서 설명하겠지만, 카테고리 곳곳에 라자다가 직접 개입한 각종 프로모션이 있는 것이 특징적이다.

라자다의 카테고리 구성

Electronic Devices	Mobiles
	Tablets
	Laptops
	Desktops
	Gaming Consoles
	Car Cameras
	Action/Video Cameras
	Security Cameras
	Digital Cameras
	Gadgets
Electronic Accessories	Mobile Accessories
	Portable Audio
	Wearable
	Console Accessories
	Camera Accessories
	Computer Accessories
	Storage
	Printers
	Computer Components
	Tablet Accessories
TV & Home Appliances	TV & Video Devices
	TV Accessories
	Home Audio
	Large Appliances
	Small Kitchen Appliances
	Cooling & Air Treatment
	Vacuums & Floor Care
	Iron & Sewing Machines
	Personal Care Appliances
	Parts & Accessories
Health & Beauty	Food Supplements
	Skincare
	Makeup
	Beauty Tools

Health & Beauty	Mens Care
	Medical Supplies
	Bath & Body
	Hair Care
	Personal Care
	Fragrances
Babies & Toy	Feeding
	Milk Fomular & Food
	Baby Gear
	Diapering & Potty
	Nursery
	Baby Personal Care
	Clothing & Accessories
	Baby & Toddler Toys
	Collectible, RC & Vehicle
	Sports & Outdoor Play
Groceries & Pets	Beverages
	Cereal & Confectionery
	Dried & Canned Food
	Fresh, Frozen & Chilled
	Laundry & Household
	Cats
	Dogs
	Fish
Home & Lifestyle	Bath
	Bedding
	Decor
	Furniture
	Kitchen & Dining
	Lighting
	Tools, DIY & Outdoor
	Stationery & Craft
	Books
	Music & Instruments

Women's Fashion	Dresses
	Tops
	Pants & Leggings
	Jackets & Coats
	Flat Shoes
	Sandals
	Sneakers
	Lingerie, Sleep & Lounge
	Muslim Wear
	Bags
Men's Fashion	Casual Tops
	Jackets & Coats
	Shirts
	Pants
	Jeans
	Sneakers
	Formal Shoes
	Boots
	Bags
	Accessories
Fashion Accessories	Women's Watches
	Men's Watches
	Kid's Watches
	Pure Gold & Silver
	Women's Jewellery
	Men's Accessories
	Sunglasses
	Eyeglasses
	Contact Lens
Sports & Travel	Luggage
	Laptop Bags
	Travel Accessories
	Exercise & Fitness
	Outdoor Recreation
	Women's Clothing & Shoes

Sports & Travel	Men's Clothing & Shoes
	Racket Sports
	Water Sports
	Sports Accessories
Automotive & Motorcycles	Automotive
	Service & Installations
	Auto Oils & Fluids
	Interior Accessories
	Exterior Accessories
	Car Audio
	Auto Care
	Riding Gear
	Moto Parts & Accessories
	Motorcycle

앞에서 살펴본 바와 같이 글로벌 마켓 플랫폼에 따라 분류 체계와 카테고리 구성이 다르다. 이를 종합적으로 비교·분석하면서 살펴보고 각 플랫폼의 다양한 카테고리에 어떤 상품이 포함되었는지, 그리고 자신이 판매하려는 상품이 어디에 속하는지 파악한다. 다음 표에 글로벌 마켓의 주요 카테고리를 정리했는데, 카테고리명은 이베이와 아마존의 것을 기준으로 하되 명칭이 조금 다른 경우는 이해하기 쉽게 통합하거나 수정했다. 수공예품을 주로 취급하는 엣시는 제외했으며 모든 플랫폼에 있는 카테고리, 즉 매우 보편적인 카테고리는 볼드체로 표시했다.

글로벌 마켓별 주요 카테고리

카테고리	이베이	아마존	엣시	보낸자	라자다
Antiques	○			○	
Art	○			○	
Baby, Kids	○	○	○	○	○
Books	○	○		○	
Business & Industrial	○	○		○	

카테고리	이베이	아마존	엣시	보낸자	라자다
Cameras & Photo	○	○		○	○
Cell Phones & Accessories	○	○		○	○
Clothing, Shoes & Accessories	○	○	○	○	○
Coins & Paper Money	○			○	
Collectibles, Vintage	○		○	○	
Computers/Tablets & Networking	○	○		○	○
Consumer Electronics	○	○		○	○
Crafts & Supply Tools	○		○	○	
Dolls & Bears	○			○	
DVDs & Movies	○	○		○	
Entertainment Memorabilia	○		○	○	
Gift Cards & Coupons	○				
Handmade		○	○	○	
Health, Beauty & Food	○	○		○	○
Home, Living, Garden & Tools	○	○	○	○	○
Jewelry & Watches	○	○	○	○	○
Motors Parts & Accessories	○	○		○	○
Music	○	○		○	
Musical Instruments & Gear	○			○	
Pet Supplies	○			○	○
Pottery & Glass	○			○	
Real Estate	○				
Specialty Services, Digital Goods	○			○	
Sporting Goods & Outdoors	○	○		○	○
Sports Mem, Cards & Fan Shop	○			○	
Stamps	○			○	
Tickets & Experiences	○			○	
Toys & Hobbies	○	○		○	○
Travel	○			○	○
Video Games & Consoles	○	○		○	○
Wedding			○		

시장 조사를 통한 판매 상품 선정과
기존 셀러 벤치마킹

판매 상품 선정과 함께 반드시 실행해야 할 일은 시장 조사다. 시장 조사는 상품 조사, 판매 조사, 소비자 조사, 광고 조사, 잠재 수요자 조사 등을 모두 포괄하는 개념이며, 기본적으로 과거의 판매 조사 분석에서 시작한다. 과거의 데이터는 판매 전략의 원천이 되고, 현재 시장의 잠재 판매액, 지역별 잠재 시장, 시장 추세를 검토함으로써 비즈니스의 가능성을 예측할 수 있다.

시장 조사는 향후 비즈니스의 성패를 좌우할 만큼 중요하다. 다시 말해 자신이 취급하려는 상품이 각 글로벌 마켓에서 얼마나 판매되고 있는지, 같은 상품을 판매하는 셀러는 얼마나 있는지, 가격대는 어떤지, 상품이 주로 판매되는 나라는 어디인지, 마진은 어느 정도인지, 시장에 진입했을 때 기존의 상품에 비해 품질과 가격 면에서 우위에 설 수 있는지 등을 사전에 치밀하게 검토한 후 글로벌 마켓 비즈니스를 시작해야 한다. 그렇다면 먼저 글로벌 마켓에서 많이 검색되고 판매되는 상품을 찾는 요령을 알아보자.

글로벌 마켓에서는 메인 페이지 노출, 상품 검색 결과 내 별도의 표시, 별도의 섹션에 진열 등의 방법으로 최근 인기가 높은 상품을 드러냄으로써 바이어가 이에 대한 정보를 얻고 새로운 상품을 구매하는 데 도움을 주고 있다. 이베이의 경우 각 카테고리에 들어가면 최근 인기가 높고 판매량이 많은 상품에 표시가 되어 있다. listings.ebay.com에 접속해 원하는 카테고리로 들어가 Sorting을 'Best Match'로 설정하면 이베이에서 추천하는 순서대로 상품이 정렬되고 상단에 있는 상품에는 대부분 빨간색 메시지가 있을 것이다.

◆ 왼쪽 카메라는 2448개 이상 판매되었고 오른쪽 카메라는 29명이 관심 상품으로 등록했다.

메시지는 주로 누적 판매량, 관심 상품 등록 수 등을 나타내며, 상품 페이지에서는 보다 구체적으로 시간당 조회 수, 최근 24시간 동안 판매 수량 등을 확인할 수 있다. 이런 메시지가 있는 상품은 많은 바이어가 관심 상품으로 등록하고 구매로 이어지므로 이를 참고해 비슷한 가격을 책정하는 것이 좋다.

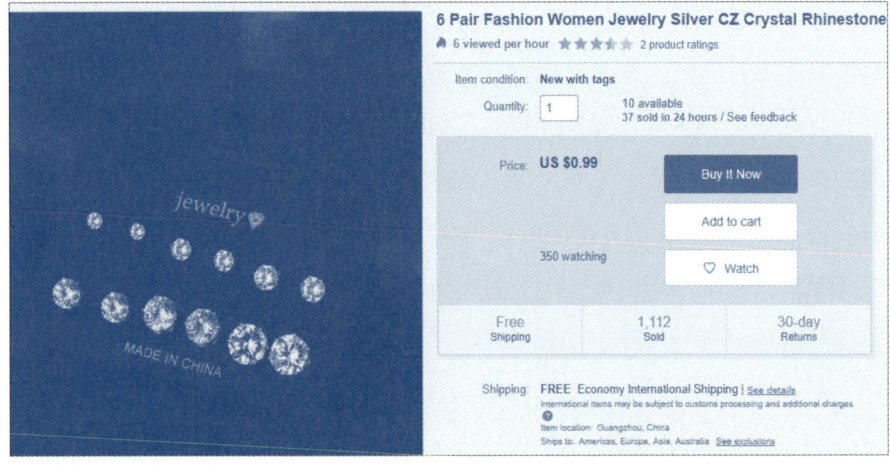

◆ 상품 페이지에서 시간당 조회 수가 6회, 최근 24시간 동안 37개가 판매된 상품임을 알 수 있다.

이베이에는 경매라는 단발적인 판매 방식이 있기 때문에 종종 과거의 판매 조사가 필요한데, 이때 Completed Listings 기능을 이용하면 된다. 이는 판매하고자 하는 상품과 동일하거나 유사한 상품이 최근 3개월 내에 얼마에 몇 개가 거래 완료되었는지 확인하는 기능으로, 최근 시장 가격과 추이를 가늠해볼 수 있다.

보다 구체적으로 최근 판매 데이터도 얻을 수 있다. ebay Explore^{explore.ebay.com}에서 최신 트렌드 상품을 알려주는 Trending Now 메뉴를 이용하면 바이어의 트래픽 추이를 볼 수 있다.

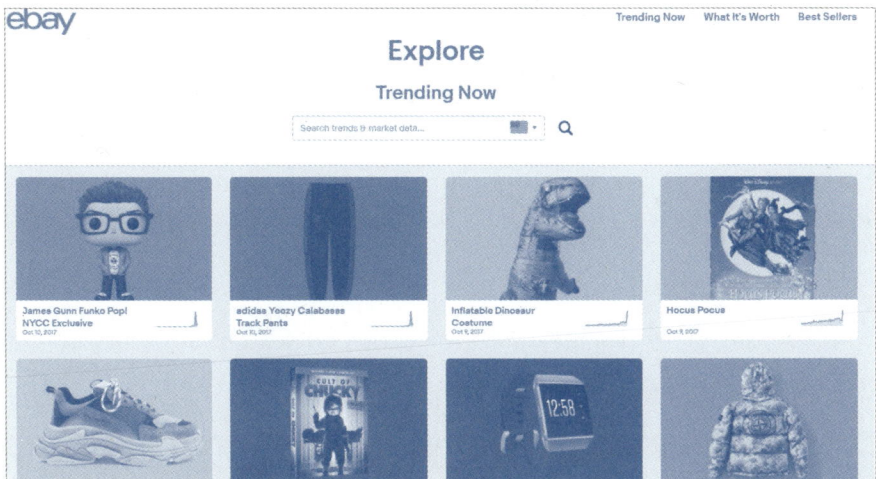

◆ Trending Now 메뉴는 최근 바이어의 검색이 많은 트렌드 상품을 보여준다.

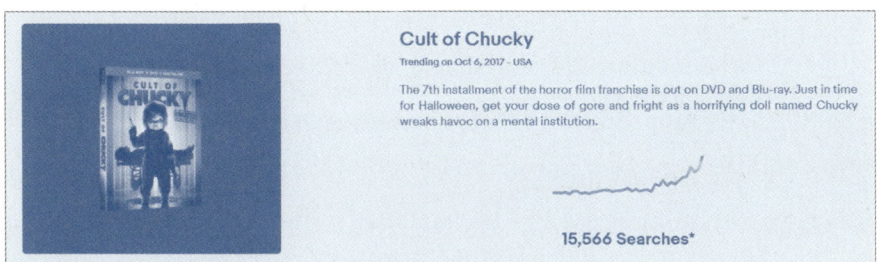

◆ 특정 상품이 얼마나 검색되고 그 추이가 어떻게 변하는지 확인할 수 있다.

Best Sellers 메뉴로는 특정 기간 동안 특정 키워드를 포함한 상품의 페이지 조회 수와 실제 판매량을 확인할 수 있다. 시장 조사를 하고 싶은 키워드를 직접 입력해 검색할 수도 있어서 유용하다.

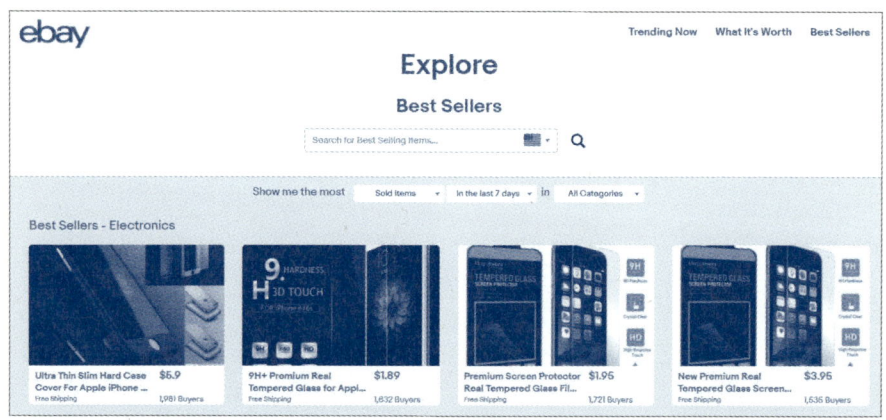

◆ Best Sellers 메뉴는 카테고리별로 판매량이 가장 많은 베스트셀러 상품과 특정 기간 동안 판매된 수량을 보여준다.

또한 이베이에서는 검색 버튼 옆에 있는 Advanced Search 버튼을 활용해 여러 가지 기준으로 상품을 검색함으로써 보다 정확한 검색 결과를 얻을 수 있다. 시장 조사 과정에서 특정 상품을 잘 판매하는 셀러의 아이디를 알게 되었다면 By Seller로 해당 아이디를 조회해 그 셀러의 스토어와 판매 상품을 집중적으로 조사해본다. 이베이에서는 해외 셀러와 경쟁하기도 하지만 한국 셀러와 경쟁하는 경우가 더 많을 수도 있다. 자신이 내놓으려는 상품을 우리나라 셀러들이 어떻게 판매하고 있는지 알아보려면 Find items의 Located in을 '한국'으로 설정해 조회한다.

아마존에서는 Amazon Best Sellers www.amazon.com/Best-Sellers/zgbs에서 카테고리별로 인기 있는 상품을 1위부터 100위까지 확인할 수 있다. 이 랭킹은 매 시간 업데이트된다. 이베이와 마찬가지로 세분화된 카테고리별로 순위를 살펴볼 수 있기 때문에 아마존의 베스트셀러 상품을 구체적으로 확인하는 데 큰 도움이 된다.

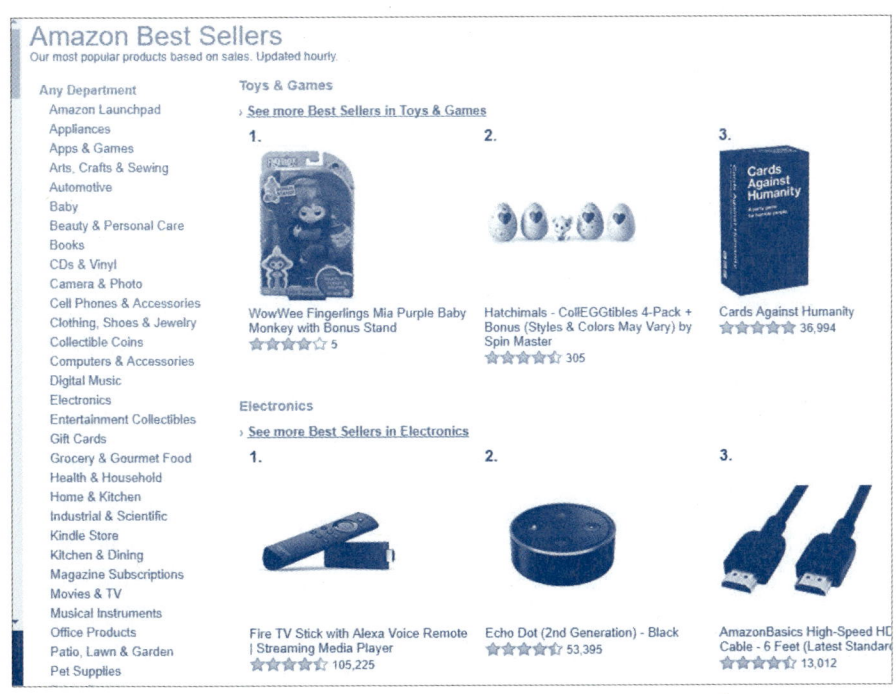

◆ Amazon Best Sellers의 랭킹에 올라간 상품은 판매량이 급속도로 증가한다.

바이어가 즐겨 찾고 구매에 많은 영향을 미치는 페이지인 Amazon Best Sellers는 최신 구매 트렌드를 명확하게 알려주는 바로미터 역할을 한다. 아마존에서는 모든 판매 상품에 카테고리별 랭킹을 부여해 상품 페이지에서 보여준다. 상품이 판매되기 시작하면 랭킹의 변화에 주목한다. 특히 베스트셀러 100위 안에 들게 된다면 판매량 상승이 보장되는 것이나 다름없으니 서비스는 물론이고 바이어의 리뷰도 철저히 관리해야 한다.

이베이와 아마존에서 최근 인기가 높은 상품을 확인하는 방식을 비교해보면, 이베이의 경우 판매 순위는 제공하지 않지만 각 상품의 관심 상품 등록 수, 페이지 조회 수, 특정 기간의 판매량을 보여준다. 반대로 아마존은 별도의 섹션에서 판매 순위를 보여주지만 각 상품의 관심 상품 등록 수, 페이지 조회 수, 특정 기간의 판매량은 보여주지 않는다. 그래서 상품의 리뷰 수로 판매량을 가늠할 수밖에 없다. 방식이 서로 다르기는 하지만 이처럼 이베이와 아마존은 살아 있는 시장의 속살을 볼 수 있도록 셀러를 배려하고 있다.

한편 이베이와 아마존의 방대한 상품 속에서 겪는 어려움을 해결해주는 정보 제공 사이트가 있다. 대표적으로 테라픽www.terapeak.com에서는 이베이와 아마존의 판매 데이터를 수집해 제공하며, 이베이에서 카테고리별로 직접 분석하거나 아마존에서 베스트셀러 페이지를 살펴보는 것보다 체계적으로 정리된 통계 자료를 얻을 수 있다.

◆ 테라픽은 다양한 데이터를 제공한다.

테라픽에서 얻을 수 있는 정보는 특정 상품의 판매 총액, 등록된 상품 수, 판매된 상품 수, 등록 수 대비 판매율, 판매 방식별 판매율, 요일별 판매율, 시간대별 판매율, 옵션 사용 여부, 판매된 상품 내역, 잘 판매된 상품 순위, 많이 사용된 키워드 순위, 바이어의 국가 분포 등이다. 테라픽의 서비스는 유료이며, 이베이와 아마존의 정보를 제공받는 조건으로 매월 결제의 경우 29.95달러, 1년 단위 결제의 경우 60% 할인된 143.76달러에 이용할 수 있다.

아마존의 경우 FBA Took It www.fbatooklit.com을 통해 FBA에 입고된 상품의 데이터를 확인할 수 있다. 최근 어떤 셀러가 얼마나 판매했는지, 그리고 판매 가격의 동향과 FBA 보유 재고 수량 등 경쟁 상품의 상황을 파악하는 데 여러모로 도움이 된다.

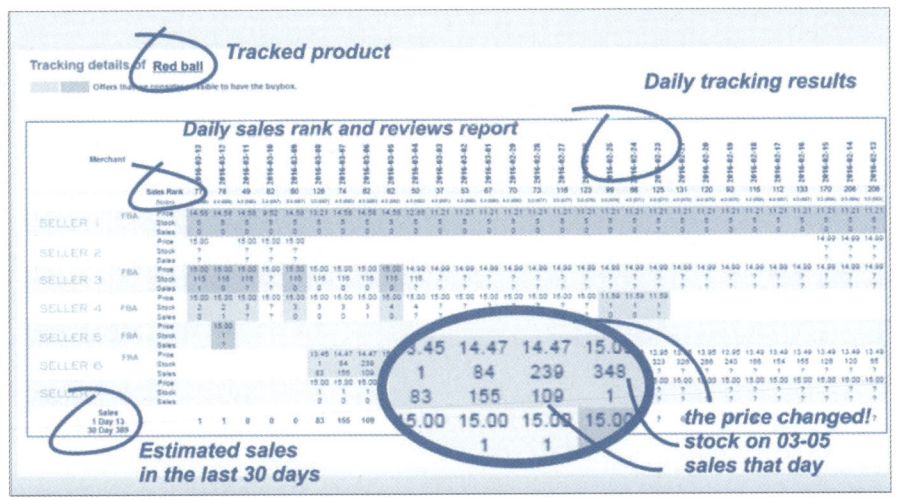

◆ FBA Took It에서는 FBA에 입고된 상품의 데이터를 제공한다..

엣시는 이베이와 비슷한 방식으로 별도의 섹션에서 인기 상품을 보여주는 동시에, 각 카테고리에서 최근 인기가 높고 많이 판매된 상품에 'Bestseller'라는 표시를 해준다. 그러나 엣시에서는 수공예품의 특성상 같은 상품을 다량으로 판매하는 경우가 흔치 않아 같은 상품을 발굴해 판매하기 어렵기 때문에 베스트셀러의 스타일과 가격대를 중심으로 분석할 필요가 있다. 또한 상품 리스트에 리뷰의 수가 별표로 나타나 있는데, 이는 아마존과 달리 해당 상품이 아니라 셀러에 대한 리뷰의 수를 기준으로 한 것임을 유의해야 한다. 즉 리뷰가 100개라면 이는 그 상품에 대한

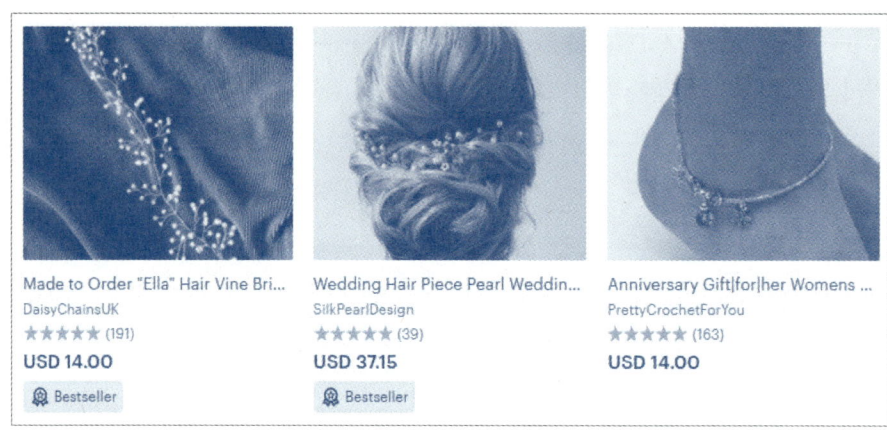

◆ 엣시에서는 판매량이 많은 상품에 'Bestseller'라는 라벨이 붙는다.

리뷰가 100개가 아니라 그 상품을 파는 셀러에 대한 리뷰가 100개라는 뜻이다.

아마존과 매우 유사한 형태인 라자다에는 카테고리별로 세분화된 베스트셀러 상품 페이지www.lazada.com.my/bestsellers가 있다. 하지만 아마존과 달리 실제 판매량에 따른 순위를 보여준다.

◆ 라자다의 베스트셀로 페이지

또한 라자다가 직접 개입해 딜 형식으로 프로모션하는 상품이 상당수 포함되어 있는데, 이런 경우 배너에 'Bestseller Deals up to 90%'와 같은 문구가 있다. 그래서 라자다가 직접 매입해 판매하고 라자다 창고에서 직접 배송하는 상품이 많은 비중을 차지하고 있다. 이베이나 아마존의 경우 이미 성숙기에 접어들어 셀러와 바이어의 자연스러운 상호 작용 속에서 베스트셀러 상품이 탄생하고 플랫폼은 이를 그대로 제공하는 데 초점을 맞추고 있지만, 라자다는 아직 성장하는 단계라 주도적으로 바이어의 소비 성향에 관여하는 것으로 볼 수 있다. 그러므로 라자다에 진입하려면 라자다가 주도하면서 만들어가는 소비 패턴을 분석해 그에 맞춘 상품을 전략적으로 매입 및 판매하는 것이 바람직하다.

입점하기는 현실적으로 어렵지만 중국 최대 온라인 마켓인 알리바바의 세부 카테고리를 분석하는 것도 시장 조사 시 선행되어야 한다. 알리바바 사이트에서 왼쪽 상단 알리바바 로고 아래의 Categories 메뉴를 펼치고 맨 아래의 All Categories를 클릭하면 세부 카테고리별로 상품을 열람할 수 있다. 세계적 생산 기지인 중국에서 만들어지는 최신 상품을 가장 빨리 볼 수 있는 곳이라 해도 과언이 아닐 만큼 엄청난 트래픽과 규모를 자랑하며, 다른 플랫폼과의 접점을 찾는 자료로 유용할 것이다.

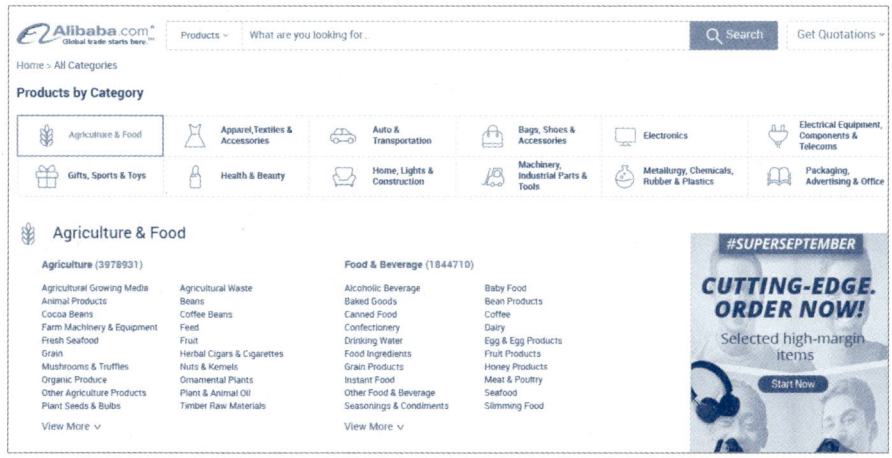

◆ 알리바바의 카테고리 분류 페이지

시장 조사는 한두 번으로 끝나는 것이 아니라 사업을 하는 동안 지속적으로 해야 한다. 판매하고자 하는 상품이 속한 카테고리의 트렌드를 파악하는 것이 중요하며, 이를 위해서는 그 분야의 매거진과 인터넷 콘텐츠, 시장을 선도하는 위치에 있는 제조사의 신상품 출시 현황, 글로벌 마켓의 시장 분석 자료 등을 주의 깊게 살펴본다. 글로벌 마켓의 트렌드를 분석하기 위해 적극적으로 활용할 만한 사이트는 다음과 같다.

글로벌 마켓 트렌드 분석에 도움이 되는 사이트

사이트	주소
구글 트렌드	trends.google.co.kr/trends
한국무역협회 무역 뉴스	www.kita.net/newsBoard/domesticNews/list_kita.jsp
KOTRA 해외 시장 뉴스	news.kotra.or.kr/kotranews/index.do
eCommerce Bytes	www.ecommercebytes.com

판매를 시작한 후부터는 그 카테고리에서 어떤 상품이 잘 팔리는지, 어떤 셀러가 잘 파는지를 꼼꼼하게 기록하고 추적해야 한다. 필자의 경우 카테고리가 같은 셀러들을 즐겨찾기에 등록해두고 열흘에 한 번 정도는 모니터링을 한다. 셀러마다 특징과 강점이 있는데, 매일 꾸준히 상품을 등록하는 셀러, 상품 설명 글을 보기 좋게 꾸미는 셀러도 있고, 또 어떤 셀러는 가격 경쟁력이 있는가 하면 다른 셀러는 상품의 구색이 좋다.

또한 같은 카테고리의 상품을 판매하더라도 셀러마다 집중하는 세부 카테고리가 조금씩 다르고 판매 전략도 가지각색이다. 똑같은 상품이라도 이미지, 설명 글, 가격 정책 등 세세한 부분에 차이가 있다. 이러한 다양성 중에서 강점이라고 생각되는 것은 자기 것으로 만들어야 한다. 그대로 베끼라는 말이 아니라 연구하고 흉내도 내보면서 나만의 스타일로 승화시키라는 말이다.

예를 들어 어떤 셀러가 저렴한 가격을 책정해 잘 판매하고 있다면 원가와 마진을 계산해보고, 그 원가로 공급받으려면 어느 정도 수량을 매입해야 하는지 파악한다. 상품 사진을 보기 좋게 잘 찍었다면 어떤 장비를 사용했는지, 포토샵으로 어느 정도 보정했는지 파악해 비슷한 수준으로 맞춰본다. 상품 설명 글을 HTML 태그로 깔끔하게 정리했다면 HTML을 배우거나 툴을 사용해 개선한다. 《드래곤볼》에서 셀이라는 괴물이 인조인간 17호, 18호를 흡수해 완전체가 되었던 것처럼 다른 셀러들의 강점을 흡수한다면 강력한 완전체 셀러가 될 수 있다.

더 저렴하게, 더 좋은 상품을 매입하는 방법

상품 매입은 제조사나 유통업자로부터 상품을 구입해 공급받는 것을 말한다. 상품의 유통 과정은 일반적으로 제조사 → 총판, 도매업자 → 소매업자 → 소비자를 거치며, 각 과정에서 비용이 발생하므로 당연히 상위 단계로 올라갈수록 매입 가격이 낮아진다. 셀러의 입장에서 유통의 시작점인 상품 매입은 경쟁 우위를 창출하는 중요한 기회이기도 하다. 누구나 쉽게 구해서 판매할 수 있는 상품은 경쟁이 치열하고 수명이 짧을 것이다. 반대로 남들이 구하지 못하는 상품을 구할 수 있다면, 게다가 더 저렴한 가격에 매입할 수 있다면 큰 수익으로 이어진다.

성공한 셀러들은 발로 뛰어 상품을 매입해야 한다고 하나같이 말한다. 판매 상품을 선정한 후 많은 시간 투자와 노력이 병행되어야 하는 단계인 상품 매입은 거래처 탐색, 섭외, 협상, 계약에 이르는 과정을 거친다. 하지만 여기서 끝이 아니다. 거래를 튼 업체와 지속적으로 거래하면서 인간적인 친분과 사업적인 파트너십을 공고히 다져야 비로소 안정적인 공급 라인을 확보할 수 있다.

다행히 우리나라는 인터넷 환경과 온라인 마켓이 아주 발달해 일일이 찾아다니지 않아도 어느 정도는 온라인상에서 상품 매입처를 찾고 비교적 쉽게 매입도 할 수 있다. 온라인 마켓의 가격 경쟁이 워낙 치열하다 보니 오픈 마켓의 소매가나 도매업자로부터 매입하는 가격에 큰 차이가 없는 경우도 비일비재하다.

자신의 인적 네트워크를 점검해 주위 사람에게 도움을 받을 수 있는지 알아보는 것도 상품 매입에 도움이 된다. 가족과 가까운 친인척, 지인 가운데 제조나 유통업에 종사하는 사람이 있다면 보다 쉽게 상품을 공급받을 수도 있을 것이다. 필자의 경우 귀금속을 제작하는 대학 동기, 휴대전화 액세서리를 제작하는 동아리 후배, 인터넷 쇼핑몰을 운영하는 고교 동창 등의 도움을 받아 상품을 매입했다.

상품 매입은 유통 과정의 단계, 매입 방식, 매입 규모 등 계약 조건에 따라 소매점 및 오픈 마켓을 통한 매입, 도매 사이트를 통한 매입, 제조사 및 총판을 통한 매입으로 구분할 수 있다.

01_ 소매점 및 오픈 마켓을 통한 매입

오프라인 소매점 및 온라인 오픈 마켓을 통한 매입은 가장 쉽고 흔하며 특별할 것이 없는 상품 매입 방법으로, 글로벌 마켓에서 활동하는 셀러 중 절반 이상이 이렇게 상품을 준비하고 있다. 소매가로 상품을 매입하는데 어떻게 가격적인 면에서 경쟁력이 있는지 의구심이 들 수도 있겠지만, 매입한 상품을 우리나라가 아닌 해외에 있는 바이어에게 판매하기 때문에 가능한 일이다. 글로벌 마켓에서 상품을 구매하는 바이어의 입장에서는 셀러가 부담하는 수수료, 셀러의 마진과 서비스 비용, 해외 배송비까지 포함된 가격을 지불하는 것이므로 충분히 거래가 이뤄지는 것이다.

해외 바이어가 상품을 구매할 때 지불하는 가격은 단순히 상품 자체의 가격이 아니다. 자신의 소유욕에서 비롯된 기대, 상품의 필요성, 상품이 창출하는 효용성, 자국에서는 구할 수 없는 상품의 희소성, 쉽고 편하게 해외의 상품을 배송받는 서비스, 기타 기회비용을 종합한 가격이 상품 가격이다. 우리가 구매 대행사를 통해 해외의 상품을 구매하는 경우에 비유하자면, 현지의 판매 가격이 더 낮지만 직접 구매하는 데 드는 시간을 절약해주는 점, 혹시 발생할지도 모를 문제에 대한 걱정을 덜어주는 점, 나아가 그 상품이 주는 만족이나 효용 등의 가치를 고려했을 때 구매 대행사에 지불하는 수수료가 합리적이라고 판단하는 것과 같은 맥락이다.

하지만 모든 상품을 소매점 및 오픈 마켓에서 구입해 경쟁력 있게 판매할 수는 없기 때문에 장기적으로는 바람직하지 못하다. 소매점 및 오픈 마켓을 통한 매입 방법은 보통 사업자 등록증이 없는 개인 또는 사업자 등록증이 있어도 자격이나 조건 미달로 제조사나 도매업자로부터 상품을 매입할 수 없는 경우, 제조사나 도매업자로부터 매입 시 수량이나 비용이 부담되는 경우에 유용하다.

이러한 상품 매입을 아마존에서는 RA(Retail Arbitrage)(오프라인 소매점 차익 거래), OA(Online Arbitrage)(온라인 차익 거래) 방식이라고 일컫는다. 미국에서는 소매점 간에도 가격 차가 있고 시장 규모가 워낙 크기 때문에 월마트에서 50달러에 구입해 아마존에서 65달러에 팔아 차액을 챙기는 것(이라고 쓰고 손 안 대고 코 푼다고 읽는다)과 같은 비즈니스도 상당히 활성화되어 있다.

02_ 도매 사이트를 통한 매입

상품을 더 저렴하게 매입하는 일반적인 방법은 유통 과정의 상위 단계인 도매업자로부터 매입하는 것이다. 상품을 도매가로 매입하려면 전문 도매업자와 도매 사이트, 또는 소매 쇼핑몰을 운영하는 사업자를 통해야 한다. 포털 사이트에서 '도매 사이트' 또는 '화장품 도매' 등을 검색했을 때 나오는 정보를 우선적으로 참고해본다.

도매 사이트에 가입하는 데에는 사업자 등록증이 필수이며, 해당 사이트의 절차에 따라 승인을 받아야 가격 열람과 주문이 가능하다. 도매라고 하면 주문 수량이 많아야 한다고 짐작하겠지만 요즘에는 단 1개도 도매가로 주는 곳이 많기 때문에 자신의 판매 주기를 예측해 매입 수량을 결정하면 된다.

포털 사이트에서 검색해 찾을 수 있는 도매 사이트보다 효과적인 채널은 소매 쇼핑몰에서 운영하는 폐쇄몰이다. 많은 소매 쇼핑몰 운영자는 일반 소비자에게 소매가로 상품을 판매하는 동시에 다른 사업자에게는 대량으로 상품을 공급하고 있다. 일반 소비자에게는 공개되지 않는 전용 폐쇄몰을 통해 도매가로 상품을 매입할 수 있는데, 이와 관련된 정보는 소매 쇼핑몰 내 도매 문의 안내에 있거나 해당 업체 담당자에게 직접 연락을 취해 얻을 수 있다.

주요 도매 사이트

카테고리	사이트	주소
종합몰	온채널	www.onch3.co.kr
	도매창고	www.wholesaledepot.co.kr
	오너클랜	www.ownerclan.com
	아이피에스몰	www.ipsmall.kr
	도매토피아	www.dometopia.com
의류	이츠미	itsme.co.kr
	레시	www.lecb2b.com
	우미샵	www.woomishop.com
	스마레	smare.co.kr
	라미넬	www.raminell.com
	코코팩토리	www.cocofactory.net
	문앤리	www.moonnri.com
	제이스윗	www.jsweet.co.kr
	진포스	rooala1.cafe24.com
	리하나비	www.rehanavi.co.kr
	지컬렉션	www.gcol.co.kr
	스타일도매	www.styledome.co.kr
	루시룩	f4dome.com
	담스몰	www.damsmall.com
	진메이드	www.jeanmade.com
	770	770.co.kr
	스타일몰	www.stylemol.co.kr

카테고리	사이트	주소
의류	플룸	www.flroom.co.kr
	데일리도매	dailydome.com
	바이라미	www.byramee.com
주얼리	스타일몬스터	stylemonster.net
	쇼온	showon.co.kr
	쥬얼리비투비	accb2b.co.kr
	비쥬박스	bijoubox.kr
	비엘쥬얼리	www.bl-jewellery.com
	나나캣츠	www.nanacats.net
	퀸액세서리	www.queenaccessory-kr.com
	페도라	www.phedra.co.kr
	핀짱	www.pinjjang.co.kr
	오즈액세서리	www.ozaccessory.co.kr
신발	포마이슈즈	www.formyshoe.com
	미스도나	www.missdona.com
	디디엠슈	www.ddmshu.com
	슈비쥬	www.shoebijou.co.kr
	마르소	www.marso.co.kr
	구두다방	www.shoesdabang.com
	핑크슈	www.pinkshoe.co.kr
	슈라인	www.shuline.co.kr
	걸스굽	www.girlsgoob.com
	피그미	phgmy.com
	신고메고	www.joomengi.com
가방	백이슈	bagissue.kr
	몬스터더블	monster99.co.kr
	잇숄더	itshoulder.com
	리얼백	www.realbag.kr
	백패스	www.bagpass.co.kr
	코베트	www.covette.co.kr
	JK25	www.jk25.co.kr

카테고리	사이트	주소
가방	위클리백	www.wkbag.co.kr
	어반노트	www.urbannote.co.kr
	스타일쿡	www.styleqook.com
	어반브로스	www.ubros.co.kr
화장품·미용	도매집	www.domezip.com
	도매장	www.domejang.co.kr
	쿠보월드	kuboworld.koreanfriends.co.kr
	화장품도매박사	domebaksa.com
	동동구리무	www.ddcos.co.kr/kr
휴대전화 액세서리	펀유	www.funyoucase.co.kr
	1988Y	1988yshop.com
	폰코디	phonecodi.net
	케이스119	case119.co.kr
생활용품	아이토픽	www.itopic.co.kr
	소꿉노리	soggupnoli.com
	캔들박스	candlebox.kr
장난감·애완용품	해피메이트	www.happymate.co.kr
	하비투비	www.hobby2b.com
	비투비	www.btob.co.kr
	수진펫	www.sujinpet.co.kr
	펫토리	www.pettory.com

03_ 제조사 및 총판을 통한 매입

대부분의 상품은 제조하는 공장이나 총판권을 소유한 회사가 있게 마련이다. 인터넷 검색이나 상품 포장지의 정보를 보고 연락을 취해 상품 매입 의사를 밝히고 만남이 이뤄진다면 상품 매입에 절반 이상 성공한 것이나 다름없다. 독점 판매 계약이 되어 있는 경우가 아니라면 자기 상품을 팔아준다는데 마다할 이유가 없을 것이다. 회사의 상품 유통 정책에 따라 본사와 직거래를 하거나 총판을 소개받아 계약서를 작성하는데, 다음은 일반적인 상품 공급 계약서의 일부다.

상품 공급 계약서

○○○ 주식회사(이하 "갑"이라 한다)와 ○○○(이하 "을"이라 한다)은 당사자 사이에 상품의 계속적 공급에 관한 기본적 사항을 약정하기 위하여 다음과 같이 계약을 체결한다.

제1조 (목적)

1) 을은 갑에게 지속적으로 상품을 공급하고, 갑은 이를 매수한다.
2) 갑과 을은 본 계약으로부터 발생한 권리, 의무를 성실하게 이행한다.

제2조 (계약 기간)

1) 본 계약의 계약 기간은 ○○○○년 ○월 ○일부터 ○○○○년 ○월 ○일까지로 한다.
2) 계약 기간 만료 30일 전까지 일방 당사자가 상대방에게 계약 갱신 거절의 의사를 서면으로 통지하지 아니하는 경우 계약 기간은 1년씩 자동 연장된다.

제3조 (상품 공급)

1) 상품 공급 가격은 소비자 가격의 50%로 하며, 부가가치세는 별도로 한다.
2) 상품 공급 가격이 다른 상품일 경우 사전에 이를 공지하여 적용하기로 한다.

제4조 (주문)

갑은 상품의 종류, 품목, 수량, 공급 장소, 공급 기일 등을 명시한 주문서로써 상품을 주문하되, 을의 생산 능력 및 재고를 참작한다.

도매 사이트에서 상품을 매입할 때도 그렇지만 특히 제조사로부터 상품을 매입할 때 가장 중요한 점은 장기적인 관점의 지속적인 거래에 초점을 맞춰야 한다는 것이다. 샘플을 확인한 후 문제가 없다고 판단되면 계약을 진행하며, 거래 초기에는 제조사가 요구하는 조건을 대부분 받아들이는 것이 좋다. 처음에는 가격이나 조건 등이 불리할 수도 있지만 거래량을 조금씩 늘리면서 신용을 쌓아나가면 매입자에게 유리한 방향으로 거래를 이끌 수 있다.

Chapter
04

상품 등록이
명함이다

상위 노출 알고리즘을 알아야
상품이 팔린다

　　　　　　　　　　모든 글로벌 마켓 플랫폼은 상품 노출 순위를 정하는 고유의 알고리즘을 갖고 있다. 이 알고리즘을 정확히 이해하고 다양한 기준에 최적화해 리스팅을 하면 노출 순위를 좀 더 높일 수 있다. 상품이 더 노출될수록 페이지 조회수와 판매량이 많아지는 것은 당연한 일이다. 앞서 설명했듯이 이베이와 아마존에서는 유료 광고가 노출도 상승에 큰 영향을 미치지 않기 때문에 결국 셀러의 역량이 매우 중요하다.

　필자의 경우 그동안 등록한 상품이 족히 5만 개는 될 것이다. 그중에는 5000개 이상 판매된 상품도 있고, 8년이 지났는데도 꾸준히 판매되는 상품이 있는가 하면, 단 하나도 팔지 못한 상품도 있다. 그런데 이처럼 수많은 상품을 등록하는 과정을 반복하다 얻은 결론이 있다. '셀러의 영혼이 담기지 않은 리스팅은 잘 판매되지 않는다.' 다시 말해 상품 등록은 정확하고, 자세하고, 꼼꼼하게, 열심히 해서 완성도를 높여야 하는 중요한 업무다. 바이어에게 상품을 더 잘 보여줄 수 있도록 다양한 방법을 시도하고 노력을 기울여야만 빛을 발하며, 성의 없이 대충 등록한 상품은 잘 팔리지 않는 법이다.

각 플랫폼에서는 상품 노출 순위를 정할 때 다양한 요소를 반영한다. 이때 셀러가 활용할 수 있도록 가이드를 제공하기도 하지만 셀러는 물론 대중에게 공개하지 않는 내용도 있다. 상품 노출 순위에 반영되는 요소는 상품 등록 과정의 세세한 내용과 관련된 내부적 요소와 상품 등록 외에 셀러의 서비스, 평가 등급과 같은 외부적 요소로 구분할 수 있다.

상품 노출 알고리즘에 적용되는 요소

내부적 요소	외부적 요소
카테고리, 상품 타이틀, 상품 사진, 상품 세부 정보, 상품 설명 글, 판매 가격과 재고 수량, 결제 수단, 배송 수단과 배송비, 반품 규정	상품의 인기도, 셀러 퍼포먼스, 운영 상품 수, 판매 기록

이어지는 절에서는 글로벌 마켓 비즈니스의 가장 중요한 실행 단계인 리스팅과 관련된 내용을 소개하겠다. 각 플랫폼이 셀러에게 권장하는 가이드, 그리고 플랫폼이 밝힌 것은 아니지만 수많은 셀러의 검증을 거쳐 노출 상승에 효과적이라고 증명된 요소를 정리했으니 '퍼펙트 리스팅을 위한 절대 원칙'으로 삼길 바란다. 다른 셀러가 하는 방법이 좋아 보여서 무작정 따라 하거나, 귀찮아서 또는 잘 몰라서 원칙을 무시하고 대충 리스팅할 바에는 차라리 하지 않는 것이 낫다. 어차피 잘 팔리지 않을 테니 말이다.

완성도 높은 상품 등록을 하는 노하우

상품 노출에 가장 직접적으로 영향을 미치는 요소는 바로 리스팅 그 자체의 내용이다. 간략하게 정리하면 '완성도가 높고, 바이어의 검색과 더욱 관련되며, 경쟁력 있는 가격 및 배송 서비스를 제공하는 리스팅'일수록 높은 순위를 차지한다.

01_ 카테고리를 올바르게 선정하라

수많은 카테고리 분류 체계 중에서 상품과 가장 잘 어울리는 카테고리를 선택해야 한다. 간혹 Variation이라는 옵션 값을 사용하기 위해 Variation을 지원하지 않는 카테고리의 상품을 Variation을 지원하는 카테고리로 변경해서 등록하는 경우가 있다. 예를 들어 'CD만 판매', 'CD와 포스터를 함께 판매'를 구별해서 리스팅을 하려는 경우를 생각해보자. 이때 Music 카테고리는 Variation을 지원하지 않기 때문에 Variation을 지원하는 의류 등의 카테고리로 등록한다면 아주 잘못된 것이다. 어떤 카테고리로 설정해야 할지 애매하다면 동종 상품을 검색해보고 카테고리를 참고하는 것이 좋다.

02_ 바이어가 검색하는 키워드로 타이틀을 설정하라

상품 등록에서 타이틀 설정은 바이어의 검색과 가장 직접적으로 관련된 부분이다. 좋은 타이틀이란 바이어가 검색하는 데 주로 사용하는 키워드가 잘 반영되고, 상품의 속성과 특징을 명확하게 알 수 있도록 구성된 것을 말한다. 이베이는 80자, 아마존은 250자, 엣시는 140자, 보낸자는 80자까지, 라자다는 제한 없이 타이틀을 작성할 수 있는데 이 글자 수를 최대한 활용하는 것이 좋다. 한 단어라도 더 넣음으로써 검색 결과에 노출될 확률이 높아지기 때문이다.

규정으로 정해지지는 않았지만 상품 타이틀은 '브랜드명, 핵심 키워드, 연관 키워드'의 순서로 나열하는 것이 일반적이다. 그리고 키워드 순서의 흐름은 'Shirts Classic Fit Mens'처럼 문법상 어색하면 안 된다. 주로 사용되는 키워드는 상품의 종류, 브랜드, 모델명, 색상, 크기, 재질, 기타 구성품, 자체적으로 상품을 구분하기 위해 부여하는 상품 코드 등이다. 각 키워드는 상품의 속성을 명확하게 반영해야 하며, 가독성을 위해 각 단어의 첫 글자는 대문자로, 나머지는 소문자로 쓰는 것이 좋다. 또한 같은 단어를 중복하지 말고 마침표·쉼표·괄호 등의 문장 부호는 최대한 자제하며, 상식적으로 상품과 관련이 없는 스팸 키워드도 사용하지 말아야 한다.

03_ 보는 것이 믿는 것, 품격 있는 사진을 사용하라

온라인 마켓에서는 바이어가 상품을 직접 눈으로 보지 않고 구매를 결정해야 하므로 상품 사진이 매우 중요하다. 아마존은 1000픽셀, 엣시는 570픽셀, 이베이·보낸자·라자다는 500픽셀이 최소 크기이지만, 이 최소 크기에 맞추기보다는 1600픽셀의 정사각형 이미지를 사용하는 것이 가장 좋다.

재고를 보유하지 않은 경우에는 보통 제조사의 상품 사진을 사용하곤 하는데 이런 사진은 대개 500픽셀 정도다. 그렇다고 이를 1000픽셀 이상으로 늘리면 해상도가 나빠서 상품을 제대로 볼 수 없으므로 상품 사진은 되도록 직접 촬영하는 것이 좋으며, 상품의 장점이 최대한 부각되도록 창의적으로 찍은 것을 대표 사진으로 내세운다. 자신이 찍은 상품 사진을 등록하는 것 또한 다른 셀러들과의 경쟁에서 밀리지 않는 데 중요한 요인이다.

글로벌 마켓 플랫폼 가운데 이베이와 라자다를 제외하고는 상품 설명 글에 이미지 호스팅을 사용할 수 없다. 우리나라 온라인 마켓에서는 대표 사진을 1~2장만 올리고 상품 설명 글에서 이미지 호스팅으로 상세한 사진을 보여주는 것이 일반적이지만 글로벌 마켓에서 이렇게 하면 노출 알고리즘의 점수가 낮아진다. 따라서 상품을 다양한 각도에서 촬영한 사진을 모두 올려야 한다. 이베이와 보낸자는 12장, 아

◆ 제조사의 상품 사진을 사용할 때는 다른 셀러보다 더 돋보이게 처리한다.

마존과 엣시는 10장, 라자다는 8장을 등록할 수 있는데 이를 최대한 활용하여 노출에 불리함이 없도록 하는 것이 좋다.

◆ 유튜브에서 'light box'를 검색하면 제작 및 활용 예를 볼 수 있다(위: Savvy Seller/아래: Himalaya Studio).

전문가처럼 사진을 찍고 보정할 자신이 없어서 직접 하기가 부담스러울 수도 있을 것이다. 또한 장비가 필요하고 시간도 들지만 이는 경쟁우위를 위한 투자로 생각해야 한다. 글로벌 마켓에 올리는 상품 사진은 전문가가 촬영한 것이 아니어도 괜찮다. 과도하게 보정한 사진을 올렸다가 바이어가 실제 상품을 받아 보고 실망해서 클레임을 거는 일도 있으므로 정확하게 있는 그대로 상품을 보여주는 데 초점을 맞춰야 한다. 전문적인 장비를 구비해도 좋지만 상자와 흰 도화지, 스탠드를 활용해 라이트박스를 만들면 배경을 깔끔하게 처리할 수 있을 것이다.

상품 사진을 촬영할 때는 손 떨림으로 상품에 포커스가 정확하게 맞지 않았는지, 화이트 밸런스의 설정으로 색상이 실제와 다르게 왜곡되지 않았는지, 배경의 여백이 너무 많아서 상품을 잘 알아볼 수는 없는지 등에 주의해야 한다. 그리고 판매 상품이 아닌 장식품이 함께 찍혀 바이어의 오해를 사지 않아야 하며, 시선을 끌 수 있도록 이미지에 텍스트나 테두리를 삽입하는 데에도 신경을 써야 한다.

04_ 상품의 세세한 이력을 꼼꼼히 기재하라

상품의 브랜드, 제조 국가, 바코드, 제조사 번호, 재질 등의 세부 정보는 글로벌 마켓 플랫폼에서 'Item Specific', 'More Details'와 같은 항목에 들어간다. 이베이, 아마존, 엣시, 라자다는 상품의 세부 정보를 기재하도록 되어 있지만 필수로 지정된 항목이 많지 않다. 그래서 많은 셀러는 세부 정보를 기재하는 데 소홀한 경향이 있는데, 이는 상품 노출 알고리즘에서 좋은 점수를 받을 수 있는 기회를 스스로 놓쳐버리는 것이나 다름없다.

상품의 세부 정보는 최대한 많이, 자세히, 충실하게 기재해야 한다. 특히 아마존에서는 세부 정보의 내용이 부족할 경우 리스팅의 완성도가 떨어진다는 이유로 리스팅과 판매가 강제로 중지될 수도 있다. 또한 라자다에서는 상품이 바이어에게 노출되기 전에 세부 정보의 항목을 검수해 리스팅 여부를 판단하기도 한다.

05_ 상상력을 자극하는 설명 글을 작성하라

상품 설명 글은 리스팅의 꽃이다. 셀러는 자신의 브랜드를 효과적으로 홍보할 수 있는 브랜드 스토리, 브랜드의 전체적인 콘셉트와 맞아떨어지는 색상과 폰트 등을 사용한 디자인, 정확하고 깔끔한 설명, 간결하게 정리된 판매 정책을 더해 독자적인 상품 설명 글을 작성해야 한다. 이렇게 잘 기술된 상품 설명 글은 바이어로 하여금 상품을 사용하는 상황을 상상할 수 있게 해준다. 상품을 통해 얻는 혜택과 경험이 잘 전달된다면 상품 설명 글은 단순히 상품을 소개하는 차원을 넘어 셀러를 신뢰하게 만들고 구매를 촉진하는 또 다른 얼굴이 될 것이다.

모든 플랫폼에서 상품 설명 글은 바이어가 상품 정보를 얻을 수 있는 가장 중요한 부분이다. 좋은 상품 설명 글은 ① 상품에 대한 정확한 정보를 제공하고, ② 바이어가 이러한 정보를 통해 구매를 결정하게 하며, ③ 상품을 받은 후 불만이나 클레임 등의 문제가 발생하지 않도록 작성된 것이다. 그러므로 셀러의 입장에서는 상품 설명 글에 상품의 정보를 최대한 자세하게 기재하는 것이 최우선 과제다. 일반적으로 브랜드, 스타일, 모델명, 크기, 재질, 제조사, 제조 일자, 제조 국가, 바코드, 호환 가능한 기종, 사용법, 상태와 특징 등을 명확하고 간결한 전문 용어를 사용해 200개 정도의 단어로 기재한다. 만약 상품에 결함이 있다면 감추지 말고 명확하게 밝히며, 상품과 관계없는 스팸 키워드를 사용하거나 키워드를 감춤 처리하지 않도록 한다.

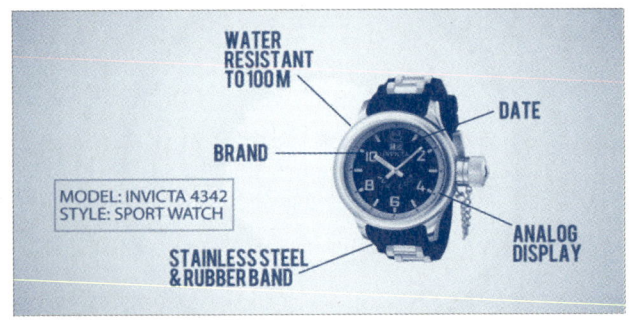

◆ 상품의 구성 요소와 속성에 관한 정보를 상품 설명 글에 기재한다.

> **ⓘ 파워 솔루션**
>
> 다음은 상품 타이틀과 설명 글의 바람직한 예시다.
>
> **[예시 1]** Apple iPhone 5 Latest Model 16GB White & Silver Smartphone
> A slim and stylish design makes the Apple iPhone 5 lightweight and easy to carry around.
> – Phone is 4 months old and in great condition.
> – Rechargeable Li-Ion Battery
> – Comes with charger and screen protector.
> – Up to 480 minutes of talk time
> – 4-inch Retina display with a resolution of 1136×640 pixels
> – Packed with great features!
>
> **[예시 2]** Shure BETA 58A Supercardioid Dynamic Microphone with High Output Neodymium Element for Vocal/Instrument Applications
> In the tradition of the SM58®, the Beta 58A dynamic microphone has become a top choice among vocalists and touring sound professionals. The Shure Beta 58A is a high-output supercardioid dynamic vocal microphone designed for professional sound reinforcement and project studio recording. It maintains a true supercardioid pattern throughout its frequency range. This insures high gain-before-feedback, maximum isolation from other sound sources, and minimum off-axis tone coloration. The Beta 58A has a shaped frequency response that is ideal for close-up vocals. The superb performance of this microphone is not affected by rough handling, because of rugged construction, proven shock mount system, and hardened steel mesh grille help protect it from damage. Typical applications for the Beta 58A include lead vocals, backup vocals, and speech.

[예시 3] Levi Strauss Women's Medium Red Leather Jacket
Up for sale is this beautiful red leather jacket. This jacket is pre-owned and shows some wear around the cuffs, but is still in great condition—no rips, stains, or holes. Kept in a smoke-free environment. Loaded with swagger! Rock this jacket out on the town with your black jeans and moto boots!
Size: Medium
Color: Burgundy red
Fabric: leather
Lining: cotton

아마존과 엣시에서는 상품 설명 글의 폰트, 크기, 색상 등을 수정할 수 없지만 이베이, 보낸자, 라자다에서는 자유롭게 변경할 수 있다. 하지만 다양한 폰트와 색상은 바이어에게 좋은 인상을 주지 못하므로 되도록 12~14 크기의 검은색 Arial 폰트를 사용하는 것이 정석이다.

앞서 언급했듯이 아마존과 엣시에서는 상품 설명 글에 이미지 호스팅을 사용할 수 없지만 이베이, 보낸자, 라자다에서는 이미지 호스팅을 활용해 많은 이미지를 추가로 보여줄 수 있다. 한국 셀러는 우리나라 온라인 마켓에서처럼 이미지 호스팅을 하는 방법을 즐겨 사용하지만 글로벌 마켓에서는 절대 유용하지 않다. 대부분의 바이어는 상품 설명 글이 아닌 상품 이미지 섹션에서 상품의 정보를 확인하며, 우리나라처럼 빠른 인터넷 환경이 아니라면 이미지 로딩에 오랜 시간이 걸려 불편함을 느끼기 때문이다.

또한 상품 설명 글에 이미지 호스팅을 사용하지 말라는 결정적인 이유로 구글의 정책 변화를 꼽을 수 있다. 구글은 2014년 지메일을 항상 https로 연결하는 등 웹 페이지와 통신 암호화하는 https 연결을 적극 도입했다. 그래서 크롬 브라우저에서 https가 아닌 홈페이지에 접속하면 '안전하지 않음Not Secure'이라는 경고 메시지가 나타난다. 이 정책은 지속적으로 확대되어 향후 https를 적용하지 않은 모든 홈페이지에 대해 경고 메시지가 나타날 것이며, 크롬뿐 아니라 파이어폭스 등 다른 브라우저도 여기에 동조하고 있다. 이베이, 보낸자, 라자다의 바이어 중 절반 이상이 크롬을 사용하고 있기 때문에, 만약 이미지 호스팅을 활용해 상품 설명 글을 작성하면 http로 링크된 콘텐츠가 제대로 노출되지 않거나, 'See full item description'과 같은 버튼을 한 번 더 클릭해야만 상품 설명 글을 볼 수 있는 불편함을 초래하게 된다. 따라서 이미지 호스팅은 꼭 필요한 경우에만 최소한으로 사용하되 https 페이지로 만들어야 한다.

최근에는 모바일의 사용이 급격히 증가함으로써 모바일에 노출되는 상품 페이지의 형식도 매우 중요해졌다. 일반적으로 셀러는 컴퓨터로 상품 설명 글을 작성하기 때문에 컴퓨터 기반의 형식에만 신경 쓰게 된다. 하지만 글로벌 마켓의 바이어 중 절반 이상은 모바일로 상품을 확인하고 구매하므로 상품 설명 글이 모바일에서도 최적화된 구성으로 보이는지 반드시 확인해야 한다.

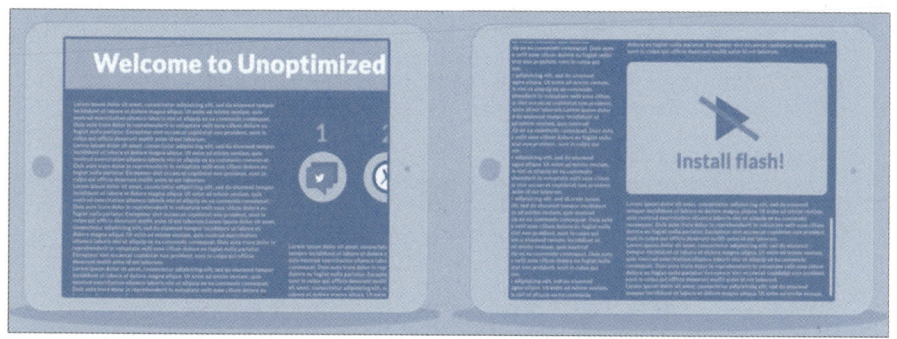

◆ 컴퓨터에서는 제대로 보이는 상품 설명 글이 태블릿이나 모바일에서는 위 그림처럼 보일 수도 있다.

만약 위 그림과 같이 상품 페이지가 모바일에서 호환되지 않아 바이어가 불편을 겪는다면 구매를 기대하기 어렵다. 따라서 지나친 콘텐츠, 특히 자바스크립트, 플래시, 플러그인 등의 액티브 콘텐츠active contents를 사용하지 말고, 모바일 페이지에 최적화된 HTML 코드인 수평 스크롤horizontal scrolling, 뷰포트 메타태그viewport meta tag를 활용해야 한다. 이베이는 이로 인한 문제가 심각했던 탓인지 상품 설명 글 작성 페이지에서 Mobile-friendly checker 기능을 제공하므로 손쉽게 코드를 추가해 모바일에 최적화된 상품 페이지를 만들 수 있다.

한편 아마존을 제외한 글로벌 마켓 플랫폼에서는 셀러의 판매 정책을 안내할 필요가 있다. 셀러의 모든 판매 상품에 공통적으로 적용되는 판매 정책은 결제 수단, 배송 수단 및 특징, 반품이나 환불 절차에 대한 고객 서비스 등으로 구성된다. 판매

① 결제 방법

We accept PayPal only. Paypal is the best and only acceptable payment option for buying our products. We require payment within 3days of purchase.

② 배송 수단과 배송비

All purchased items from our listings will be shipped from South Korea through Korea Post. Average shipping time to most of countries usually takes 2-3 weeks. Basically, we provide Free registered mail shipping with tracking number. If you want quick delivery, please upgrade shipping method to Expedited shipping. Shipments are processed once payment clears and shipped within three business days depending upon the product.

③ 반품 및 고객 서비스

We accept return for any reason. Items must be returned within 30 days of purchase in original, unused condition (including all packaging and tags). You will receive a refund for the cost of the merchandise after returned items arrived. We are dedicated to our customers and feel you should receive the personal attention you deserve. Have questions or comments? Feel free to contact us. We usually send response within 24 hours.

정책의 분량이나 형식의 제한은 없지만 너무 방대하면 바이어가 내용을 파악하는 데 지루함과 번거로움을 느끼게 되고 꼭 알아야 할 내용을 놓칠 수 있으므로 배송 수단 및 특징 위주의 핵심 내용을 담는 것이 바람직하다. 판매 정책은 일반적으로 다음과 같이 작성한다.

06_ 경쟁력 있는 가격을 책정하고 재고를 넉넉히 보유하라

바이어가 구매를 결정하는 데 가장 민감하게 작용하는 요인은 상품의 가격이다. 이는 특히 아마존에서 심한데, 모두 FBA로 배송하고 셀러 퍼포먼스가 비슷하다는 가정하에서는 최저가인 상품이 Buy Box가 될 확률이 높고 이 상품이 전체 판매량의 대부분을 차지할 것이기 때문이다. 즉 가격 경쟁에서 밀리면 아예 판매를 기대할 수 없으므로 다른 글로벌 마켓보다 가격 경쟁이 치열하다. 아마존에서는 자동으로 최저가를 유지할 수 있는 'Pricing' 기능도 제공하며, 이를 위한 외부 사이트 툴도 다양하게 마련되어 있다.

그나마 이베이, 엣시, 보낸자, 라자다에서는 가격 외적인 요소, 예를 들면 셀러의 브랜드, 신뢰도, 전문성, 판매 상품의 수, 상품의 독창성이나 희귀성, 연계해서 구매 가능한 상품 제공 여부, 친절한 서비스, 마케팅 등으로 경쟁력을 발휘할 수 있는 기회가 있다. 화장품이나 전자 제품과 같이 경쟁이 치열한 일부 카테고리를 제외하고는 아마존에서처럼 0.01달러 단위의 민감한 가격 경쟁에 신경 쓸 필요가 없다. 그러나 최근에는 이베이에서도 상품의 데이터베이스를 기반으로 다른 셀러들의 판매 가격을 함께 표시하기도 하므로 가능하다면 가격 경쟁력을 확보해야 한다.

대부분의 셀러는 같은 상품을 취급하는 셀러들의 가격을 조사한 후 최저가를 기준으로 가격을 설정하곤 한다. 하지만 한 가지 유념할 점은, 자금력이 좋아서 매입에 상당한 경쟁력이 있지 않은 한 다른 셀러의 최저가를 무너뜨리는 일을 자제해야 한다는 것이다. 아마존은 플랫폼의 구조적 특성상 가격 경쟁이 당연시되지만 다른 플랫폼에서는 최대한 최저가를 지켜줘야 한다. 다른 셀러가 따라올 수 없을 만

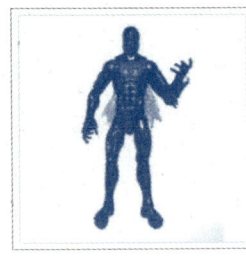

◆ 이베이에서는 상품 가격 밑에 다른 셀러들의 판매 현황과 최저 가격을 보여준다. 이처럼 이베이에는 아마존을 모방한 사례가 종종 있다.

큼의 원가 우위가 아니라면 되도록 최저가를 준수해 상생하는 방향으로 나아가는 것이 불문율이자 상도덕이다. 아마존을 제외한 플랫폼에서는 다른 셀러들보다 조금이라도 낮은 가격을 제시한다고 해서 모든 바이어가 최저가 상품을 구입하는 것도 아니다.

그리고 가격을 책정할 때는 반드시 마진을 계산해야 한다. 믿기 어렵지만 활동 중인 셀러 중에 제대로 마진을 계산해보지도 않는 이들이 있다. 남들이 책정한 가격을 아무 생각 없이 따라 하는 것은 위험한 일이다. 다른 셀러들의 경쟁력에 미치지 못하면서 같은 가격에 판매하다가는 마진이 낮다 못해 역마진이 발생할 수도 있다. 계속 판매되고 매일 리스팅, 포장, 발송을 하는 데에도 뒤돌아보면 남는 이익이 거의 없거나 오히려 손해를 보기도 하는 것이다.

게다가 글로벌 마켓 비즈니스에는 클레임이나 배송 문제로 인한 손실의 위험도 있다. 나름 가격 경쟁력을 갖추겠다고 남들보다 가격을 조금 낮춰 많이 판매하더라도 그 과정에서 몇 건의 클레임과 미도착, 반송, 분실 등의 문제가 발생하면 예상치 못한 손해를 입을 수도 있기 때문이다. 정산해보니 남은 것이 없다면 이게 무슨 비즈니스란 말인가. 이런 셀러들은 억울하게 이베이, 아마존, 우체국의 배만 불려줬다고 볼멘소리를 하면서 글로벌 마켓이 발전 가능성 없고 수익을 낼 수 없는 레드오션이라고 비난한다.

하지만 간단한 엑셀 수식으로 예상 마진을 계산해 이를 토대로 가격을 책정한다면 이런 일을 피할 수 있다. 먼저 글로벌 마켓 플랫폼의 수수료율을 확인해보자. 일반적으로 수수료는 다음과 같이 구분된다.

- 상품을 등록할 때 지불하는 등록 수수료 insertion fees
- 상품이 판매되면 지불하는 판매 수수료 final value fees
- 전자결제 시스템을 통해 상품 판매 대금을 받을 때 지불하는 결제 수단 수수료 payment gateway fees
- 스토어, 프로페셔널 플랜 등 각종 유료 툴 이용료 subscription fees

글로벌 마켓 플랫폼의 수수료 체계

플랫폼	등록 수수료	판매 수수료	결제 수단 수수료	툴 이용료	평균 적용 수수료
이베이	0.35달러[10]	3.5~10%[11]	3.9%+0.30달러[12]	21.95달러[13]	15%
아마존		8~25%[14]	2%[15]	39.99달러[16]	20%
엣시	0.20달러[17]	3.5%	3.9%+0.30달러		8%
보낸자		3.5%	3.9%+0.30달러		8%
라자다		6~12%[18]	2%		12%

---

[10] 30일 기준이며, 스토어를 사용할 경우 스타터, 베이직, 프리미엄, 앵커, 엔터프라이즈의 무료 리스팅 개수는 고정가 기준 각각 100개, 250개, 1000개, 1만 개, 10만 개다.

[11] 카테고리에 따라 다르지만 스토어를 이용하지 않으면 10%, 이용하면 9.15%로 계산하는 것이 일반적이다.

[12] 페이팔 기준이며, 매월 결제받는 금액에 따라 최대 3.2%+0.30달러까지 추가 할인을 받을 수 있다.

[13] 베이직 스토어를 연간 구독하는 경우의 한 달 이용료다.

[14] 아마존은 개인 셀러와 프로페셔널 셀러로 구분되며, 개인 셀러의 경우 판매 수수료에 0.99달러가 추가된다. 아마존은 카테고리별로 판매 수수료의 차이가 큰데 대부분 15%의 수수료율이 적용된다.

[15] 아마존에서 페이오니아로 입금될 때는 수수료가 없으며 페이오니아의 달러를 원화로 인출할 때 2%의 수수료를 지불한다. 월드퍼스트는 수수료가 더 저렴하다.

[16] 프로페셔널 셀러의 한 달 이용료다.

[17] 120일 기준의 수수료다.

[18] 라자다의 판매 수수료는 'commission(카테고리에 따라 1.5~12%가 청구되며 보통 4~7%)+commission의 6%+payment fee(2%)+payment fee의 6%'를 더한 총합이 부과된다.

다음과 같이 엑셀 수식으로 마진을 계산하면 자신의 상품뿐 아니라 다른 한국 셀러들의 판매 가격에 대한 마진도 가늠해볼 수 있다. 계산해봤을 때 마진이 너무 적다면 그 상품을 포기하는 것이 바람직하다. 글로벌 마켓에서 거래되는 것은 무궁무진하니 많이 탐색하고 조사하다 보면 자신만의 상품을 발굴할 수 있을 것이다.

		SUM(A:B)		ABS(C/D)		SUM(F*0.85)	SUM(G-E)	SUM(H*D)
A	B	C	D	E	F	G	H	I
마진 계산기								
매입가격	배송비용	합계	환율	최종원가	판매가격	순수익	달러마진	원화마진
50000	10230	60230	1100	$54.75	80.00	$68.00	$13.25	14,570

- **A**: 상품을 매입하는 가격을 기입한다. 배송비가 든다면 반드시 포함해야 한다.
- **B**: 포장한 상품의 무게를 측정해 그 배송비를 기입한다. 배송비는 통상적으로 3지역의 요금을 기준으로 하며, 배송 부자재에 들어가는 비용도 추가하는 것이 좋다.
- **C**: A와 B의 합계, 즉 매입 가격과 배송비의 합계다.
- **D**: 환율은 페이팔의 경우 현금을 팔 때의 금액보다 15원 정도 낮게, 페이오니아의 경우 현금을 팔 때의 금액 정도를 기준으로 최근의 평균 환율 또는 예상 가능한 하락 환율의 마지노선을 보수적으로 기입한다.
- **E**: C에 환율을 적용한 달러 기준 최종 원가다.
- **F**: 판매하고자 하는 가격을 기입한다. 다른 셀러의 마진을 알아보고자 할 때는 예상되는 매입 가격과 배송비, 그 셀러의 판매 가격을 기입한다.
- **G**: F의 가격으로 판매할 때 부과되는 수수료를 제외한 금액이 순수익으로 나타난다. 이베이는 약 15%, 아마존은 약 20%로 잡고 이를 제외한 백분율을 수식에 입력한다.
- **H**: 순수익에서 최종 원가를 제외한 달러 마진으로, F에 가격을 기입하는 즉시

반영된다.
- I: H의 달러 마진과 환율을 곱한 한화 마진이다.

위와 같이 수식을 만들어 활용하면 실질적인 마진을 한눈에 확인할 수 있다. 흔히 마진을 계산할 때 마진율(%)에 집착하는 셀러가 많은데 판매 초기에는 마진 금액을 확인하는 것이 더 쉽다. 판매 가격에 따라 마진율의 의미가 달라지기 때문이다. 예를 들어 마진율이 50%라도 판매 가격이 10달러라면 실속이 없지만, 마진율이 8%라도 판매 가격이 150달러라면 실익이 크다. 사업이 확장되면 고정 비용, 예비 비용, 세금 등 계산할 것이 많아져서 보다 세부적인 정산이 필요하겠지만, 초심자의 경우에는 산수 수준으로 계산해 직접 눈으로 확인하는 것이 훨씬 효율적이다.

필자의 목표는 예나 지금이나 한결같다. 1개를 팔 때 5000원씩 마진을 남기고 1시간에 1개씩 판매하자는 것이다. 그러면 한 달 수익이 360만 원으로 개인사업자로서는 충분히 만족할 만한 정도다. 필자는 이 목표를 가계 유지의 기준점으로 삼아, 만약 달성하지 못했을 때는 스스로 더욱 분발하고 목표를 넘어섰을 때는 최소한의 밥벌이는 했다는 안도감을 느끼면서도 더 높은 목표로 나아가는 자신감을 가질 수 있었다.

위의 마진 계산 수식은 아마존의 FBM Fulfillment By Merchant, 즉 셀러가 직접 우체국을 통해 상품을 발송하는 경우를 기준으로 한 것이다. 그러나 아마존에서는 FBA를 통해 판매하는 것이 가장 일반적이고 쉬운 방법으로, 이 경우에는 수식에 입력하는 값의 개념이 조금 다르다. 배송비는 한국에서 미국 FBA 창고로 보낼 때의 비용으로, 만약 100개의 상품을 FBA 창고로 보내는 데 15만 원이 들었다면 배송비에 1500원을 기입하면 된다. 그리고 FBM의 경우에는 수수료를 약 20%로 잡았지만 FBA를 이용하면 수수료를 구체적으로 확인할 수 있다.

이 수수료는 FBA 창고에서 바이어에게 상품을 보내는 데 들어가는 비용도 포함하므로, 판매 가격 대비 FBA 수수료를 포함한 총수수료, 여기에 페이오니아 인출

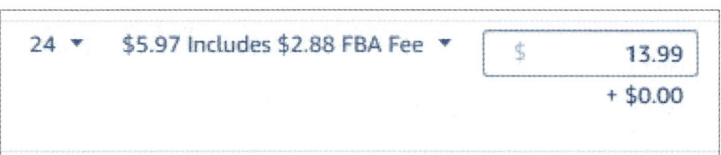

◆ FBA 입고 후 판매 가격을 기입하면 FBA 수수료가 포함된 총수수료가 나온다. 이 경우는 판매 가격이 워낙 낮은 편이라 총수수료가 무려 42%에 달한다.

수수료까지 더하면 정확한 수수료를 계산할 수 있다. 만약 판매 가격이 40달러이고 FBA 수수료를 포함한 아마존 총수수료가 10달러라면 25%이며, 여기에 페이오니아 인출 수수료 2%를 더하면 된다. 그렇다면 FBA 창고로 보내는 상품 전량의 마진도 한 번에 계산할 수 있다.

한편 라자다의 경우 셀러가 바이어에게 직접 상품을 배송할 수 없으며 자체 물류 서비스인 LGS Lazada Global Shipping를 이용해야 한다. 셀러가 라자다 서울 물류센터로 상품을 보내면 서울 물류센터에서 홍콩 물류센터로 이동해 바이어에게 배송하는 방식이다. 이때 부과되는 배송비는 수수료에서 차감되므로 마진 계산 수식의 배송비에는 라자다에서 부과하는 비용과 국내 택배비를 더해서 기입해야 한다.

그런데 상품의 판매 가격을 계산하는 데 왜 배송비를 포함하는지 의문을 품는 독자도 있을 것이다. 모든 배송비가 판매 가격에 포함되니 표면적으로 바이어에게 보이는 배송비는 0, 즉 무료 배송이니 말이다. 이렇게 된 이유가 있다.

몇 년 전만 해도 대부분의 글로벌 마켓에서 바이어들 사이에 상품 가격은 저렴한데 배송비가 비싸다는 인식이 팽배했고, 이는 특히 해외 셀러에게 부정적으로 작용했다. 당시에 셀러들은 배송 부자재, 배송에 소비되는 인력과 시간 등을 반영한 비용 handling fees도 배송비에 추가해, 실제 우편 요금이 10달러여도 배송비로 15~20달러를 받곤 했다. 실제로 많은 셀러는 판매에 들어가는 수수료를 배송비의 차액으로 충당하기도 했다.

하지만 점차 경쟁이 심화되고 바이어의 인식이 변화하면서 무료 배송이 보편화되었다. 하지만 말이 무료 배송이지 배송비가 전부 포함된 가격인데도 바이어들은 무료 배송 상품이 더 저렴하다고 느끼는 경향이 있다. 판매 가격이 30달러이고 배송비가 5달러 붙은 것보다 판매 가격이 35달러이고 무료 배송인 쪽을 더 선호한다니 조삼모사가 아니겠는가. 상황이 이러니 글로벌 마켓 플랫폼에서는 바이어들이 선호하는 저렴한 배송비, 더 나아가 무료 배송을 직간접적으로 셀러들에게 요구해왔고, 상품 노출 알고리즘에서도 무료 배송 상품이 더 높은 순위에 오른다. 그래서 셀러들은 배송 수단을 업그레이드할 때 추가 비용을 받는 경우를 제외하고는 기본 배송 수단에 대한 배송비를 무료로 하게 되었다.

이렇게 무료 배송으로 상품 가격을 책정하면 노출 순위에서 더 좋은 점수를 받을 뿐 아니라 추가적인 비용 창출도 기대할 수 있다. 한 예로 200g인 상품의 배송비는 3지역 국제등기가 6160원인데, 한 바이어가 2개를 구매하면 무게는 400g이지만 배송비는 8180원이다. 묶음 배송 시 배송비에서 4140원의 차액이 발생하며 이는 셀러의 수익이 되지만 바이어로서는 무료 배송 상품의 실제 배송비가 얼마인지 파악하기 어렵다.

07_ 계좌 번호를 정확히 기재하라

이베이, 엣시, 보낸자의 결제 수단은 페이팔이고 아마존, 라자다의 결제 수단은 페이오니아와 월드퍼스트다. 미국의 현지 셀러라면 신용카드, 체크카드, 우편환money order 등도 사용할 수 있지만 한국 셀러에게는 페이팔, 페이오니아, 월드퍼스트가 유일한 결제 수단이다. 그런데 다른 플랫폼에서는 계정 자체에 결제 수단 정보를 입력하고 리스팅을 할 때는 기재하지 않지만 이베이에서는 리스팅을 할 때마다 결제 수단을 기재해야 하므로 페이팔 주소가 정확한지 확인이 필요하다.

08_ 다양한 배송 수단 옵션을 제공하라

우리나라에서 해외로 상품을 보낼 때 가장 보편적으로 이용하는 곳은 전국 곳곳에 있는 우체국이다. 또한 특송업체를 이용할 수도 있고 각종 물류 회사에서 서비스하

우체국의 해외 배송 서비스

해외 배송 서비스	최대 규격(가로×세로×높이)	최대 무게
소형 포장물	90cm	2kg
국제등기(RR/RA)		
케이패킷(K-Packet)		
국제소포(CP)	200cm	20kg
EMS	200~275cm	30kg

는 글로벌 마켓 B2C 판매에 적합한 배송 상품도 있지만 계약 절차, 해당 물류 회사에서 제공하는 전용 프로그램 사용 등 소모되는 시간과 비용 측면에서 봤을 때 우체국의 배송 서비스를 이용하는 것이 가장 편리하다.

우체국에서 제공하는 해외 배송 서비스는 크게 네 가지다. 가장 기본적인 서비스인 소형 포장물[19]은 가로×세로×높이를 합한 길이 90cm 이하, 무게 2kg 이하라는 규격 제한이 있다. 그리고 트래킹 넘버가 없어 배송 상황을 추적하지 못하기 때문에 바이어 입장에서 불편을 느낄 수 있고 분실 시 보상을 받을 수 없다는 것이 단점이지만, 가격이 싸고 접수 절차가 간편하며 분실률이 0.3% 이하로 매우 낮아 저렴한 상품을 배송할 때 매우 효율적이다.

이와 달리 트래킹 넘버를 제공하는 배송 서비스는 국제등기다. 등기 번호가 RR로 시작하기 때문에 RR 등기라고도 부르는 국제등기는 보내는 사람, 받는 사람, 세관 신고서(CN22) 등의 정보를 발송인이 기재 요령의 범위에서 자율적으로 만들어 부착해야 한다. 같은 상품이라도 규격화된 기표지에 기재해 발송하는 방법도 있는데, 이는 등기 번호가 RA로 시작하기 때문에 RR 등기와 구분하기 위해 RA 등기라고 부른다.

---

19 소형 포장물은 만국우편연합(UPU)의 상품 통합 계획에 따라 바코드가 없는 배송 수단을 폐지하기 위해 당초 2017년 12월 31일까지만 서비스될 예정이었으나 폐지가 1년 유예되어 2018년 12월 31일까지 이용이 가능하다.

케이패킷K-Packet은 쉽게 말해 국제등기의 업그레이드 버전이다. 글로벌 마켓 B2C 거래에 종사하는 셀러가 보다 편리하고 효율적으로 이용할 수 있도록 중국의 e-Packet 서비스를 본떠 만든 배송 서비스로 제한 규격은 국제등기와 동일하다. 케이패킷은 인터넷 우체국 '계약고객 전용 시스템' 메뉴에서 발송인과 수취인 정보를 입력하고 이를 세관신고서(CN23)가 통합된 1장의 기표지로 출력해야 한다.

케이패킷을 이용하려면 각 지역 우체국과 직접 계약을 체결해야 한다. 2016년까지는 월 50건 이상 발송이라는 조건이 있었으나 2017년부터는 이러한 조건이 없어졌으며, 이용 요금은 후납도 가능하다. 월 50만 원 이상 사용 시 요금 감액 혜택과 픽업 서비스도 받을 수 있다.

케이패킷 라이트K-Packet Light라는 서비스도 있다. 미국, 호주, 홍콩, 베트남, 일본, 싱가포르, 말레이시아, 인도네시아, 브라질, 독일, 스페인, 프랑스, 영국, 러시아, 캐나다, 태국 등 우정사업본부와 제휴된 국가에 배송할 때 이 서비스를 이용하면 배달 시 수취인 서명을 받지 않고 우편함에 넣은 후 배달 완료 정보를 제공하는 조건으로 5% 할인을 받을 수 있다. 수취인에게 직접 상품을 전달하고 서명을 받는 Signature Confirmation이 아니라 Delivery Confirmation이기 때문에 분실의 위험이 있기는 하나, 셀러 입장에서는 플랫폼상에서 배달 완료를 증명하는 것까지만 책임이 있고 이는 Delivery Confirmation으로도 가능하며, 실제로 분실 문제가 바이어와의 분쟁으로 이어지는 경우가 매우 드물다.

국제등기와 케이패킷의 최대 규격을 초과하는 상품을 보낼 때는 국제소포를 이용한다. 국제소포는 가장 빠른 시일 내에 가장 안전하게 배송하는 국제특급우편인 EMSExpress Mail Service의 다운그레이드 버전이라고 할 수 있으며, 배송 기간과 요금도 국제등기와 EMS의 중간 정도다. 규격화된 기표지를 사용해야 하며, 등기 번호 형식은 보험 가입 유무에 따라 보험에 가입하지 않은 CP, 보험에 가입한 CV로 구분된다.

EMS는 요금이 가장 비싼 만큼 가장 빠르고 안전한 서비스를 제공한다. 대부분의 국가에 5일 이내에 배송할 수 있으며, 국제등기·케이패킷·국제소포가 일부 국가로의 배송 추적이 불완전한 데 반해 EMS는 대부분 국가로의 배송 추적이 가능하므로 고가의 상품을 보내는 데 적합하다. UPS와 연계로 제공되는 EMS 프리미엄도 있는데, 이는 EMS 접수가 불가능한 이탈리아, 괌, 하와이 등에 상품을 보내거나 반드시 3일 내에 상품이 도착해야 할 때 이용 가능한 배송 서비스다.

글로벌 마켓 비즈니스는 전 세계 다양한 국가로 상품을 보내기 때문에 국가별로 다른 요금 체계를 꼭 확인해야 한다. 소형 포장물, 국제등기, 케이패킷은 다음과 같이 지역이 구분되어 있다.

소형 포장물, 국제등기, 케이패킷의 지역 구분 체계

지역 구분	주요 국가
1지역	일본, 중국, 대만, 홍콩, 마카오
2지역	동남아시아
3지역	미국, 캐나다, 유럽, 호주, 뉴질랜드, 러시아, 중동 및 일부 아시아 국가(인도, 스리랑카 등)
4지역	남미, 아프리카

국제소포와 EMS의 지역 구분 체계는 보다 세분화되어 있다. 기본적으로는 앞의 지역 구분 체계와 동일하나 호주, 브라질, 캐나다, 중국, 프랑스, 독일, 홍콩, 인도네시아, 일본, 말레이시아, 뉴질랜드, 필리핀, 러시아, 싱가포르, 스페인, 대만, 태국, 영국, 미국, 베트남의 경우 별도의 요금이 책정되어 있다. 예를 들면 소형 포장물, 국제등기, 케이패킷의 1지역에 속한 마카오는 국제소포와 EMS도 동일하게 1지역이지만 일본은 그렇지 않다.

아마존이나 보낸자에서 구매하는 바이어는 대부분이 미국에 있으므로 앞의 지역 구분을 신경 쓸 필요 없이 미국으로의 요금만 알면 된다. 또한 아마존의 경우 FBA를 많이 활용하기 때문에 FBA 수수료를 반드시 확인해야 한다. 미국 현지에는 글로벌 마켓 셀러가 이용할 수 있는 현지 창고 제공 및 배송 대행 서비스가 있지만 그 무엇보다 FBA는 저렴하고 확실한 서비스를 자랑한다.

아마존의 FBA 배송비 체계

구분	Standard Size	
	1~9월	10~12월
Small(1lb 이하)	2.41달러	2.39달러
Large(1lb 이하)	2.99달러	2.88달러
Large(1~2lb)	4.18달러	3.96달러
Large(2lb 초과)	4.18 + 0.39달러/lb	3.96 + 0.35달러/lb

구분	Oversize	
	1~9월	10~12월
Small oversize	6.85 + 0.39달러/lb	6.69 + 0.35달러/lb
Medium oversize	9.20 + 0.39달러/lb	8.73 + 0.35달러/lb
Large oversize	75.06 + 0.80달러/lb	69.50 + 0.76달러/lb
Special oversize	138.08 + 0.92달러/lb	131.44 + 0.88달러/lb

◆ 1lb(파운드)는 453g이며, 의류의 경우 개당 0.40달러의 추가 비용이 있음

라자다의 경우 진입 초기에는 말레이시아에만 판매 가능하며, 말레이시아를 크게 두 지역으로 구분해 다음과 같이 요금을 부과하고 있다.

라자다의 LGS 배송비 체계

출발	도착	최초 1kg 요금	추가 1kg 요금
동말레이시아	동말레이시아	5.00링깃	8.80링깃
동말레이시아	서말레이시아	10.30링깃	10.60링깃
서말레이시아	동말레이시아	10.30링깃	10.60링깃
서말레이시아	서말레이시아	5.00링깃	1.50링깃

◆ 2018년 3월을 기준으로 1링깃은 약 276원임

이베이와 엣시에서는 전 세계의 바이어를 만나기 때문에 국가별로 배송비를 어떻게 책정할 것인지 고심해야 한다. 엣시의 경우 국가별로 배송비를 차등 지정할 수 있지만, 이렇게 하면 무료 배송으로 설정했을 때 누릴 수 있는 혜택을 잃게 된다. 한편 이베이에서는 배송 수단 및 배송비를 설정하는 방법이 다섯 가지다. 모든 지역 구분을 반영해 배송비 체계를 만들기는 어려우며 일부 지역을 예외로 설정하는 정도만 가능하다. 그러나 이 또한 특정 국가로의 배송은 무료 배송으로 설정할 수 없다.

원칙을 따른다면 지역 구분에 맞는 요금을 적용하는 것이 맞겠지만, 무료 배송의 장점을 누리기 위해, 그리고 판매 관리의 편의를 위해 미국, 캐나다, 유럽, 호주 등의 주요 국가가 속한 3지역의 배송비를 일괄 적용하는 것이 가장 보편적인 방법이다. 다만 이 방법은 지역 간의 요금 차이가 크지 않은 국제등기와 케이패킷이 주요 배송 수단으로 사용되는 경우에 한하며, 상품이 크거나 무거워서 EMS로만 발송이 가능한 경우에는 국가별 배송비의 차이가 크기 때문에 일부 국가를 예외로 설정하거나 대륙으로 구분해 배송비를 설정할 필요가 있다.

그리고 국제등기와 케이패킷을 주요 배송 수단으로 사용할 때는 업그레이드된 배송 수단을 옵션으로 제공해야 한다. 상품 가격이 높지 않아 국제등기로만 배송되는 상품이라 하더라도 필요에 따라 EMS를 이용할 수 있도록 바이어를 배려하는 것이다. 그러므로 이베이, 엣시, 보낸자에서는 기본 배송 수단 외에 업그레이드된 배송 수단을 설정하고 추가 비용을 명시한다.

09_ 반품 규정은 최대한 관대하게 정하라

반품 규정은 셀러의 권한으로 아마존을 제외한 플랫폼에서는 셀러가 자유롭게 정할 수 있다. 바이어가 구매를 결정하는 데 중요한 영향을 미치는 요소 중 하나인 반품 규정은 상품 및 셀러의 정책에 따라 ① 반품이 가능한 기간, ② 반품 배송비의 부담 주체, ③ 반품 시 환불에 관한 규정 등에 차이가 있다.

대부분의 셀러는 주문 제작 상품 등의 특수한 경우를 제외하고는 반품이 가능하도록 설정하고 있다. 핼러윈, 크리스마스와 같은 쇼핑 피크 시즌에는 선물하려고 상품을 구매했다가 주지 못하거나, 이미 같은 상품을 선물로 받아서 필요 없게 되는 일이 발생하곤 한다. 이런 상황을 대비해 바이어 입장에서는 반품 가능 기간이 길고 반품 시 비용 부담이 적은 상품을 선호하게 된다.

필자의 경험상 판매하고 나서 오랜 시간이 지난 후 반품을 요청하는 경우는 극히 드물다. 물론 반품 규정이 관대하면 반품이 더 발생할 소지가 있지만 그로 인한 손실을 상쇄할 만한 판매 수익을 기대할 수 있다. 따라서 넓은 시야로 반품에 따른 손실을 사업상 겪는 자연적인 손해로 보고, 바이어에게 만족감을 주는 긍정적인 영향에 더욱 집중해야 한다.

내 능력을 보여주면
글로벌 마켓이 나를 밀어준다

노출 순위를 높이는 데 직접적인 영향을 미치는 상품 등록에 관한 내용을 앞에서 살펴봤다. 사실 완성도 높은 리스팅은 많은 연습과 꼼꼼한 검토, 지속적인 보완을 통해 정형화된 틀을 만들 수 있다. 리스팅을 나무에 비유했을 때, 한 그루 한 그루를 잘 키워서 숲을 만들 수 있도록 환경을 가꿔나가야 한다. 이 절에서는 각각의 리스팅을 성장시키고 리스팅을 아우르는 계정의 환경을 조성하는 셀러 퍼포먼스를 살펴보자.

01_ 인기 있는 상품이 매출을 이끈다

농구 코트에서 농구공을 들고 있는 자신의 모습을 상상해보라. 농구공을 바닥에 던

지면 통 하고 튀어 오를 것이다. 이는 리스팅에 비유할 수 있다. 공을 가만히 지켜보고만 있으면 몇 번 튀어 오르다 결국 멈춰버리는데, 이는 처음 몇 개가 팔리고 나서 바이어가 더는 찾지 않는 경우와 마찬가지다. 공이 계속 튀어 오르게 하려면 드리블을 해야 하는데 이는 상품이 하나씩 판매되는 것에 비유할 수 있다. 지속적으로 팔리는 상품은 드리블을 계속해 통통 튀는 농구공처럼 노출 순위의 상단에 자리할 것이다.

보다 높은 노출 순위에 오르려면 리스팅의 인기도, 즉 상품의 판매 실적이 좋아야 한다. 리스팅의 완성도가 높다고 할지라도 노출 순위는 인기도에 좌지우지된다. 그리고 리스팅한 상품은 그 자리에 그대로 멈춰 있는 것이 아니라 농구공처럼 셀러의 퍼포먼스와 바이어의 반응에 따라 움직인다.

다른 셀러와 비교했을 때의 인기도는 노출 순위에 영향을 끼치는 핵심 요소다. 바이어가 상품을 검색할 때 노출되는 빈도, 상품 페이지로 유입되는 비율, 상품 페이지 확인 후 구매에 이르는 비율이 클수록 경쟁 우위를 얻어 노출 순위가 올라가는데, 이러한 과정에서 사용되는 용어는 다음과 같다.

상품 노출과 구매 전환율에 관한 용어

용어	의미	비고
impression	검색 시 노출 횟수	page view/impression=click through rate(클릭률)
page view	상품 페이지 조회 수	transaction/page view=conversion rate(구매 전환율)
transaction	판매 상품 수	

상품은 바이어의 키워드 검색 → 노출 → 클릭 → 구매의 과정을 거쳐 셀러의 손에서 바이어의 손으로 넘어간다. 즉 바이어가 키워드를 검색하면 검색 결과에 상품이 노출되고impression, 바이어가 관심 있는 상품을 클릭해 페이지를 조회하며page view, 최종적으로 구매와 결제transaction가 이뤄지면 상품이 판매되는 것이다. 따라서

'impression, page view, transaction'으로 클릭률과 구매 전환율을 계산할 수 있다. 만약 상품이 1만 번 노출되었고 impression 상품 페이지 조회 수 page view가 100번이라면 클릭률 click through은 100÷10000=1%이고, 판매된 상품의 수 transaction가 2개라면 구매 전환율 conversion rate은 2÷100=2%다.

완성도가 같은 리스팅이라도 클릭률과 구매 전환율이 높을수록 노출 순위의 상단에 놓이게 된다. 글로벌 마켓의 입장에서는 바이어들이 많이 찾는 인기 상품을 상단에 두어야 더 잘 팔릴 테고 셀러는 물론 마켓의 수익도 늘어나기 때문에 이는 당연한 일이다. 따라서 바이어들이 내 상품을 많이 클릭하도록 함으로써 구매를 유도하는 것이 관건이다.

그렇다면 노출 횟수를 늘리는 방법은 무엇일까? 우선 바이어들이 검색하는 키워드가 최대한 정확하게 반영된 타이틀을 만들어야 한다. 그리고 검색 결과에서 내 리스팅이 많이 클릭되도록 하려면 경쟁력 있는 가격과 좋은 이미지를 제시해야 한다. 아마존을 제외한 플랫폼의 경우 최저가일수록 상품 페이지 조회 수가 더 많다고 단정하기 어렵지만, 그래도 최대한 매입 단가를 낮춰 가격 경쟁력을 확보하는 것이 중요하다. 또한 많은 상품이 나열된 검색 결과에서 바이어의 눈길을 바로 사로잡으려면 깔끔하고 해상도가 높은, 직접 찍은 이미지를 사용하는 것이 좋다.

상품 페이지 조회 수가 지속적으로 올라가는 것은 바이어들이 상품에 관심이 있음을 나타내는 징표이기도 하다. 이러한 페이지 뷰에 그치지 않고 상품 구매 단계로 진전시키려면 상품 페이지에 있는 요소를 이용해 바이어가 상품을 사고 싶도록 만들어야 한다. 바이어가 상품의 속성을 잘 확인할 수 있도록 상품 세부 정보와 설명 글에 자세히 기재하고, 여기에 더해 셀러의 브랜드와 연혁 등을 소개함으로써 신뢰를 얻는다면 구매를 이끌어낼 수 있을 것이다.

공식적으로 발표된 자료는 아니지만 필자의 경험상 상품의 생명력을 검증하는 지표와 생명을 다시 살려내는 방법이 있다. 아마존의 경우 같은 상품을 여러 셀러가 판매할 때 Buy Box를 차지하지 못하는 이상 매출이 발생할 가능성이 거의 없다고 봐야 한다. 이베이, 보낸자, 엣시, 라자다에서는 평균적으로 리스팅 후 2개월 이내에 페이지 조회 수 100회당 1개꼴로 판매가 이뤄진다. 만약 리스팅 후 3개월이 되도록 1개도 판매되지 않거나, 상품 페이지 조회 수가 300회를 넘었는데도 1개도 판매되지 않았다면 노출 순위의 하단으로 상당히 밀려난 상태라 향후 판매될 가능성이 거의 없다고 볼 수 있다. 이럴 때는 과감하게 리스팅을 종료하고 다시 등록하는 것이 낫다. 이렇게 다시 리스팅하는 과정에서 상품의 특징, 다른 셀러들과의 경쟁 상황 등을 한 번 더 점검하고 부족한 부분을 보완해야 한다.

02_ 서비스 정신과 책임감을 가진 셀러가 돼라

어떤 글로벌 마켓이든 좋은 셀러를 많이 보유하고자 할 것이다. 좋은 셀러란 바이어들이 많이 찾는 상품을 좋은 가격에 내놓고 좋은 서비스를 제공하는 셀러로 요약할 수 있다. 글로벌 마켓에 좋은 셀러 풀이 형성되면 많은 바이어가 찾아와 상품을 구매할 것이고, 이때 발생하는 판매 수수료는 글로벌 마켓의 수익으로서 셀러들이 보다 안정적으로 판매할 수 있는 기반을 다지는 데 그 일부가 사용된다.

이러한 이상적인 그림을 위해 대부분의 글로벌 마켓 플랫폼은 자체적인 기준에 따라 셀러를 평가하고 조처한다. 즉 상품과 서비스 측면에서 완성도가 높은 셀러에게는 상생하며 동반 성장할 수 있도록 많은 혜택을 제공하지만, 바이어의 불만을 야기하고 플랫폼의 이미지까지 흐린다고 판단되는 셀러에게는 판매 제한이나 계정 정지 등의 제재를 가한다.

플랫폼이 셀러를 평가하는 것은 'Seller Performance', 'Seller Level', 'Seller Measurement', 'Seller Rating' 등으로 일컬어지며 그 기준과 평가의 강도가 수없이 변해왔다. 셀러를 평가하는 데 주로 사용하는 척도는 주문 관련 내용(품절로 인한 주문 취소, 바이어의 문의에 대한 빠른 응대), 배송 관련 내용(정해진 기간 내 상품 발송 및 도착 완료), 바이어의 만족도 관련 내용(클레임 제기 및 반품 요청 여부, 클레임에 대한 셀러의 미해결 조치, 바이어의 나쁜 평가) 등의 항목으로 구분된다.

글로벌 마켓 플랫폼의 셀러 평가 항목

분야	평가 항목	이베이	아마존	엣시	라자다
주문	품절로 인한 주문 취소	O	O	O	O
주문	바이어의 문의에 대한 빠른 응대	X	O	X	X
배송	정해진 기간 내 상품 발송	△	O	X	O
배송	정해진 기간 내 상품 도착 완료	△	O	X	마켓이 직접 개입
바이어의 만족도	바이어의 클레임 제기	X	O	O	X
바이어의 만족도	바이어의 반품 요청	X	O	X	O
바이어의 만족도	바이어의 클레임에 대한 미해결 조치	O	마켓이 직접 개입	X	X
바이어의 만족도	바이어의 나쁜 평가	X	O	O	X

◆ O: 평가함, X: 평가하지 않음, △: 평가하지만 큰 영향을 미치지 않음

현재 셀러에 대한 평가가 가장 까다로운 글로벌 마켓은 아마존이다. 아마존은 바이어의 문의에 대해 24시간 내에 응대하는지도 평가할 정도로 주문부터 배송, 바이어의 만족도까지 판매의 전 과정을 평가하고 있다. 게다가 이러한 평가 내용을 실시간으로 반영하기 때문에, 짧은 기간 동안 클레임이 여러 번 제기되면 불과 며칠 만에 셀러의 점수가 크게 떨어질 수도 있다.

아마존의 셀러 평가 기준

분야	평가 항목	합격 기준
Order Defect Rate	바이어의 나쁜 평가(Negative Feedback Rate)	1% 미만
Order Defect Rate	바이어의 클레임 제기(Filed A-to-Z Claim Rate)	1% 미만
Order Defect Rate	신용카드 부정 사용 클레임 제기(Service Chargeback Claim Rate)	1% 미만

분야	평가 항목	합격 기준
Cancellation Rate	품절로 인한 주문 취소(Pre-fulfillment Cancel Rate)	2.5% 미만
Late Shipment Rate	상품 발송 지연(Late Shipment Rate)	4% 미만
Valid Tracking Rate	유효한 등기 번호 등록(Valid Tracking Rate)	95% 이상
Return Dissatisfaction Rate	48시간 내 미응대/부당하게 거절된 반품 요청 (Invalid Rejection Rate)	10% 미만
	반품으로 인한 바이어의 나쁜 평가(Negative Return Feedback Rate)	
Contact Response Time	바이어의 문의에 대한 응대 지연(Late Response Rate)	90% 이상

아마존에서 위의 기준으로 평가된 셀러의 등급은 Good, Fair, Bad로 나뉘며, Fair와 Bad로 등급이 하락하면 이에 대한 안내와 리뷰를 진행한다. 그런데도 상황이 개선되지 않거나 Bad 상태가 지속되면 계정 정지 등의 제재를 가하며, 제재를 받은 셀러는 향후 운영 계획을 제출해야 한다.

한편 이베이는 2014년까지 아마존 못지않게 엄격하게 셀러를 평가했다. 클레임 처리 결과에 관계없이 바이어가 클레임을 제기한 것만으로도 페널티를 부과하고, 바이어로 하여금 상품 일치 여부, 셀러의 메시지 응대, 배송 기간, 배송 비용 등의 세부 항목을 별 5개 만점으로 평가하게 했던 것이다. 한 항목이라도 낮은 평가를 받으면 셀러 평가의 감점 요인으로 작용했다. 그런데 이러한 평가 방식의 문제는 바이어의 주관적인 평가가 셀러 평가의 지표가 되었다는 것이다.

아마존은 48시간 내 미응답과 같이 객관적인 사실에 근거해 셀러를 평가했지만 이베이는 그렇지 않았다. 배송 기간이 같은데 어떤 셀러는 좋은 평가를 받고 어떤 셀러는 나쁜 평가를 받기도 하며, 서로 메시지를 주고받은 적이 없는 데에도 셀러의 메시지 응대가 나쁘다고 평가하는 경우, 바이어가 실수로 클레임을 제기하거나 클레임을 남용한 사실이 분명한 경우에도 감점이 되곤 했다. 이로 인해 미국 내에서 아마존보다 위상이 낮아지고 셀러의 이탈 현상이 가속화되자 이베이는 2015년부터 셀러 평가의 기준을 대폭 완화했다. 그래서 지금은 기본적인 역량을 갖추고 있으면 좋은 평가를 받을 수 있게 되었다.

이베이의 셀러 평가 기준

분야	평가 항목	합격 기준
Transaction Defect Rate	품절로 인한 주문 취소(Transactions You Canceled for Being Out of Stock)	2% 이하
	바이어의 클레임 미해결(Cases Closed without Seller Resolution)	
Cases Closed without Seller Resolution	바이어의 클레임 미해결(Cases Closed without Seller Resolution)만 독립적인 항목으로 별도 평가	0.3% 이하
Late Shipment Rate	상품 발송 및 도착 지연(Late Shipment Rate)	5% 이하
Tracking Uploaded on Time and Validated	발송 준비 기간 내 유효한 등기 번호 등록(Tracking Uploaded on Time and Validated)	95% 이상

이베이에서는 셀러의 등급이 Top-Rated, Above Standard, Below Standard로 구분된다. 그리고 미국, 영국/아일랜드, 독일/오스트리아/스위스, 이를 제외한 모든 국가로 지역을 나누고 바이어의 지역을 기준으로 거래를 평가하고 있다. 이베이에서는 Above Standard만 유지해도 판매 활동에 큰 지장이 없으며, 4개의 지역 중 한 곳에서라도 Below Standard로 하락하는 경우에만 상품 노출 및 활동에 제약을 받게 된다. Late Shipment Rate가 5%를 초과하면 Top-Rated가 되지 못할 뿐 Below Standard로 떨어지는 이유가 되지 않으며, Tracking Uploaded on Time and Validated의 경우 이를 충족하지 못하면 미국 지역의 평가에서만 Top-Rated가 되지 못할 뿐 다른 지역의 평가 및 등급에 전혀 영향을 미치지 않는다.

엣시의 셀러 평가 항목은 다른 플랫폼과 대동소이하지만 정확한 기준이 제시되지는 않았다. 즉 어떤 수치에 미치지 못하거나 넘어섰을 때 제재를 가한다는 내용이 없다. 다만 평소에 우수한 서비스를 제공하던 셀러에게 갑자기 다음과 같은 문제가 발생했을 때는 해결 방안을 제시해줄 것이라고 알리며, 지속적으로 문제가 발생하는 셀러와는 향후 방안에 대해 논의하고 필요하다고 판단될 경우 제재 조치를 가한다고 공지하는데, 이는 상당히 셀러 친화적인 정책이라고 볼 수 있다.

엣시의 셀러 평가 기준

평가 항목
상품 미도착으로 인한 클레임 제기(Non-delivery Cases)
상세 정보와의 불일치로 인한 클레임 제기(Not-as-described Cases)
바이어의 나쁜 평가(1 or 2 Stars Low Reviews)
품절로 인한 주문 취소(Orders Canceled without Buyer Communication or Consent)
신용카드 부정 사용 클레임 제기(Chargebacks)

라자다에서는 셀러 평가 항목에 별 0~5개가 부여되며, 매주 지난 2주간의 데이터가 점수로 업데이트되어 바이어에게 노출된다. 다음의 평가 항목을 살펴보면 커뮤니케이션이나 클레임 처리보다는 빠르고 정확한 상품 발송에 중점을 둔다는 것을 알 수 있다.

라자다의 셀러 평가 기준

분야	평가 항목	합격 기준
Lead Time	48시간 이내 Ready to Ship으로 업데이트 처리 및 7일 이내 물류센터 도착(Shipped in 48h)	5점 취득 98% 이상
Cancellation Rate	품절, 주문 발송 지연, 잘못된 가격 표시로 인한 주문 취소(Out of Stock)	5점 취득 1% 이하
Return Rate	파손, 잘못된 가격, 오발송으로 인한 반품 요청(Defective, Missing Parts, Wrong Item Sent)	5점 취득 1% 이하

앞의 평가 항목에 대해 별의 개수로 점수를 매겨 주마다 그 점수에 따라 하루에 주문을 받을 수 있는 상품의 개수에 제한을 둔다. 0~2점이면 일일 주문 최대치가 감소하고, 2~3.5점이면 일일 주문 최대치가 그대로 유지되며, 3.5점 이상이면 일일 주문 최대치가 증가한다. 이는 이베이의 셀링 리미트와 유사한 개념으로, 결국 셀러에 대한 평가가 좋아야 판매량과 구매 전환율이 높아진다. 한편 보낸자의 경우 별도의 셀러 평가 기준이 없다.

이상의 내용을 유념해 주문부터 배송 과정, 그리고 배송 이후 바이어의 평가에 이르기까지 문제가 발생하지 않도록 체계적으로 시스템을 모니터링하고 개선해나가야 한다. 이를 충실히 하여 좋은 셀러로 평가받아야만 리스팅의 노출도와 매출이 폭발적으로 상승할 수 있다.

마켓에 따라 다른 맞춤형 상품 등록 전략

앞에서도 얘기했듯이 사업을 접기 전까지는 리스팅을 매일 해야 한다. 특히 초심자는 최소한 하루에 4~5시간을 투자해 여러 상품을 차근차근 등록해보고 다른 셀러들의 리스팅을 참고해 리스팅의 완성도를 높여야 한다. 의욕과 열정이 넘치고 자본이 많아도 리스팅을 꾸준히 하지 않다가 결국 사업을 그만두게 되는 경우를 많이 보았다. 솔직히 답답하고 이해되지 않는다. 농사를 짓겠다는 사람이 씨만 조금 뿌리고는 싹이 빨리 안 튼다고 그만두는 것, 보험 영업을 하겠다는 사람이 지인 몇 명에게만 권유해 실적을 조금 올리고는 명함도 제대로 돌리지 않고 그만두는 것, 다이어트를 하겠다는 사람이 고작 며칠 운동하고는 살이 안 빠진다고 그만두는 것과 다를 바가 없다. 이는 시작하지 않은 것만도 못하다.

다시 한 번 강조하지만 리스팅에 많은 노력과 시간을 투자해야 한다. 필자는 강의할 때 반복적이고 지루한 리스팅 업무를 단군 신화에 빗대어 설명하곤 한다. 100일 동안 동굴에 들어가 마늘만 먹은 웅녀처럼 고된 과정을 견뎌내면 성공할 것이고, 중간에 뛰쳐나가면 아무것도 이루지 못한다. 얼마간은 고생을 좀 했을 테니 오히려 안 하느니만 못할 것이다. 동굴에 들어갈지 말지 진중하게 고민해보고 일을 시작할 것을 당부하고 싶다.

카테고리에 따라 차이가 있지만, 창업 후 6개월이 지난 시점에 이베이에서는 300종류, 아마존에서는 경쟁이 심하지 않은 상품의 경우 15종류, 엣시에서는 50종류, 라자다에서는 25종류 정도가 리스팅되어야 꾸준한 매출과 수익을 기대할 수 있다. 물론 이루기 어려운 일이지만 이 수치를 달성하겠다는 각오를 단단히 하고 매일 성실하게 리스팅을 해야 한다.

기왕 해보기로 마음먹었다면 일을 게임처럼 즐기는 건 어떨까? 처음에는 가장 낮은 레벨에서 시작하니 힘이 없어서 이기기가 어렵지만 게임을 계속할수록 아이템이 생기고 레벨도 올라가 이기기가 쉬워진다. 게임을 하는 기술과 실력도 향상된다. 리스팅도 마찬가지다. 많이 하면 할수록 레벨이 올라가 매출이 증가하고 자신감이 붙을 것이다.

01_ 이베이에서의 리스팅 방법과 전략

이베이에 상품을 리스팅할 때는 9개 항목을 기재해야 한다. 리스팅을 하는 데 시간이 많이 걸리는 편이며 옵션 값 Variation 이 있는 경우 세밀한 작업이 요구된다.

■ Category

상품의 핵심 키워드를 검색했을 때 제시되는 카테고리 체계 중에서 원하는 것을 선택하거나 직접 대분류부터 소분류까지 브라우징해서 선택한다. 필요에 따라 동시에 2개의 카테고리를 설정할 수도 있는데 이 경우 0.30달러의 추가 비용이 부과된다.

■ Title

상품 타이틀은 80글자까지 작성할 수 있다. 다른 플랫폼에 비해 글자 수가 적은 편이므로 키워드의 중요도에 따라 핵심 키워드 위주로 배치하고, 검색 범위가 넓은 키워드는 뒤에 배치해야 한다. 필요에 따라 상품 타이틀 아래에 서브타이틀을 기재할 수도 있는데 이 역시 1.50달러가 부과되는 유료 옵션이다. 서브타이틀은 55글자까지 작성할 수 있으며 상품 구성보다는 마케팅과 관련된 문구를 주로 기재한다.

◆ 타이틀을 진하게 표시하는 유료 옵션과 서브타이틀을 사용한 리스팅

■ Photos

이베이에서 권장하는 이미지의 크기는 1600픽셀이며, 800픽셀 이상부터 마우스 커서를 댔을 때 줌 기능이 활성화된다. 최소 기준은 500픽셀이고 12장까지 등록이 가능한데 이 개수를 최대한 활용해야 한다. 검색 결과에서는 상품의 이미지가 96픽셀로 나타나며, 마우스 커서를 대면 400픽셀로 확대해서 보여주는 갤러리 플러스 기능이 있다. 이는 1달러가 부과되는 유료 옵션이지만 검색 결과에서 보다 큰 이미지를 보여줄 필요가 있는 수집품, 우표 등의 일부 카테고리에서는 무료로 제공된다. 이미지의 배경 색상에는 제한이 없으나 텍스트, 도형, 워터마크, 보더 등이 삽입되면 안 된다.

■ Item Specifics

카테고리에 따라 필수로 기재해야 하는 상품 세부 정보가 상이하다. 대부분의 카테

> ⓘ **파워 솔루션**
>
> UPC는 'Universal Product Code'의 약자로 쉽게 말해 바코드다. 바코드는 상품의 지문과 같은 역할을 하기 때문에 상품마다 고유한 값을 갖는다. 대표적인 바코드는 GTIN(Global Trade Item Number)이며 도서에 사용되는 ISBN(International Standard Book Number), 유럽에서 사용되는 EAN(European Article Number) 등도 있다.
>
> MPN은 'Manufacturer's Part Number'의 약자로 제조사 번호 또는 모델명이라고 이해하면 된다. 리바이스 청바지 하면 떠오르는 대표 모델의 501이 바로 MPN이다. MPN은 브랜드의 정책에 따라 숫자와 영문을 자유롭게 조합해서 만든다.

고리에서 필수로 기재해야 하는 상품 세부 정보는 브랜드, UPC, MPN 등이며, 이를 정확하게 기재하는 것은 완성도 높은 리스팅의 기본이다.

■ **Item Description**

폰트의 크기와 색상을 자유롭게 변경할 수 있고 필요에 따라서는 이미지 호스팅으로 상품 설명 글 내에 이미지를 링크할 수도 있다. 하지만 앞서 설명했듯이 최근에는 액티브 콘텐츠와 http 콘텐츠의 사용을 제한하고 있으므로 텍스트 위주로 깔끔하게 구성하는 것이 바람직하다.

■ **Format, Duration, Price, Quantity**

이베이에는 일반적인 정찰제 판매를 의미하는 고정가 외에 경매 판매 방식이 있으므로 판매 가격과 수량 설정에 앞서 판매 방식을 정해야 한다. 신규 셀러는 상품 페이지 클릭까지 유도하더라도 신용 지표가 없거나 너무 낮아서 거래가 성사되기 어렵다. 시간이 지날수록 신용 지표가 올라가겠지만 그 전까지는 구조적으로 상단에 노출될 가능성이 매우 낮기 때문에 신규 셀러는 이러한 장벽을 극복하기 위해 경매를 적극 활용해야 한다.

경매의 경우 노출 순위를 결정할 때 고정가 판매에 적용되는 알고리즘과 다른 방식이 적용되어 마감 시간이 임박할수록 높은 순위에 올라갈 수 있다. 따라서 경매를 활용하면 고정가 리스팅에 비해 신용 지표를 올리는 시간을 절약할 수 있다. 다만 수량을 설정할 때 셀링 리미트를 고려해야 한다. 셀링 리미트는 판매 경험이 없는 셀러가 대량의 상품을 등록할 때 발생하는 실수나 바이어의 피해를 막기 위한 정책으로, 셀러의 입장에서는 당연히 불편하게 여겨질 것이다. 그러나 셀링 리미트를 늘려나가는 과정은 리스팅의 완성도를 높이고 트레이닝을 하는 기회이기도 하며, 셀링 리미트의 증액만으로도 다른 셀러들과의 경쟁에서 우위를 점할 수 있다.

처음 이베이에 가입하면 셀링 리미트가 10개, 500달러이며 매월 이 한도 내에서 리스팅과 판매가 가능하다. 초기에는 셀링 리미트 내에서 되도록 다양한 상품을 선보이는 것이 중요하므로 1~2개로 최대한 적게 설정해 여러 가지 상품을 등록한다.

■ **Payment Options**

이베이에 가입한 후 페이팔과의 연동 절차를 거치면 자동으로 페이팔 주소가 결제 수단의 정보로 표시된다. 이는 리스팅마다 나타나며 처음에만 확인하면 된다.

■ **Shipping Details**

배송 수단과 배송비는 배송 지역을 구분해 설정해야 한다. 이베이의 배송 지역은 크게 미국 내 배송 Domestic Shipping과 해외 배송 International Shipping으로 나뉘는데, 이는 자국 셀러, 즉 미국 셀러를 기준으로 하기 때문이다. 미국 셀러의 입장에서는 미국으로의 배송이 국내 배송이지만 한국 셀러의 입장에서는 미국이나 그 외 국가나 마찬가지이므로 배송 수단과 배송비를 두 번 입력한다고 이해하면 된다. 그리고 기본적인 배송 수단은 Economy 또는 Standard Shipping으로 설정하며, 상품이 급하게 필요할 때 이용 가능한 특급 배송은 Expedited Shipping, 특송업체를 이용하는 경우에는 특송업체의 명칭이 들어 있는 FedEx International, UPS Worldwide Shipping 등으로 설정한다.

또한 결제된 후 상품을 발송하기까지 셀러에게 필요한 준비 기간을 의미하는 핸들링 타임도 설정해야 한다. 특별한 문제가 없는 한 핸들링 타임은 3일을 넘기지 않도록 한다. 이보다 길게 설정하면 바이어에게 Exceptional Handling Time으로 명시되어 불리하게 작용할 수 있다.

■ Return Options

이베이에서는 반품 규정을 셀러가 자유롭게 설정할 수 있다. 반품 규정은 바이어의 구매에 영향을 미치는 요소로, 바이어는 반품 가능 기간이 길고 반품 시 비용 부담이 적은 것을 선호한다. 이베이에서는 '반품 가능 기간이 30일 이상, 반품 시 셀러가 배송비 부담, 반품 후 수수료 등의 공제 금액 없이 전액 환불'이라는 세 가지 조건을 갖춘 상품을 'Free Return'으로 구분하고 있다. 바이어에게 유리하게 반품 규정을 설정하면 노출 순위에서도 보다 좋은 점수를 받을 수 있다.

이베이는 상품을 리스팅하는 과정이 복잡해 첫 리스팅에 많은 시간이 소요된다. 하지만 두 번째 리스팅부터는 첫 리스팅의 내용을 복사해서 활용할 수 있기 때문에 앞의 9개 항목 중 상품 설명 글의 형식, 결제 방법, 배송 수단과 배송비, 반품 규정은 다시 작성할 필요가 없다. 그러므로 처음부터 완벽할 수는 없겠지만 완성도 있는 리스팅을 하는 것이 중요하다. 필자는 한참 리스팅을 하다가 문제점이나 개선해야 할 점을 발견해 리스팅을 모두 수정한 경험이 많은데, 이 책을 읽는 독자는 최대한 노력해 완벽에 가까운 리스팅을 하길 바란다.

02_ 아마존에서의 리스팅 방법과 전략

이베이와 달리 아마존은 다양한 상품을 갖추고 브랜딩을 하는 플랫폼이 아니다. 어떤 상품이든 경쟁력을 갖춰 잘 팔 수 있는지가 중요하며, 많은 종류를 구비할 필요 없이 15종류 정도만 FBA를 통해 판매한다면 기본적인 수익 창출이 가능하다.

아마존에 상품을 리스팅하는 방법은 아마존에 해당 상품이 등록되어 있는지, 셀러의 브랜드 유무 등의 기준에 따라 크게 세 가지로 구분해서 살펴볼 수 있다. 가장 쉬운 방법은 'Sell Yours'로, 이는 이미 아마존에 등록되어 있는 상품을 등록하는 것이다. 아마존에서는 A라는 상품을 판매하는 셀러들이 모두 상품 페이지를 공유하고 상품 페이지 내에서 하나로 묶인다. 그래서 A라는 상품을 판매하는 셀러가 10명이라도 아마존에서 A를 검색하면 1개만 노출되고, 이를 클릭해서 상품 페이지로 들어가야 셀러의 목록을 볼 수 있다.

Sell Yours는 이처럼 모든 요소가 갖춰져 있는 리스팅의 셀러 명단에 자신을 추가 등록하는 방법이다. 상품의 상태Condition, 판매 가격Price, 수량Quantity만 기재하면 되므로 짧은 시간 내에 리스팅을 할 수 있다. 하지만 아마존에서는 같은 상품을 판매하는 여러 셀러 가운데 'FBA 배송과 최저가'로 설정한 셀러만 Buy Box를 통해 최상위에 노출되고, 이를 차지하기 위한 셀러들의 가격 경쟁이 매우 치열하기 때문에, 많은 자금을 투입해 매입 단가를 낮추지 않는 이상 판매가 거의 불가능하다. 이처럼 Sell Yours는 자신이 판매하려는 상품이 아마존에 있으면 쉽고 빠르게 리스팅을 할 수 있지만 많은 자금을 쏟아붓지 않고는 수익을 만들어낼 수 없는 방법이다.

그러므로 아마존에서는 다른 셀러들이 판매하지 않는 상품을 신규로 등록하는 'New Listing'을 하는 것이 좋다. 물론 리스팅을 한 후 얼마 지나지 않아 다른 셀러가 내 상품에 Sell Yours로 붙어 경쟁을 하는 경우도 있지만, 처음 등록한 셀러만 상품 이미지와 내용을 수정할 수 있기 때문에 좀 더 유리하다. 아마존에서 New Listing을 할 때 기재하는 항목은 다음과 같다.

■ Category

상품의 핵심 키워드를 검색했을 때 제시되는 카테고리 체계 중에서 원하는 것을 선택하거나 직접 대분류부터 소분류까지 브라우징해서 선택한다. 일부 카테고리는 정해진 절차에 따라 판매 승인을 받아야만 리스팅을 할 수 있으며 월 39.99달러를 내는 프로페셔널 셀러만 가능하다. 이렇게 함으로써 셀러의 상품 및 리스팅이 일정 수준 이상 유지되어 바이어가 안심하고 상품을 구매할 수 있다.

판매 승인을 받으려면 카테고리별로 요구하는 세부 내용을 확인하고 필요한 서류나 자료를 준비한 후 아마존 셀러 전용 페이지인 셀러 센트럴에서 요청한다. 보통 영업일 기준 3일 이내에 판매 승인 알림 또는 추가 정보를 요청하는 응답을 이메일로 받을 수 있다. 한 예로 한국 셀러가 가장 많이 판매하는 뷰티 상품(향수, 스킨케어, 메이크업, 헤어케어, 목욕/샤워 용품, 건강/개인 관리 용품 등)의 경우 판매 상품에 대한 인보이스 Valid Invoice, 필요에 따라 운영 중인 독립몰의 주소, 사무실 주소 증빙 서류, 제조사 주소 증빙 서류, 사업자 등록증을 제출해야 한다.

■ Vital Info

아마존의 리스팅은 탭으로 구성되어 있는데, 첫 번째 탭인 Vital Info에서는 상품 타이틀, 상품 세부 정보를 기재한다. 상품 타이틀은 250자까지 작성할 수 있지만, 아마존에서는 상품 타이틀을 핵심 내용만 간추려서 짧고 굵게 쓰는 경향이 있다. 특히 유명한 상품은 브랜드와 모델명만 쓰기도 하는데, 이는 아마존의 바이어들이 구매하고자 하는 상품을 구체적으로 검색하는 경향이 있고, 검색에 필요한 키워드를 셀러가 Search Terms에 추가로 넣을 수 있기 때문으로 해석된다. Vital Info에서는 이베이의 Item Specific과 마찬가지로 브랜드, UPC, MPN 등의 상품 고유 정보도 기재한다.

■ Offer

Sell Yours 등록에 필요했던 세 가지 요소, 즉 상품의 상태, 판매 가격, 수량을 기재한다. 아마존은 이베이보다 판매 수수료가 높기 때문에 판매 가격을 세밀하게 산정

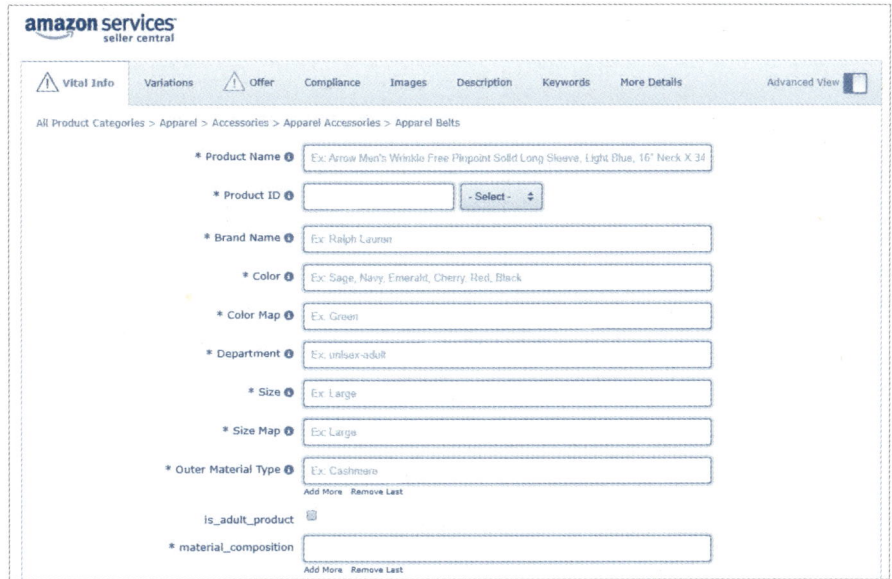

◆ 아마존의 New Listing 화면

해야 한다. 게다가 Buy Box를 차지하기 위한 가격 경쟁이 매우 치열하므로 무조건 가격을 내릴 것이 아니라 반드시 마진을 고려해 가격을 조정해야 한다.

■ Images

아마존에서는 이미지를 9장까지 등록할 수 있으며 규격 제한은 최소 1000픽셀, 최대 10000픽셀이다. 아마존은 이미지와 관련된 정책이 까다로운 편으로, 상품 이미지에서 상품이 차지하는 비율이 85% 이상 되어야 한다. 즉 여백이 15% 이상이면 안 된다는 의미인데, 이는 검색 결과에서 상품 정보가 잘 전달되게 하려는 의도로 여겨진다. 또한 이미지의 배경은 무조건 흰색이어야 하며 텍스트, 도형, 워터마크, 보더 등을 삽입하면 안 된다.

■ **Description**

아마존의 상품 설명 글은 자체적으로 설정한 틀이 확고하다. 해당 상품과 유사한 상품Sponsored products related to this item, 해당 상품의 바이어가 함께 구매한 상품Customers who bought this item also bought, 바이어의 리뷰Customer reviews, 상품 관련 질문과 답변Customer questions & answers 등이 고정적으로 자리 잡고 있으며 그 밖의 부분에서 상품에 대해 설명할 수 있다. 제조사가 브랜드를 등록해 직접 판매하는 경우를 제외하고는 이미지 호스팅은 물론 폰트의 변경도 불가능하다. 제조사는 From the manufacturer 섹션에서 이미지 호스팅을 곁들여 상품 설명을 자유롭게 작성할 수 있다.

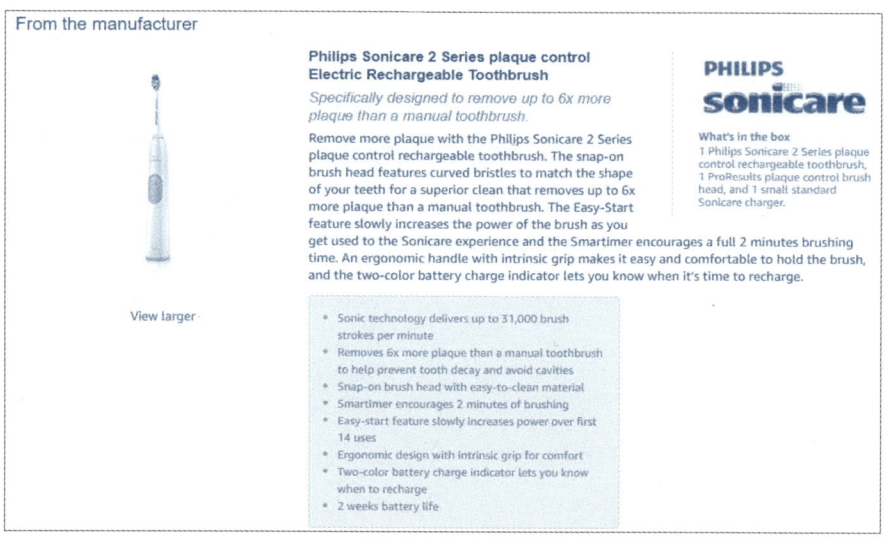

◆ 제조사는 From the manufacturer에서 보다 자유롭게 상품 설명을 쓸 수 있다.

셀러가 작성하는 상품 설명 글은 상품의 특징을 요소별로 나열하는 부분과 문장으로 설명하는 부분으로 크게 구분된다. 이 중에서 상품의 특징을 요소별로 나열하는 경우에는 다음과 같이 핵심 키워드를 열거하는 방법을 주로 사용한다.

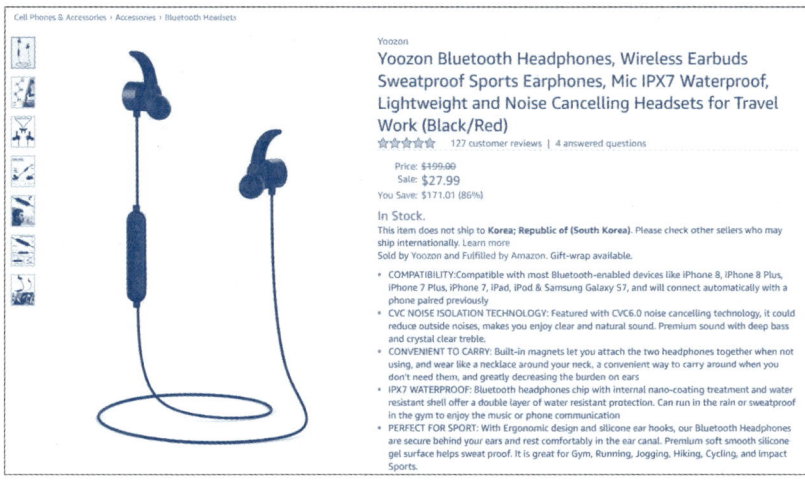

◆ 상품의 특징을 요소별로 나열한 것은 상품 페이지 상단에서 상품 설명 글의 역할을 한다.

또한 Product description에 상품의 특징을 문장으로 작성할 수도 있다. 이때 요소별로 나열된 특징과 거의 유사하게 구성하거나 형식적으로 짧게 작성하는 경우가 많은데, 상품에 관한 스토리텔링을 한다면 보다 완벽한 상품 설명 글이 될 것이다.

◆ 이 상품 설명 글은 조금 딱딱하고 형식적으로 작성한 예다.

Chapter 4 상품 등록이 명함이다   173

■ **Keywords**

상품의 사용 목적Intended Use, 광고 타깃Target Audience, 기타 특성Other Attributes, 주제Subject Matter, 서치 텀Search Terms 등을 기입한다. 서치 텀은 상품 타이틀에 포함되지 않았지만 연관된 단어를 검색해 보다 쉽게 상품을 찾아내는 데 도움을 준다. 서치 텀에 포함된 키워드는 바이어가 입력하는 검색어와 비교되어 그 유사성이 상품 노출에 영향을 미치게 된다. 서치 텀은 단어를 끊지 말고 한 문장으로 쓰되 중복되는 단어가 없도록 하고 문장 부호를 사용하지 말아야 한다.

서치 텀의 올바른 예

Search Term 1	brush on block mineral powder sunscreen sunblock
Search Term 2	sun screen protection spf 30 suntan lotion tan kid
Search Term 3	baby spray face child family natural skin sport
Search Term 4	cream boat women men infant spf30 travel small
Search Term 5	solar defense uv facial sensitive babies

이상의 내용은 아마존 상품 등록 시 기재해야 하는 항목이다. 이베이와 같이 상품별로 결제 방법을 설정하거나, 배송 수단과 배송비를 세팅하거나, 반품 규정을 기재하지는 않는다. 이러한 항목은 Shipping Settings에서 설정해 계정에 일괄적으로 적용한다.

아마존에 상품을 리스팅한 후에는 판매를 늘리기 위한 전략을 세워야 한다. 처음에는 시험 삼아 직접 발송하다가 조금씩 판매되기 시작하면 상품을 FBA에 입고하는 것이 안정적인 방법인데, 이는 FBA에 재고가 쌓이는 것을 방지할 수 있으나 FBA보다 배송이 느리기 때문에 판매가 쉽지 않다는 것이 단점이다.

시장 조사를 충분히 하여 확신이 있다면 리스팅과 동시에 FBA 입고로 전환할 수도 있다. 이는 상당히 적극적인 방법으로, 상품 등록 후 바로 FBA를 통해 판매되기 때문에 좋은 리뷰를 좀 더 빨리 쌓을 수 있다는 것이 장점이다. 하지만 검증되지 않은 상황에서 많은 상품을 FBA에 입고했다가 판매가 이뤄지지 않는다면 가격을 낮추게 되거나 재고 보관 비용 등의 부담을 떠안을 수도 있다.

아마존에서 가장 이상적인 판매 방법은 PL로 리스팅하는 것이다. PL은 'Private Label'의 약자로, 셀러가 자신의 브랜드를 만들고 이 브랜드를 붙여서 판매하는 것을 말한다. 상품을 직접 생산하는 경우도 있지만 보통은 제조사로부터 상품을 공급받아 라벨만 붙이는 경우가 많다. 그래서 한 제조사에서 생산된 동일한 제품에 다른 브랜드가 달려 있는 것을 종종 보게 된다. 이 경우 제조사에 요청해 차별화된 기능을 추가하거나, 색상을 다양화하거나, 디자인을 수정해 독창적인 상품을 개발하는 전략을 구사할 수도 있다.

03_ 엣시에서의 리스팅 방법과 전략

엣시에서의 리스팅은 이베이의 과정과 거의 유사하다. 이베이에서 판매하는 상품을 엣시에서도 판매하고자 하는 셀러라면 이베이에서 리스팅 시 활용했던 자료를 거의 그대로 사용하여 매우 손쉽게 리스팅을 할 수 있다.

■ Photos

엣시에서의 리스팅은 이미지를 등록하는 것으로 시작된다. 이미지는 10장까지 등록할 수 있으며, 깔끔한 배경에서 플래시 없이 자연광으로 촬영한 이미지를 권장한다. 권장하는 최소 규격은 가로 1000픽셀이지만 그 이하도 등록할 수 있다.

■ Title

상품 타이틀은 140글자까지 작성할 수 있으나 다른 플랫폼과 마찬가지로 키워드의 중요도를 판단해 나열해야 한다. %, :, & 등의 문장 부호는 한 번씩만 사용이 가능하고 $, ^, ` 등의 문장 부호는 사용할 수 없다.

■ About this listing

이는 엣시에만 있는 독특한 항목으로, 상품을 누가 만들었는지 Who made it?, 완성품인지 혹은 상품을 만드는 재료나 도구인지 What is it?, 언제 만들어진 상품인지 When was it made?를 차례대로 기재한다. 수공예품을 주력으로 하는 글로벌 마켓답게 자신이 직접 만들거나 자기 가게의 직원이 만든 상품을 Handmade로 취급하고 가장 선호한다. 이와 구분해 다른 회사나 다른 사람이 만든 수공예품은 Handmade with production assistance(다른 사람의 도움을 받아 생산된 수공예품)로 취급된다.

| About this listing *
Learn more about what types of items are allowed on Etsy.	Another company or person	A supply or tool to make things	2010 - 2017
	This item is a supply		

◆ 누가 만들었는지, 완성품인지 혹은 상품을 만드는 재료나 도구인지, 언제 만들어진 상품인지는 엣시에서만 기입하는 정보다.

■ Category

엣시에서는 상품의 핵심 키워드를 검색했을 때 제시되는 카테고리 체계 중에서 원하는 것을 선택하는 기능이 제공되지 않는다. 따라서 대분류부터 소분류까지 직접 브라우징해서 카테고리를 설정해야 한다. 카테고리가 다섯 단계로 세분되어 있지만 가장 낮은 단계까지 반드시 설정해야 하는 것은 아니다.

■ Description

상품 설명 글은 자유로운 형식으로 작성할 수 있으나 아마존과 같이 이미지 호스팅은 물론 폰트의 종류, 색상, 크기 등은 변경이 불가능하다. 따라서 상품의 스펙과 판매 정책을 텍스트로 깔끔하게 구성해야 한다.

■ Price, Quantity

셀링 리미트가 없기 때문에 판매 가격과 수량을 원하는 대로 기재할 수 있다. 엣시는 판매 수수료가 저렴하므로 이베이나 아마존에서 판매하는 상품을 등록할 때보다 가격을 낮춰서 설정할 수 있다.

■ **Shipping options**

배송 수단 설정이 조금 특이한데, 미국 사이트임에도 Domestic Shipping을 미국이 아닌 셀러의 국가로 설정해야 한다. 즉 한국 셀러라면 배송 지역을 South Korea와 Everywhere Else, 두 지역으로 구분해 설정한다. 배송 수단에는 Standard Shipping, Expedited Shipping과 같은 일반적인 용어를 반드시 사용하지 않아도 되며 자유롭게 Registered Mail 등을 기재해도 된다. Processing Time은 핸들링 타임을 말하며, 주문 제작 상품도 취급하는 마켓의 특성상 1~3일, 3~5일, 1~2주, 6~8주 등 비교적 여유 있게 설정할 수 있다.

04_ 보낸자에서의 리스팅 방법과 전략

보낸자에서는 셀러가 신규 리스팅을 하는 일이 매우 드물다. 앞서 설명했듯이 보낸자의 가장 큰 장점은 이베이, 아마존, 엣시에 올려놓은 상품을 클릭 몇 번만으로 그대로 옮겨올 수 있다는 것이고, 이 기능을 활용하는 경우가 대부분이기 때문이다. 그러므로 보낸자를 이용하는 주된 목적은 이베이, 아마존, 엣시에 올려놓은 상품을 옮겨와 보낸자의 바이어들에게 좀 더 저렴한 가격에 판매하는 것이다. 그러기 위해서는 보낸자의 계정에 이베이, 아마존, 엣시의 계정을 연동하는 작업이 필요하다. 연동 메뉴에서 상품을 옮겨올 플랫폼을 선택하고 Connect your account에 해당 플랫폼의 계정 정보를 입력하면 보낸자에 리스팅된다.

이렇게 임포트된 리스팅은 이베이, 아마존, 엣시와 연동되어 별도로 설정하지 않아도 자동으로 동기화된다. 따라서 이베이, 아마존, 엣시에 리스팅을 추가하거나 종료하면 몇 시간 내에 보낸자에 그대로 반영된다. 보낸자와 연동된 플랫폼에 상품을 리스팅하는 것은 곧 보낸자에 상품을 리스팅하는 것이나 다름없다.

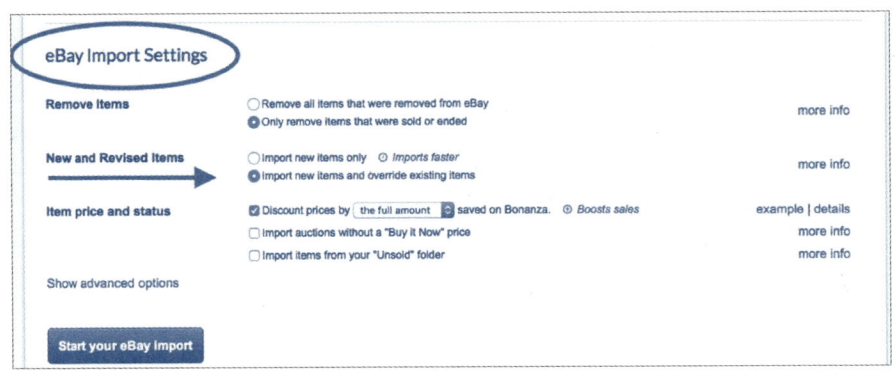

◆ 보낸자에서는 이베이 계정을 연결해 이베이에 등록한 상품을 옮겨올 수 있다.

05_ 라자다에서의 리스팅 방법과 전략

라자다에서의 리스팅 방법은 아마존과 유사한 점이 많다. SPU Standard Product Unit 는 아마존의 Sell Yours와 비슷한 기능으로, 상품의 정보를 데이터베이스화하는 것이다. 리스팅하려는 상품이 이미 Existing Products로 등록되어 있으면 SPU를 활용해 리스팅에 필요한 대부분의 정보를 가져올 수 있다. 물론 새로운 상품을 등록할 수도 있다.

   판매에 앞서 셀러는 반드시 계정을 인증하고 승인을 받아야 한다. 셀러의 판매 관리 허브인 셀러센터 sellercenter.lalada.com.my 에서 교육 키트의 초보자 교육 동영상과 자료를 시청하고 '초보자 시험'에서 80점 이상을 받아야 통과된다. 이후 셀러가 기입하는 SKU가 라자다의 품질 검사에 합격해야 하는데, 이는 리스팅의 완성도와 직결되는 부분이다.

   라자다에서는 라이선스가 있는 상품, 중고가 아닌 새 정품만 리스팅이 가능하며, 만약 중고 상품, 법적으로 금지된 상품, FDA 승인이 없는 상품 등을 등록하면 품목당 2달러의 벌금이 부과된다. 특히 위조 상품은 강력히 제재하는데, 3회 적발시 500달러의 벌금이 부과된다.

■ Category

이베이, 아마존과 같이 상품의 핵심 키워드를 검색했을 때 제시되는 카테고리 체계 중에서 원하는 것을 선택하거나 직접 대분류부터 소분류까지 브라우징해서 선택한다.

■ SPU Information

아마존의 Vital Info와 비슷한 섹션으로 브랜드, 모델과 같은 필수 입력 항목, 제조국가 및 해당 카테고리 상품의 속성과 관련된 주요 사항을 기재한다. SPU를 활용하면 데이터베이스화된 정보를 그대로 가져올 수 있다. 브랜드의 경우 반드시 라자다에 사전 등록되어 있어야 하며, 브랜드가 등록되어 있지 않거나 브랜드가 없으면 OEM으로 기재한다.

■ More Details

상품 타이틀, 상품 설명 글, 상품의 주요 특성 Highlight과 같은 추가 상세 정보를 기재하는 부분이다. 상품 타이틀과 상품 설명 글이 Name과 Name(Malay)로 구분되어 있는데 모두 영어로 작성한다. 상품 설명 글은 매우 자유롭게 작성할 수 있다. 폰트의 변경과 이미지 호스팅이 가능하고, 필요한 경우 Video URL에 동영상도 등록할 수 있다. 유튜브에 올린 동영상을 링크하는 경우가 많은데 반드시 Embedded URL로 등록해야 한다는 것을 유의해야 한다.

 Highlight 부분에서는 3~6개 정도의 강조 표시를 해야 하는데 최대 60글자로 제한된다. 필수 기재 항목인 Warranty Type의 경우 우리와 같은 해외 셀러는 판매 후 AS를 해주기가 어려우므로 No warranty라고 기재한다.

■ SKU & Images

먼저 라자다에서 제공하는 SKU 속성 Attributes에서 상품의 속성이 되는 값을 선택한다. 이는 카테고리별로 상이한데 패션, 스포츠, 아웃도어 등의 카테고리에서는 사이즈가 SKU 속성이 되고 홈, 리빙, 전자 제품 등의 카테고리에서는 색상이나 용량이 SKU 속성이 된다.

이어서 셀러가 재고 관리 등을 위해 자체적으로 관리하는 상품 코드인 Seller SKU, 바코드, 판매 수량, 가격 등의 정보를 기재한다. 특이한 점은 프로모션 진행 여부로, 기본적으로는 리스팅을 하는 순간부터 최대 80%까지 할인을 시작할 수 있다. 라자다의 특성상 바이어들이 할인된 가격을 선호하는 경향이 있으므로, 처음부터 할인을 적용하면 상품 노출 및 판매에 유리하게 작용한다. 또한 증정품Free Gift을 별도로 기재할 수도 있는데 이는 마케팅에 일조하는 항목이다.

라자다에서는 상품 이미지에 글자를 덧붙이는 것을 허용하므로 다음과 같이 메인 이미지를 편집하는 것이 좋다.

◆ 라자다에서는 프로모션의 내용을 상품 이미지에 넣을 수 있다.

라자다 물류센터에서의 배송을 위해 상품을 포장한 패키지의 크기와 무게도 필수로 기재해야 한다. 한편 상품 설명 글을 자유롭게 작성할 수 있어 판매 상품 외의 구성품이 함께 노출되기도 하는데, 이 때문에 바이어가 상품 구성을 혼동하는 경우가 있어 패키지 내 구성품What's in the box?을 정확하게 명시해야 한다.

라자다에서는 이미지를 8장까지 등록할 수 있으며 규격 제한은 최소 500픽셀, 최대 2000픽셀이다. 이미지에 관한 몇 가지 규정이 있는데, 주요 상품의 정면이 선명하게 보이고 가리거나 덮개로 덮여 있으면 안 되며, 외양 및 색상이 다양한 상품 또는 같은 상품을 다수 한 이미지에 담는 것은 허용되지만 판매하는 상품을 '제품명/간략한 설명/하이라이트'에 명확하게 밝혀야 한다.

서치 키워드Search Keywords는 아마존의 서치 텀과 같은 것으로, 60글자씩 6개의 칸을 채울 수 있으므로 서치 텀 작성 요령을 참고해 기재한다. 마지막으로 세금Taxes과 관련된 사항은 Default로 기재한다.

모두 기재하고 나면 상품 검수Quality Check가 진행된다. 이는 리스팅의 편집을 완료한 시점부터 10일 정도가 소요되며, 라자다의 검수를 통과하면 상품이 바이어에게 노출되기 시작한다.

06_ 대량 리스팅 전략

많은 상품을 한 번에 등록하는 것은 방법적인 측면과 효용성 측면을 고려해야 한다. 이베이는 파일 익스체인지File Exchange, 아마존은 플랫 파일Flat File, 라자다는 매스 업로드Mass Upload라는 대량 등록 툴을 제공하는데 모두 엑셀 파일을 기반으로 한다. 다음과 같이 엑셀 시트에 상품의 정보를 입력하고 이 파일을 업로드하면 리스팅이 된다. 그러나 Condition, Item Specific 등의 항목은 통일된 형식이 제공되지 않는다. 예를 들면 Condition의 경우 New=1, Used=2와 같이 플랫폼에서 규정한 방식으로 고쳐서 입력해야 한다.

하나씩 리스팅을 하면 각각의 정보를 입력하고 로딩하는 데 시간이 많이 걸리지만 상품 대량 등록 툴의 사용에 익숙해지면 편리한 것은 분명하다. 그러나 상품 대량 등록 툴의 효용성이 하나씩 리스팅을 하는 경우보다 월등하다고 단정하기는 어렵다. 이미 구축된 리스팅이 어느 정도 있다면 신규 리스팅을 할 때 내용을 복사해

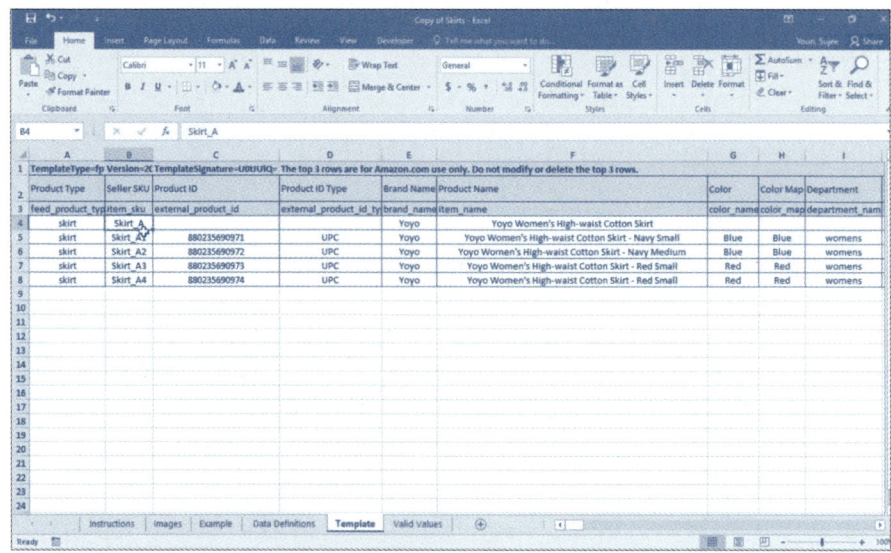

◆ 아마존은 플랫 파일이라는 상품 대량 등록 툴을 제공한다.

서 활용할 수 있기 때문이다.

또한 상품 대량 등록 툴은 리스팅의 완성도를 높이는 측면에서 바람직하지 않다. 이베이의 경우 여러 이미지를 한 번에 등록할 수 있으나 미리 이미지 호스팅을 해놓고 그 링크 주소를 넣어야 한다. 상품 설명 글도 대부분 등록 후 수정·보완해야 한다. 특히 이베이의 파일 익스체인지는 많이 사용되는 툴이 아니다 보니 꾸준히 업그레이드되지 않고 이베이에서도 사용을 권장하지 않는다. 게다가 정책 변경 등이 툴에 곧바로 반영되지 않는 경우도 많고 시스템적인 오류도 자주 발생한다. 결론적으로, 엑셀 파일을 기반으로 하는 상품 대량 등록은 책이나 음반처럼 적은 이미지로도 충분히 보여줄 수 있는 상품에 적합하며, 비슷한 형식으로 업로드할 수 있는 상품군이 아닌 이상 활용도가 높지 않다.

Chapter
05

누구보다 빠르게, 남들과는 다르게

운영 관리의 흐름과
효율적인 시스템 구축 방법

판매 후 운영 관리는 결제 확인부터 배송, 사후 처리에 이르기까지 판매하고 난 뒤 이뤄지는 일련의 과정으로, 반드시 효율적인 시스템을 구축해야 한다. 일을 시작한 지 얼마 안 되어 판매되는 상품이 적을 때는 각 단계에서 수행해야 하는 업무를 천천히 꼼꼼하게 해보면서 파악하고 시간과 비용이 얼마나 소요되는지 계산해보는 것이 급선무다. 그리고 상품이 많이 판매될 때 보다 빠르고 정확하게 업무를 처리하는 요령을 스스로 터득해야 한다.

일정한 시간에 주문을 확인하고, 재고가 있는 상품과 그렇지 않은 상품별로 발송을 처리하는 자신만의 방법이 있어야 한다. 또한 효율적으로 상품을 포장하는 방법을 궁리하여 상품 포장 절차와 발송까지의 업무 흐름도를 구상할 필요가 있다. 이러한 것이 하루아침에 정착되지는 않지만 규칙적으로 정확하게 하는 것을 최우선으로 삼고, 시간이 많이 걸리거나 비효율적인 절차는 툴을 활용하는 방법 등으로 개선해나가야 한다. 이는 전체 흐름을 꿰뚫을 수 있을 때까지, 사업을 그만둘 때까지 계속되어야 한다.

01_ 판매 및 결제 확인

상품을 꾸준히 리스팅하다 보면 판매 건이 생길 것이다. 언제 어떤 상품이 판매되는지 늘 예의주시하고, 판매된 직후부터 발송하기까지의 시간을 최소한으로 줄여야 한다. 이베이를 제외한 모든 글로벌 마켓 플랫폼은 판매와 동시에 결제가 이뤄지므로 결제 여부와 배송 주소를 함께 확인할 수 있다.

그러나 이베이는 판매 후에 결제가 진행되는 방식으로, 판매와 결제 사이에 형식적이기는 하지만 청구서를 발송해 바이어가 결제 금액을 확인하는 절차가 있다. 만약 바이어가 여러 개의 상품을 구매했을 때는 묶음 배송으로 처리하고, 필요한 경우 배송비를 할인해주는 것도 청구서에 반영해야 한다. 즉 다른 플랫폼에서는 바이어가 결제를 하면 바로 거래가 성사되지만 이베이에서는 상품 구매를 확정한 다음에 결제가 진행되는 것이다.

이베이에서는 구매와 동시에 결제를 하는 경우가 대부분이지만 구매 후 며칠이 지나서야 결제를 하거나 아예 결제를 하지 않는 경우도 있다. 바이어가 상품을 구매한 후 결제를 하지 않는다면 셀러는 클레임을 제기해야 하는데, 이를 Unpaid Item Dispute라고 한다. 판매 후 2일이 지나면 클레임을 제기할 수 있으며, 이렇게 되면 바이어에게 결제를 독촉하는 메시지가 간다. 바이어가 결제를 하면 바로 클레임이 종료되지만, 클레임을 제기한 후 5일이 지나도 결제를 하지 않으면 클레임이 종료되고 셀러는 판매 수수료를 돌려받게 된다. 이런 경우 바이어에게 경고를 주고 이 경고가 누적되면 계정 정지 등의 제재를 가한다.

바이어가 결제를 하면 셀러는 배송 주소를 확인하고 상품을 발송할 준비를 한다. 만약 배송 주소가 너무 짧거나 주소의 첫 줄에 숫자가 없으면 반드시 주소를 확인해야 한다. 바이어의 피드백 점수가 어느 정도 되면 그동안 지속적으로 구매를 한 바이어로 문제가 없다고 판단할 수 있지만, 피드백 점수가 아주 낮거나 없다면 가입하는 과정에서 주소의 일부 정보를 누락했을 가능성이 높다. 이런 경우에는 바이어에게 메시지를 보내 올바른 주소인지 확인을 거친 후 발송해야 한다. 잘못된 주소로 상품을 보내면 반송될 것이고, 이 과정에서 바이어의 상품 미수령 클레임, 반송 비용이나 환불로 인한 손실이 발생할 수 있다.

02_ 재고 확보 및 발송 준비

결제를 확인한 시점부터 상품을 발송하기까지 셀러에게 필요한 준비 기간인 핸들링 타임은 최대 3일을 넘기지 말아야 한다. 주력 상품은 평소에 재고를 적절히 보유하고 있다가 결제가 되면 곧바로 발송하는 것이 좋다.

앞서 설명했듯이 배송 기간이 긴 해외 배송의 경우는 재고를 쌓아놓지 않아도 큰 문제가 없다. 재고가 없는 상품이 판매되면 공급처에 주문해서 수령한 후 발송하면 되기 때문이다. 우리나라에서는 보통 주문한 다음 날이면 상품을 받을 수 있는데, 그러려면 대부분의 공급처가 출고를 마감하는 오후 2~3시 이전에 주문을 넣어야 한다. 이는 대부분의 글로벌 마켓이 기준 시간으로 삼는 태평양 표준시로 밤 10~11시에 해당한다. 필자의 경험상 상품이 주로 판매되는 시간대는 한국 시간으로 새벽부터 점심시간 무렵까지다. 따라서 오후 1~2시까지 들어온 주문 건 가운데 재고가 없는 상품은 당일 주문해 다음 날 수령할 수 있도록 컷오프 시간을 지정한다.

택배가 도착하는 시간대도 알아둬야 한다. 우리나라에는 CJ대한통운, 우체국, 한진, 롯데, 로젠, KG로지스, KGB 등 다양한 택배 회사가 있으며, 살고 있는 지역에 따라 택배 기사가 방문하는 시간이 제각각이다. 보통은 오후에 배달하지만 사무실이 밀집해 있거나 물량이 많은 지역은 늦은 저녁, 심지어 다음 날 아침 시간대에 배달하는 경우도 있다. 필자의 경험상 이상적인 배달 시간은 오후 3시 이전이다. 우체국의 우편 업무는 오후 6시까지이므로 오후 3시 이전에 도착한 상품은 그날 포장 및 발송을 할 수 있다.

 몇 번 상품을 주문하고 택배를 받아보면 각 택배 기사의 방문 시간을 파악할 수 있다. 방문 시간이 너무 늦다면 음료수라도 건네면서 좀 더 일찍 방문해줄 수 있는지 물어본다. 만약 배달 시간이 매일 늦어서 발송이 계속 하루 밀린다면 다른 택배 회사를 이용하는 공급처를 찾아보는 것도 하나의 방법이다.

03_ 상품 발송 준비

상품을 포장하기 전에 반드시 거쳐야 할 절차는 품질 검수다. 겉으로 보이는 하자가 없는지 꼼꼼히 확인해야 상품 수령 후의 클레임을 방지할 수 있다. 상품에 문제가 없다면 비닐백이나 폴리백, 포장지 등으로 포장을 한 다음 상자에 담는다.

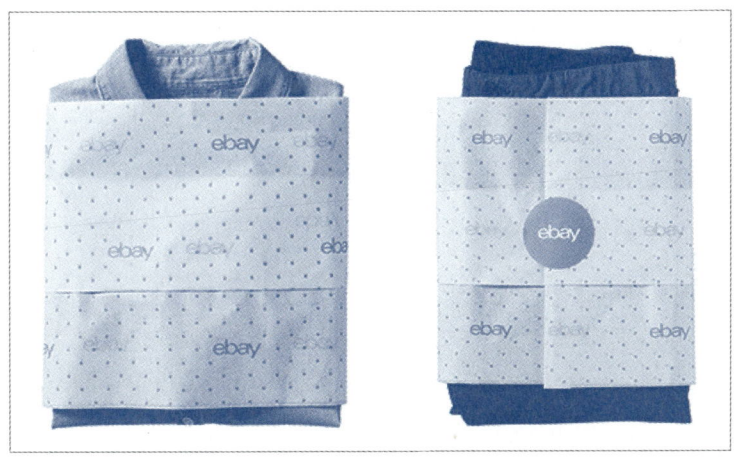

◆ 속포장만으로도 상품이 더 고급스러워 보여 바이어에게 좋은 인상을 줄 수 있다.

 해외 배송은 국내 택배보다 절차가 복잡하고 긴 시간이 걸린다. 그래서 배송 중에 상품이 파손되거나 분실될 가능성이 높을뿐더러, 포장을 제대로 하지 않으면 다음과 같은 상태로 바이어에게 도착하기도 한다.

◆ 이런 일이 발생하지 않도록 튼튼하게 포장해야 한다.

글로벌 마켓에서는 상품이 도착하기 전까지는 모든 책임을 셀러가 지는 것이 불문율이다. 배송 중의 상품 파손은 물론이고 분실도 셀러가 100% 책임져야 한다. 이때 셀러는 배송 회사에 손해배상 청구를 하거나 우체국에 행방조사 청구를 할 수 있지만, 이와는 별개로 바이어에게 보상을 해줘야 한다.

해외 배송의 경우 국내 택배 봉투 대신 튼튼한 상자를 사용해야 한다. 우편 요금을 절약하기 위해 상자보다 가벼운 택배 봉투를 사용하는 경우, 상품 파손으로 인한 손실이 더 클 수도 있다. 바이어도 상품 가격이 저렴한 대신 포장이 부실해 파손의 우려가 있는 것보다는 좀 더 비싸더라도 안전하게 배송받기를 원한다.

상품을 튼튼하게 포장하려면 상자, 안전 봉투, 완충재가 필요하다. 상자는 두께가 다양한데 상품의 특성과 상자의 가격을 고려해 적절한 것을 선택한다. 취급하는 상품의 종류가 다양하면 그에 따라 상자의 종류도 늘어나 이를 보관하는 것도 쉬운 일이 아니다. 따라서 다양한 상품을 담을 수 있는 상자를 선택하되 그보다 큰 상품은 요령껏 상자 2개를 덧대어 사용한다.

상품이 사진이나 스티커처럼 얇다면 안전 봉투를 사용한다. 안전 봉투는 내부에 에어캡이 있어 상품이 손상되는 것을 막아준다.

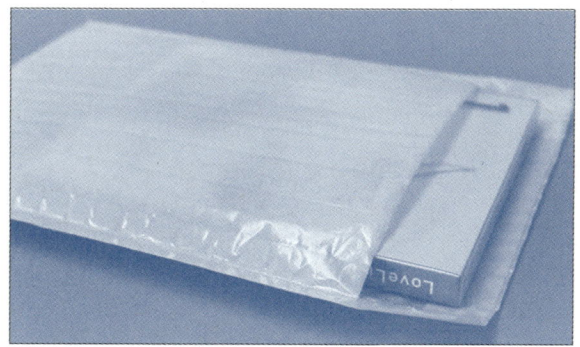

◆ 안전 봉투는 에어캡 봉투라고도 한다.

　에어캡은 외부의 충격으로부터 상품을 보호해주지만 저렴한 에어캡은 잘 터진다. 두껍고 질겨야 상품을 보호하는 데 유용하므로 반드시 두께가 0.4mm 이상인 에어캡을 사용하도록 한다. 깨지기 쉬운 상품에는 공기주머니가 큰 일명 왕에어캡을 사용해야 파손을 방지할 수 있다. 또한 영어로는 'peanut, foam peanut, packing peanut', 우리말로는 폼포미라고 불리는 완충재는 우리나라에서는 많이 사용되지 않지만 미국에서는 흔히 사용되는 포장 부자재다. 폼포미는 상품과 상자 사이의 빈 공간을 채워 상품을 보호하는 역할을 한다.

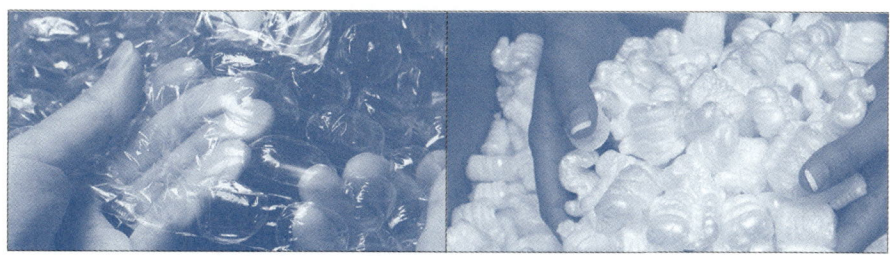

◆ 왕에어캡과 폼포미

　포장 때문에 배송비가 증가해 결국 상품 가격이 올라가더라도 절대 포장비를 절감하려고 하면 안 된다. 안전하고 꼼꼼한 포장은 셀러의 기본적인 서비스로, 바이어에게 좋은 인상을 주어 재구매를 유도하는 요인 중 하나다. 상품 하나만 놓고 보면 배송비의 손실로 여겨지겠지만 폭넓은 관점에서 보면 파손이나 바이어의 불만족으로 인한 손실에 미치지 못한다.

포장된 상품에는 보내는 사람의 주소, 받는 사람의 주소, 세관 신고서를 부착해야 한다. 주소는 영문으로 작성하는 것이 원칙이지만 바이어가 자국어 주소를 남겼다면 그대로 작성해도 무방하다. 이베이에서는 유럽 등 일부 국가의 경우 바이어의 주소에 국가명이 아닌 국가 약호로 표시한다. 국가명 대신 국가 약호를 기재해도 접수하는 데에는 문제가 없으나 국제우편물류센터에서 실수할 수도 있으니 되도록 국가명을 기재하는 것이 좋다.

우리나라에서는 택배 회사의 프로그램을 활용해 발송인과 수취인의 주소, 상품명이 포함된 송장을 한 번에 출력할 수 있으나 글로벌 마켓 플랫폼에서는 이를 제한적으로 활용할 수 있다. 미국 셀러는 플랫폼과 미국 우체국 서비스를 연동해 1장의 송장을 출력할 수 있지만 미국 외 국가의 셀러는 그럴 수가 없다. 그래서 대부분의 셀러는 발송인 주소, 수취인 주소, 세관신고서를 각각 따로 작성해 부착하고 있다. 실상은 자신의 주소와 받는 사람의 주소를 손으로 직접 쓰는 미국 셀러가 아직도 적지 않으며, 우리나라에서도 국제소포나 EMS를 발송할 때 손으로 직접 주소를 써야 하는 경우가 있다.

> ⓘ **파워 솔루션**
>
> 국가 약호 때문에 유독 많은 문제가 발생하는 경우는 호주와 오스트리아이다. 호주(Australia)와 오스트리아(Austria)는 영어 표기가 유사하고 국가 약호가 호주는 AU, 오스트리아는 AT다. 따라서 오스트리아로 상품을 발송할 때는 뒤에 Europe을 붙여 Austria(Europe)이라고 기재하는 것이 좋다.

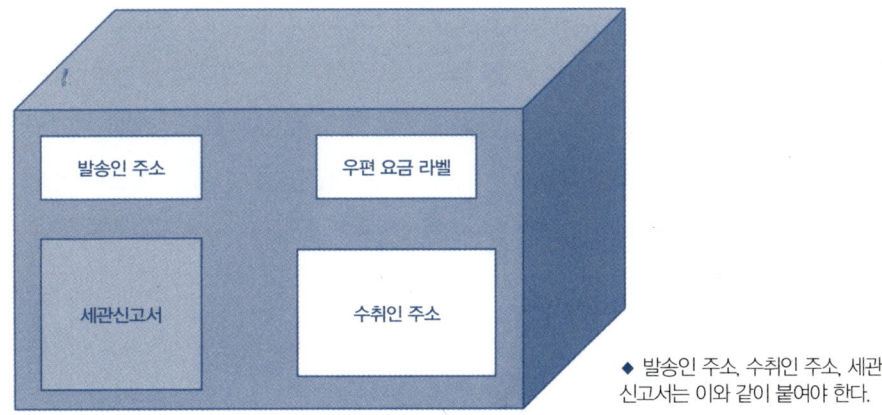

◆ 발송인 주소, 수취인 주소, 세관신고서는 이와 같이 붙여야 한다.

판매가 많지 않을 때는 발송인 주소, 수취인 주소, 세관신고서를 각각 작성해 부착하는 일이 부담스럽지 않겠지만 판매가 증가하면 시간 낭비를 초래한다. 따라서 한글이나 워드, 엑셀 등의 프로그램으로 배송 라벨 형식을 만들고, 수취인 주소와 세관신고서의 내용만 수정해 출력하면 업무의 효율성을 높일 수 있다.

◆ 한글 프로그램으로 만든 라벨지의 예로, 형식은 그대로 사용하되 수취인 주소만 복사 및 붙여넣기한다.

Chapter 5 누구보다 빠르게, 남들과는 다르게

세관신고서는 우체국에서 배부하는데, 기재 사항을 제대로 작성한다면 셀러가 직접 만들어서 사용해도 상관없다. 세관신고서를 작성할 때는 판매한 상품에 해당하므로 Merchandise에 표시하고, 배송비를 제외한 상품의 가격을 정확히 기재해야 한다. 금액에 따라 바이어의 국가에서 관세 등의 세금이 발생할 수 있으니 무관세 범위를 미리 확인해보고 이를 초과하는 상품의 경우 세금이 부과될 수 있음을 바이어에게 알려줄 필요가 있다.

주요 국가별 무관세 범위

국가	국가 약호	면세 한도(무관세 금액)		환율 계산
		상품/상품 견본	선물	
그리스	GR	22 EUR	45 EUR	10 EUR≒12 USD
네덜란드	NL	22 EUR	45 EUR	
노르웨이	NO	1000 NOK	350 NOK	100 NOK≒13 USD
뉴질랜드	NZ	400 NZD	110 NZD	100 NZD≒72 USD
대만	TW		25 USD	
독일	DE	22/50 EUR	45 EUR	
러시아	RU	1000 EUR		
말레이시아	MY	500 MYR	200 MYR	100 MYR≒24 USD
멕시코	MX	200 SDR		
미국	US	800 USD		
베트남	VN		100만 VND	100만 VND≒44 USD
벨기에	BE	22 EUR	45 EUR	
브라질	BR		50 USD	
스웨덴	SE	200 SEK	500 SEK	100 SEK≒13 USD
스위스	CH	62 CHF	100 CHF	100 CHF≒105 USD
스페인	ES	21.04 EUR		
싱가포르	SG	400 SGD		100 SGD≒74 USD

국가	국가 약호	면세 한도(무관세 금액)		환율 계산
		상품/상품 견본	선물	
아랍에미리트	AE	1000 AED		1000 AED≒273 USD
아르헨티나	AR	25 USD		
아일랜드	IE		22 EUR	
영국	GB	15 GBP	36 GBP	10 GBP≒13 USD
이스라엘	IL	모두 과세	50 USD	선물 인정 조건: 금 제품 불가, 내용품을 정확히 기재, 15 USD 이하(책, 의류는 75 USD 이하)
이탈리아	IT	22 EUR	45 EUR	
인도	IN	1000 INR	5000 INR	1000 INR≒16 USD
인도네시아	ID	500000 IDR		100000 IDR≒7.5 USD
일본	JP	10000 JPY		10000 JPY≒91 USD
중국	CN	50 RMB		50 RMB≒7.5 USD
캐나다	CA	20 CAD	60 CAD	10 CAD≒8 USD
태국	TH	1000 THB		1000 THB≒30 USD
터키	TR		75 EUR	
페루	PE	284.9 PEN		284.9 PEN≒88 USD
포르투갈	PT	22 EUR	45 EUR	
폴란드	PL	22 EUR	45 EUR	
프랑스	FR	22 EUR		
핀란드	FI	22 EUR		
필리핀	PH	모두 과세		
헝가리	HU	22 EUR	45 EUR	

간혹 금액을 낮게 적는 언더밸류under value를 아무렇지 않게 하는 셀러가 있는데 이는 명백한 관세법 위반 행위이고, 적발되면 바이어가 모든 책임을 져야 한다. 이런 경우 바이어가 언더밸류를 적용하지 않은 상품의 가격에 대한 관부가세를 지불

하고 상품을 수령하거나 배송업체에 연락해 상품을 반송해야 하므로 큰 불편을 겪게 된다.

04_ 상품 발송 및 트래킹 넘버 입력

소형 포장물, 국제등기, 국제소포 등을 이용해 상품을 보내려면 우체국에 가서 우편물을 접수해야 한다. 해외 배송은 국내 배송보다 접수 시간이 오래 걸린다. 우체국은 구 단위, 동 단위 우체국과 우편 취급국으로 구분되는데 상대적으로 이용객이 적은 동 단위 우체국을 이용하는 것이 좋다. 물론 지역마다 차이가 있겠지만 동 단위 우체국보다 구 단위 우체국에 사람이 많은 편이고, 사무실 밀집 지역의 우편 취급국에도 많은 사람이 몰린다.

   소형 포장물의 경우 트래킹 넘버를 제공하지 않으므로 편지를 부치는 것처럼 간편하게 상품만 접수하면 된다. 그러나 국제등기는 국제등기우편물 접수증을 제출해야 하며, 이는 차후에 수출을 증빙하는 자료이니 잘 보관해둔다.

   송장 출력과 마찬가지로 미국 셀러의 경우 발송 표시와 트래킹 넘버의 기재가 자동으로 처리되지만 미국 외 국가의 셀러는 그렇지 않다. 따라서 한국 셀러는 우체국에 접수를 하고 나면 발송했다는 표시 Shipped를 하고 트래킹 넘버를 입력해야 한다.

상품 매입은 관대하게, 관리는 섬세하게

판매 운영 관리를 위해 가장 먼저 해야 할 일은 재고와 포장재를 구비하고 상품을 포장하는 공간을 마련하는 것이다. 자기 집이나 사무실에 상품과 포장재를 적재하고 상품을 포장할 만한 공간이 있는지 찾아본다. 베란다나

◆ 국제등기우편물 접수증

다용도실에 재고와 포장재를 보관하는 경우 햇빛이나 습기로 인해 손상되지 않는지 살펴봐야 한다. 상품 포장을 하는 공간은 창문이 있어 환기가 잘되는 곳이 좋으며, 테이프를 사용할 때 적지 않은 소음이 발생하므로 집 안 사람들이나 이웃에게 피해를 주지 않는지도 확인해야 한다.

◆ 작지만 알차게 꾸며진 상품 포장 공간의 예

보통의 셀러들은 상품이 팔리지 않을 것을 걱정해 재고를 마련하는 데 인색한 경향이 있다. 하지만 글로벌 마켓에서의 상식과 통념상 재고 없이 활동하는 셀러는 최소한의 자격을 갖추지 못한 셀러나 다름없다. 이런 셀러는 바이어에게 신뢰를 주지 못하거나 마켓 진입에 제한이 받을 수 있으므로 판매 상품은 최소한의 재고를 매입해둬야 한다.

재고在庫는 꼭 필요하지만 자칫 잘못하면 악성 재고가 되어 자금의 순환을 저해하기 때문에 판매량을 고려해 매입을 신중하게 재고再考해야 한다. 처음에는 주요 상품 위주로 1~2개만 매입하고, 판매 추이를 지켜보면서 조금씩 재고를 늘려나가는 요령이 필요하다. 이때 고려해야 하는 것이 상품의 수명 주기다. 상품의 수명 주기는 새로운 상품을 선보이는 도입기부터 성장기, 성숙기를 거쳐 쇠퇴기로 이어지는 사이클을 말한다.

도입기는 상품이 시장에 처음 소개되는 시기로, 상품의 인지도를 높이고 구매를 유도하는 것이 마케팅의 목표다. 이베이의 경우 경매 방식의 판매로 인한 손실, 아마존의 경우 리뷰가 없는 데 따르는 가격 하락으로 인한 손실 등 마케팅 비용이 많이 들지만 상대적으로 수익을 거두기가 어렵다.

성장기는 판매량이 급격히 늘어나는 시기로, 이때부터 본격적으로 수익이 발생한다. 이 시기에는 과감한 투자도 필요한데 이는 매출의 제고提高로 이어질 수 있다. 시장 점유율을 최대로 끌어올리는 것이 마케팅의 목표이며, 경쟁 셀러가 등장하기 때문에 진입 장벽을 미리 구축하는 것도 중요하다.

성숙기는 시장의 크기가 더 커지는 것은 아니지만 매출과 수익이 극대화되는 시기로, 수익을 극대화하면서 시장 점유율을 지키는 것이 마케팅의 목표가 된다. 하지만 여전히 경쟁이 치열한 상황이라 마케팅 비용이 줄어들지 않는다. 자금을 더 투입해 마케팅을 해야 할지, 멈춰야 할지를 결정해야 한다.

쇠퇴기는 판매량이 떨어져 수익이 크게 감소하는 시기다. 상품의 수명이 다했다고 볼 수 있으므로 비용 지출을 줄이면서 지속적으로 수익을 창출하는 동시에 후속 대책을 마련해야 한다. 상품의 수명 주기가 쇠퇴기에 접어들었다고 판단되면 매입가와 비슷하거나 좀 더 낮은 가격으로라도 최대한 빨리 재고를 소진해 그 자금으로 다른 상품을 매입하는 것이 낫다. 또한 지금 잘 팔리는 상품이라도 언젠가는 쇠퇴기를 맞을 것이니 손익분기점의 시점 및 수명 주기의 어느 단계에 있는지를 파악해 그에 따라 마케팅 전략을 세워야 한다.

판매 수량을 잘 조절할 수 있고 공급처에서 재고 관리를 잘한다면 주문이 들어올 때마다 매입하는 것도 하나의 방법이다. 수시로 재고 현황을 확인해야 하므로 매우 높은 수준의 관리 체계가 요구되지만, 이 방법을 잘 활용하면 재고 부담을 덜고 자금의 유동성을 확보할 수 있다.

안정적으로 상품을 공급받기 위해서는 공급처에 대한 평가와 관리가 필요하다.

공급처의 사이트에 올라와 있는 상품들이 체계적으로 관리되어 품절이 되지 않는 것이 가장 중요하며, 재고가 있음을 확인하고 주문했는데 품절이라고 통보하는 경우가 잦다면 장기적인 관점에서 거래를 끊는 것이 좋다. 가격이 좀 더 비싸더라도 품절이 1% 이하로 관리되는 곳이 바람직한 공급처라고 할 수 있다. 거래가 지속되고 신용이 쌓이면 자연스럽게 가격을 조율할 수도 있을 것이다.

명절이나 연말연시에 부담되지 않는 수준에서 선물이나 간식을 보내 작은 성의를 표시하는 것도 요령이다. 공급처는 많은 매입처를 두고 있을 텐데, 단순히 상품을 받아 가는 업체에서 더 나아가 함께 성장하는 파트너가 되어야 한다. 이렇게 굳건히 다져진 관계 속에서는 좋은 기회도 생기는 법이다. 필자의 경우 순수한 마음으로 공급처에 고마움을 표했더니 공급률을 조정해주었고, 돈독한 관계로 발전한 후에는 프로모션이나 특가 상품 판매 등을 다른 매입처보다 빨리 선점하는 혜택도 받을 수 있었다.

01_ 리스팅 재고 수량 관리

리스팅을 하는 데 필요한 사항에서 살펴보았듯이 각각의 리스팅에는 재고 수량을 입력해야 한다. 이 재고 수량은 실제 보유한 수량과 일치하고 체계적으로 관리되는 것이 이상적이지만 셀링 리미트, 재고 보유의 어려움 등으로 인해 차이가 발생할 수 있다.

이베이의 경우 셀링 리미트로 인해 처음부터 원하는 만큼 재고 수량을 잡기가 어려우므로 보통은 적은 수량을 입력하고 판매를 시작한다. 그런데 상품이 판매되어 재고 수량이 줄어들다 0이 되면 리스팅이 노출되지 않거나 종료되는 상황이 발생할 수 있다. 이베이에서는 한 리스팅의 누적 판매량이 상품 페이지에 표시되는데, 이는 바이어의 구매 결정에 영향을 미치는 중요한 요소다. 따라서 계속 판매되는 상품은 누적 판매량을 유지하면서 바이어들이 필요로 하는 만큼의 재고 수량이 되도록 해야 한다.

리스팅의 재고 수량 유지는 대개 수동으로 이뤄진다. 즉 재고 수량을 5개 입력하고 판매를 시작했는데 4개가 판매되어 1개만 남았다면 이 리스팅을 수정하여Revise 재고 수량을 다시 입력하는 것이다. 처음에는 번거로울 수도 있지만, 판매될수록 셀링 리미트가 늘어나고 셀링 리미트에 여유가 생기면 재고 수량을 넉넉하게 잡을 수 있으니 그때까지는 좀 더 긴밀하게 리스팅을 관리해야 한다.

우는 손님도 달래서 내 편으로 만들자

우리나라 온라인 마켓에서는 바이어와 셀러의 대표적인 커뮤니케이션 수단이 전화지만 해외 온라인 마켓에서는 메시지를 통해 커뮤니케이션이 이뤄진다. 바이어와 셀러의 커뮤니케이션이 가장 활성화되어 있는 마켓은 단연 이베이다. 이베이에서는 상품에 대한 바이어의 문의와 셀러의 답변에 관여하지 않기 때문에 상품 판매의 모든 과정에서 셀러의 응대가 매우 중요하다.

01_ 커뮤니케이션 채널의 효율적인 운영

메시지를 통한 커뮤니케이션은 실시간으로 이뤄지지 않는 데다 언어의 차이가 있기 때문에 신속 정확하게 명확한 어조로 확실한 해결책을 제시해야 한다. 상품을 판매하는 과정에서 바이어가 문의하는 내용은 거의 비슷하다. 그러므로 답변을 유형화하여 문서로 만들어놓고 필요할 때마다 복사해 붙여넣기를 하면 시간이 절약되어 운영 관리를 효율적으로 할 수 있다. 바이어가 자주 문의하는 사항은 다음과 같다.

바이어의 주요 문의 사항

구분	주요 문의 사항
상품의 특성	상품의 크기, 사용법, 구성품 등
배송 관련	평균 배송 기간 트래킹 넘버 유무 트래킹 넘버를 조회할 수 있는 사이트 문의 묶음 배송 가능 여부 묶음 배송 시 할인 가능 여부
클레임	상품 미수령에 대한 불만 상품 불일치에 대한 불만 반품 요청

이베이에서는 주고받는 메시지에 이미지 첨부도 가능하기 때문에, 바이어가 배송 조회 결과에 대해 문의하는 경우 배송 조회 화면을 캡처해서 보내줄 수도 있고, 바이어가 상품에 문제가 있다고 클레임을 제기하는 경우 문제를 확인하는 수단으로 활용할 수도 있다. 또한 바이어가 자주 묻는 질문을 미리 FAQ로 정리해, 바이어가 Ask a question 버튼을 클릭했을 때 FAQ의 내용이 노출되도록 설정할 수 있다. 바이어와 커뮤니케이션을 하면서 축적된 데이터를 기반으로 질문과 답변을 정리해놓으면 동일한 문제에 대한 문의가 줄어들어 시간을 허비하지 않는다.

특히 이베이는 아마존이나 라자다처럼 배송 과정에 플랫폼이 개입하지 않기 때문에 이에 대한 문의가 많을 수밖에 없다. 따라서 자주 묻는 질문에 국가별, 배송 수단별 평균 배송 기간, 트래킹 넘버를 조회할 수 있는 사이트 링크, 예상 배송 기간 초과 시 문제 해결을 위한 셀러의 정책과 같은 내용을 반드시 포함해야 한다.

이베이에서는 메시지 아래에 서명을 넣을 수도 있으니 셀러의 브랜드나 스토어의 콘셉트, 캐치프레이즈 등을 넣어 홍보 수단으로 활용하는 것도 좋다. 또한 부재 시 메시지 자동 응답 기능을 사용하면 셀러의 부재 상황을 알려줌으로써 급한 용건이 있는 바이어의 불만을 어느 정도 가라앉힐 수 있다.

한편 아마존과 라자다에서는 바이어가 셀러에게 직접 문의하는 일이 거의 없다. 바이어가 아마존이나 라자다에 직접 문의하며, 아마존과 라자다는 이에 대해 답을 해줄 뿐 아니라 문의 내용과 답변을 상품 페이지에 정보로 제공하여 질의응답 시간을 절약해준다.

 바이어를 관리할 때 중요한 일 중의 하나는 단골손님 관리다. 사업 운영이 여의치 않아 접어야 할지, 계속해야 할지 고민 중일 때 지표가 되는 것이 바로 재방문율이다. 당장 판매가 부진하더라도 버텨보기로 마음먹었다면 재방문하는 단골손님이 얼마나 되는지 파악해본다. 단골손님이 어느 정도 있다면 장기적인 관점에서는 사업을 일으킬 가능성이 있는 것이다. FBA를 이용하는 경우를 제외하고 셀러가 바이어에게 직접 상품을 발송할 때 얼마든지 성의 표시를 할 수 있다. 추가 상품을 증정하

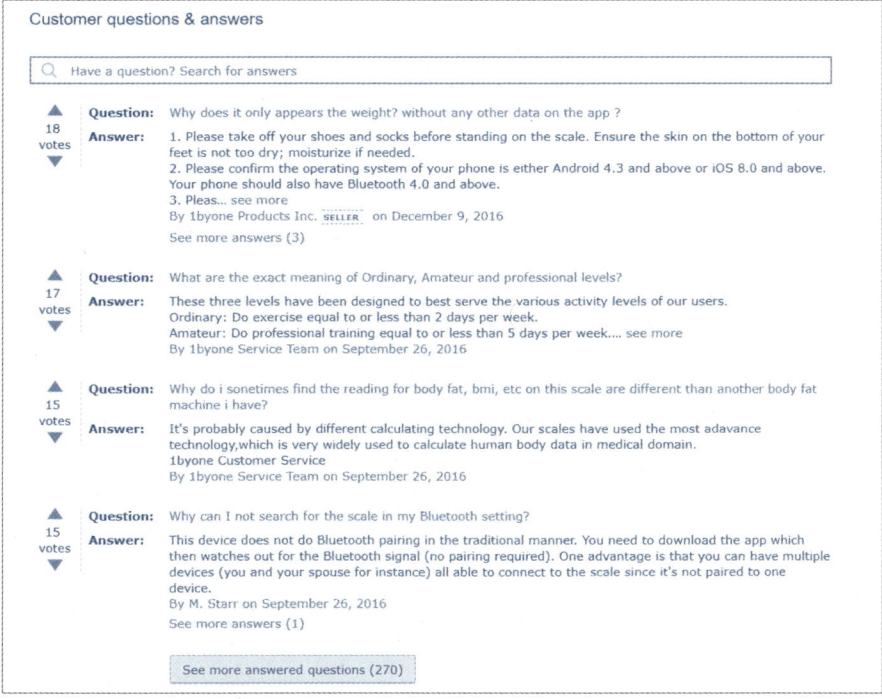

◆ 아마존의 Customer questions & answers 페이지

◆ 라자다의 Questions About This Product 페이지

거나 감사의 손편지를 동봉하는 방법 등으로 단골손님을 유지하면서 새로운 단골손님을 늘려나간다면 길이 보일 것이다.

02_ 불만 고객에 대한 세심한 응대

상품을 구매한 바이어는 상품 및 셀러의 서비스에 대해 만족 또는 불만족을 느끼게 된다. 모든 글로벌 마켓 플랫폼에서는 피드백 등의 지표로 셀러를 평가함으로써 바이어의 만족도가 즉시 표출되고 다른 바이어의 구매 결정에 영향을 미친다. 따라서 글로벌 마켓에서 활동하는 셀러는 만족한 바이어의 관리뿐 아니라 만족하지 못한 바이어의 관리에도 초점을 맞춰야 한다. 바이어의 불만족을 제대로 해결하지 않으면 나쁜 입소문을 타고 불리한 상황이 전개될 수도 있기 때문이다. 만족하지 못한 바이어의 입소문은 만족한 바이어의 입소문보다 세 배 정도 효과를 발휘한다고 한다.

사실 셀러 입장에서는 아무 표현도 하지 않는 바이어보다 불만족을 드러내는 바이어가 중요한 역할을 한다. 바이어의 불만족을 통해 문제점을 파악해 해결할 수 있으며, 적극적으로 대응하는 모습을 보여주어 노력하는 셀러라는 이미지를 심어줄 수도 있다. 하지만 말이 없는 바이어는 더 이상 상품을 구매하지 않고 조용히 떠나버리기 때문에 셀러는 그 이유를 알지 못한다. 그래서 불만이 있는 바이어의 의견을 오히려 감사히 여겨야 한다. 바이어가 불만을 제기하면 셀러로서는 기분이 좋지 않겠지만, 바이어 입장에서 해결해줌으로써 바이어가 특별한 서비스를 받았다고 느끼게 해야 한다.

바이어가 클레임을 제기하는 원인은 상품을 수령하지 못한 경우Item Not Received, INR와 상품을 수령했으나 문제가 있는 경우Significantly Not As Described, SNAD로 크게 구분할 수 있다. 셀러는 이에 대해 환불, 재발송, 반품 수령 등의 조치를 재빨리 취해야 한다.

아마존이나 라자다의 배송 시스템을 활용하는 경우에는 상품을 수령하지 못해 발생하는 클레임이 없다. 설사 바이어가 상품을 수령하지 못했다고 해도 아마존이나 라자다에서 확인 및 보상을 해주기 때문에 셀러가 신경 쓸 일이 없다. 이때 아마존의 FBM, 이베이, 엣시, 보낸자 등에서 상품을 판매해 셀러가 직접 발송하는 경우에는 바이어가 상품을 받지 못해 클레임을 제기하는 일이 간혹 있다. 정말로 상품이 분실되는 경우는 아주 드물며 대부분이 단순 배달 지연이나 반송 탓이다. 따라서 클레임이 제기되면 트래킹 넘버를 조회해보고 현재 상품이 어디에 있는지, 그리고 도착하는 데 얼마나 더 걸리는지 확인해 바이어에게 즉시 알려줘야 한다.

해외 발송 우편물을 트래킹할 수 있는 사이트

사이트	주소
17track	www.17track.net/ko
Packagetrackr	www.packagetrackr.com
Trackitonline	en.trackitonline.ru

　트래킹 넘버의 조회가 원활하지 않거나 평균적인 배송 기간이 한참 지났을 때는 바이어에게 정중하게 사과한 후 환불이나 재발송 등 바이어가 원하는 대로 조치를 취한다. 분명히 상품을 발송했음에도 전적으로 셀러가 손해를 보는 상황이지만, 글로벌 마켓에서는 상품이 바이어에게 도착하기 전까지의 모든 책임을 셀러가 지는 것이 불문율이니 어쩔 수 없다.

　그렇다고 해서 무조건 상품을 잃어버린 것으로 간주하고 손해를 감수할 수는 없는 노릇이다. 셀러는 이메일로 또는 우체국에 가서 행방조사 청구를 신청할 수 있는데 오른쪽 페이지와 같은 서류를 작성해 제출해야 한다. 행방조사 청구를 신청하면 상대 국가로부터 회신이 오는 즉시 발송인에게 통보해준다. 분실로 판명 나는 경우, 보험을 들었을 때는 보험가액 전액을, 보험을 들지 않았을 때는 배송 수단별로 일정 금액을 보상받을 수 있다.

　셀러에게 상품이 반송되는 경우도 간혹 발생한다. 바이어가 상품을 받지 못했다고 클레임을 제기하기 전이건 제기한 후건 상품 반송은 좀 더 복잡한 문제를 야기한다. 바이어의 주소 오기재, 세관 계류, 기타 사유 등 객관적으로는 셀러의 잘못이 없다 하더라도 결과만 놓고 보면 바이어에게 상품이 전달되지 않은 상황이라 현실적으로는 배송비 등의 손실을 감수하고 전액 환불해줘야 한다. 셀러로서는 수긍하기 어렵겠지만 바이어가 클레임을 제기하면 결국 트래킹 넘버 조회상 상품 미도착이기 때문에 전액 환불로 귀결된다.

　한편으론 바이어와 얘기로 잘 풀어나갈 여지도 있다. 바이어가 주소를 잘못 적은

◆ 행방조사 청구 신청서

경우, 상황을 설명해줬을 때 자신의 실수를 인정하고 셀러의 입장을 이해한다면 배송비나 판매 수수료 등을 제외하고 환불해주는 것으로 협의하기도 한다. 이때는 셀러가 상품을 보낼 때의 배송비를 제외하고 환불해줌으로써 손실을 어느 정도 줄일 수 있다.

또 다른 예로 무료 배송인데 반송이 된 경우, 상품을 보낼 때의 배송비를 제외하고 환불해주겠다고 하면 무료 배송인데 배송비가 왜 있으며, 배송비를 왜 제외하느냐고 반응하는 바이어가 많을 것이다. 이때는 바이어에게 상황을 정중하게 얘기하는 것이 최선의 방법이다. 협의가 잘되지 않아 손해를 입는다 해도 이 역시 사업의 일부분이니 비즈니스 마인드를 갖고 다시 일에 정진하는 자세가 필요하다.

한편 상품은 수령했으나 문제가 있을 때는 셀러의 잘못으로 인한 경우가 많다. 포장을 부실하게 해서 상품이 파손된 경우, 부품을 빼고 포장하거나 다른 상품을 잘못 보낸 경우, 상품 검수를 제대로 하지 않아 흠이 있는 상품을 보낸 경우 등이 이에 해당된다. 이로 인해 제기된 클레임에 대한 통상적인 대처 방법은 반품을 받는 것이다. 상품 반송 비용을 셀러가 부담해 반품을 받은 후 전액 환불해주는 것이 일반적인 해결책이다.

그런데 대개 우리나라에서 외국으로 상품을 발송하는 비용보다 외국에서 우리나라로 상품을 발송하는 비용이 훨씬 비싸기 때문에 반송 비용이 상품 가격에 맞먹는 경우도 있다. 30달러에 상품을 판매했는데 반송 비용이 25달러라면 이리저리 따졌을 때 굳이 상품을 돌려받을 필요가 없을 것이다. 이런 경우 반품 없이 전액 환불해주고 클레임을 종료하는 것이 낫다. 어쩔 수 없이 반품을 받아야 하는 상황이라면 차라리 반품 배송비에 상응하는 금액을 부분적으로 환불해주고 반품을 하지 않는 방향으로 협의해본다.

이처럼 바이어의 클레임을 처리하는 과정에서 셀러는 억울한 일을 겪곤 한다. 이는 셀러의 잘못이라기보다는 해외로 상품을 판매하는 데 따른 구조적 문제라 할 수 있다. 미국 내에서만 판매하는 미국 셀러가 등기우편으로 배송해 상품이 잘 도착했지만 트래킹 넘버를 조회했을 때 배달 완료로 업데이트되지 않아 악성 바이어가 클레임을 제기하고 환불받은 사례도 있을 정도니 외국 셀러는 더더욱 그러한 위험에 노출될 수밖에 없다.

언제든 자신에게도 클레임으로 인한 손해가 발생할 수 있음을 이해하고 받아들이는 것이 중요하다. 글로벌 마켓에 대한 긍정적인 마인드와 폭넓은 시각은 글로벌 마켓에서 사업을 하는 데 큰 동력 중 하나다. 늘 긍정적으로 생각한다면 매출이 저조할 때도 여유를 갖고 기존의 리스팅을 점검하거나 신규 리스팅을 집중적으로 함으로써 내실을 다질 수 있을 것이다. 반대로 늘 부정적으로 생각하는 사람은 '왜 이리 안 팔려, 이거 못 해먹겠네' 하고 그만두는 경우가 대부분이다. 셀러로서 진정한 프로가 되고자 한다면 문제가 발생했을 때 정책이나 남 탓만 할 것이 아니라 자기 자신부터 되돌아보고, 다시는 그런 일이 발생하지 않도록 대비하고 개선해나가야 한다.

경쟁력 확보와 판매에 도움을 주는 툴의 활용

운영 관리에서 가장 중요한 것은 꾸준히 신상품을 등록해 바이어들에게 존재감을 알리는 것이다. 앞에서도 여러 차례 언급했지만 꾸준한 신상품 리스팅을 통해 바이어에게 전문적인 셀러의 면모를 보여줄 수 있다. 안정적으로 상품을 공급받을 수 있는 거래처가 여럿 확보되면 새로 입고되는 신상품을 그대로 리스팅할 수 있다.

01_ 꾸준한 신상품 등록

글로벌 마켓을 나만의 종합 쇼핑몰로 여기고 이곳에서 여러 브랜드의 신상품을 선보이자. 다양한 상품을 계속 조사하고 등록하면서 시장의 반응을 살피는 것도 중요하지만 우선은 브랜드의 기본 콘셉트에 맞는 상품을 갖춰야 한다. 그렇다고 해서 여러 거래처가 만들어내는 신상품을 빠짐없이 모두 리스팅해야 한다는 것은 아니다. 특정 카테고리에 집중해 리스팅을 하다 보면 인기가 있는 상품과 그렇지 않은 상품을 자연스럽게 알게 되고, 시간이 지날수록 이를 구분하는 안목이 생긴다. 편집숍의 MD와 같은 역할을 수행하면서 상품을 선별하여 등록하는 것이 바람직하다.

　상품의 카테고리와 특성에 따라 다르기 때문에 얼마 동안 몇 개의 상품을 리스팅해야 한다고 정해진 바는 없지만, 적어도 일주일에 한 번씩 10개 이상의 신상품을 리스팅해야 계속 바이어를 끌어모을 수 있다. 신상품이 마땅치 않을 때는 손을 놓고 있을 것이 아니라 과거에 리스팅했지만 반응이 별로 없었던 상품을 손봐서 재등록할 필요가 있다. 판매가 신통치 않았던 상품을 개선하는 가장 좋은 방법은 상품 사진을 다른 방식으로 촬영하거나, 가격을 조정하거나, 묶음 판매나 분할 판매와 같이 상품의 구성을 달리하는 것 등이다.

02_ 경쟁 구도 파악과 경쟁 우위 발굴

운영 관리에서 또 다른 중요 요소는 경쟁 구도를 파악하는 것이다. 한 글로벌 마켓에서 특정 상품을 판매하는 셀러가 나 혼자라면 좋겠지만 현실적으로 그런 상품은 매우 드물다. 즉 같은 상품을 판매하는 셀러들과의 경쟁을 피하기 어려우므로 우위를 점하기 위해 다른 셀러들을 모니터링하고 분석해야 한다. 그렇다고 남들을 무작정 따라 하거나 이상한 방법으로 판매를 방해하라는 말이 아니다.

　창업한 셀러가 판매를 시작하면서 같은 카테고리 내에서 활동하는 기존의 셀러를 그대로 따라 하는 경우가 간혹 있다. 다른 셀러가 올려놓은 상품을 거의 베끼듯이 리스팅하면서 가격은 조금씩 낮추는 것이다.

예전에 필자가 컨설팅을 해줬던 한 기업은 과감한 투자와 적극적인 영업, 경쟁력 있는 운영 방식으로 매출을 올리면서 승승장구하고 있었는데, 사장이 털어놓은 고민 중 하나가 자신을 모방하는 셀러가 너무 많다는 것이었다. 치밀한 시장 조사로 상품을 발굴하고 가격 경쟁력을 확보하기 위해 직접 발로 뛰어 좋은 조건으로 상품을 공급받아 리스팅하면 어김없이 며칠 뒤 똑같은 상품을 가격만 조금 낮춰서 똑같이 리스팅하는 셀러 무리가 있다고 한탄했다. 이리저리 피해 보다 결국 지친 나머지 의욕을 잃고 3개월 동안 아예 리스팅을 하지 않았는데, 그렇게 열심히 따라 하던 셀러들도 그 3개월 동안 리스팅을 하지 않았다고 한다. 그들은 기본을 갖추지 못한 자생력 없는 셀러였던 것이다.

이런 상황을 지켜본 사장은 다시 자신감을 찾고 사업에 박차를 가해 누구도 따라오지 못할 경쟁 우위를 확보하기 위해 노력했다. 낮은 가격이 고객의 만족도와 시장 점유율을 높일 수 있다는 판단에 때론 손해를 보는 파격적인 할인을 감행하기도 했다. 시간이 지날수록 다른 셀러들은 따라서 가격을 낮출 수 없어 결국 사업을 포기했다. 그 기업은 이렇게 확보한 시장 점유율을 밑거름으로 현재 해당 카테고리의 매출 1위 자리를 차지하게 되었다.

경쟁 구도 속에서 다른 셀러들의 장점이나 단점을 찾아보고, 그중에서 귀감이 될 만한 부분이 있다면 셀러의 노력을 진심으로 인정해준다. 그리고 나 역시 그처럼 되기 위해 노력한다. 여기서 그치지 말고 다른 셀러들에게는 없는, 나만이 가질 수 있는 경쟁 우위가 무엇인지 고민해보고 적극적으로 키워내야 한다.

필자의 경우 2009년부터 어떤 카테고리의 상품을 판매하기 시작했는데, 당시에 이미 그 카테고리의 상품을 판매하는 톱셀러가 여럿 있었다. 게다가 일부는 상품 브랜드를 직접 운영해 필자가 상대하기 어려운 위치에 있었다. 필자가 아무리 좋은 가격에 상품을 매입하더라도 상품을 직접 제조하는 셀러를 따라잡을 수는 없을뿐더러 상품에 대한 정보도 그들보다 부족했기 때문에 필자와 톱셀러들 사이의 간격이 꽤 컸다. 다만 톱셀러들은 오랫동안 사업을 한 탓인지 견고해 보이면서도 어딘지 정적인 느낌이 있었다. 오래된 리스팅을 그대로 방치하고 프로모션이나 신상품 등록도 적극적으로 하지 않았다.

그들을 단시간에 따라잡을 수는 없었기 때문에 필자는 성실성과 과감성으로 승부해보기로 했다. 그날부터 매일 리스팅을 하고 톱셀러들의 리스팅 수를 매일 체크했다. 톱셀러들이 리스팅을 하면 그것보다 하나라도 더 리스팅을 하고, 톱셀러들이 리스팅을 하지 않으면 이 기회에 격차를 줄여보자는 마음으로 리스팅을 했다. 리스팅을 꾸준히 하는 것만큼 좋은 마케팅은 없기에 리스팅을 하면 할수록 판매량도 조금씩 증가했다.

6개월쯤 지나자 톱셀러들의 판매량이 줄어드는 것이 눈에 띄었다. 톱셀러들의 고객이 필자를 찾아오기 시작했던 것이다. 어렵게 끌어온 고객인 만큼 하나라도 구매하면 정성을 다해 서비스를 제공하고, 고마움의 표시로 작은 선물이나 손편지를 동봉했다. 어떤 바이어들은 이에 대해 긍정적인 반응을 표현하기도 했다.

```
Hihi! :)
I wanna thank you for the "bonus" :D and for everything~
I got the package only on last friday cus Brazilian post offices were on strike, not working for more than 20 days...
Thank you very much! I like all things! :)
And I wanna ask you where I can buy more roll bag pouch in South Korea, I'm going to Seoul on december and my friends love it! They wanna this roll bag pouch too teehee :D
Thank you very much! 감사합니다! [ hope I wrote right! ]
```

◆ 수년 전 브라질 우체국 파업으로 상품을 늦게 수령했음에도 보너스로 넣어준 상품이 고맙다고 바이어가 위와 같은 메시지를 보내왔다. 게다가 필자가 판매한 상품을 바이어의 친구들도 갖고 싶어 해 그해 12월 서울에 왔을 때 구매해 갔다.

마케팅도 적극적으로 진행했다. 지금 보기엔 조금 어설프지만 나름 신경 써서 만든 쿠폰을 상품에 동봉하고 쿠폰을 사용할 경우 혜택을 부여함으로써 재구매를 이끌어냈다.

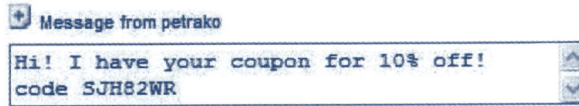

◆ 지금은 아내가 된 당시 여자 친구의 이니셜과 필자의 이니셜, 출생 연도를 조합해서 만든 코드로 쿠폰을 만들었는데, 그 쿠폰을 사용한 바이어가 보낸 메시지다.

필자는 지금도 한 번 구매한 바이어의 정보를 엑셀 파일에 저장해두고, 판매 후 배송 라벨 작업을 할 때마다 구매 이력이 있는 바이어인지 확인해본다. 그리고 재구매인 경우 필자가 그 점을 알고 있고 감사히 생각한다는 것을 어떻게든 바이어에게 전달하려고 애쓴다. 시간이 지나 이제는 이름만 봐도 주소를 댈 수 있는 단골손님이 생겼고, 그들과의 정감 있는 커뮤니케이션은 가끔 지칠 때 힘을 주는 피로 회복제가 되었다.

이렇게 2년 정도 매진한 결과, 어느새 필자는 카테고리에서 가장 전문적이고 인기 있는 셀러로 자리 잡아 과거의 톱셀러들을 제치고 위에 서게 되었다. 필자가 밑에서 올려다보던 톱셀러 중에는 존재감 없는 그저 그런 셀러로 전락한 경우도 있고 아예 사업을 접은 경우도 있다. 필자가 대단한 노력을 했다기보다는, 글로벌 마켓에서 성장하려면 최소한 이 정도 노력은 해야 한다는 것을 알아줬으면 좋겠다.

03_ 시장의 흐름에 부합하는 판매 전략 구상

글로벌 마켓은 살아 움직이는 시장이다. 플랫폼에서 인기 상품이나 잘 팔리는 상품에 대한 어젠다를 제시하기는 하지만 근본적으로는 시장 원리에 따라 돌아가고 있다. 오픈 마켓 플랫폼은 어떻게 보면 단순히 셀러와 바이어의 거래를 성사시키는 장을 제공하는 역할만 하는 것 같지만, 그 장이 올바른 방향으로 나아갈 수 있도록 연구하고 개선해나가는 것도 플랫폼의 중요한 일 중 하나다. 그동안 만들어진 플랫폼 고유의 특성을 바탕으로 구조적 요인, 환경적 요인, 법 제도, 변화하는 생활 패턴, 바이어의 니즈, 트렌드 등을 반영해 셀러와 바이어가 안전하게 거래할 수 있는 환경을 조성하고 있다.

그래서 셀러가 늘 신경 써야 하는 것이 플랫폼의 정책 변경과 관련된 사항이다. 몇 가지 예를 살펴보자. 최근 몇 년 사이에 모바일을 통한 거래가 전체 거래에서 차지하는 비중이 부쩍 늘었다. 이제는 컴퓨터 앞에 앉아서 상품을 검색하고 구매하는 것이 아니라 언제 어디서나 휴대전화로 상품을 검색하고 구매한다. 이러한 현상이 가속화되자 글로벌 마켓들은 컴퓨터 기반의 상품 페이지를 모바일에서도 연동되도록 구현해야 한다는 정책을 내놓기 시작했다.

그리고 예전에는 누적 판매량이 많은 스테디셀러 상품의 노출 순위가 높았지만, 바이어의 구매 패턴이 다양해지고 트렌드에 민감해지면서 최근 판매율이 좋은 상품에 더 높은 순위를 부여하고 있다. 뿐만 아니라 신상품 등장에 따른 카테고리 개편, 업계 트렌드를 반영한 새로운 지표나 척도의 등장 등 정책 개편이 다방면에서 정기적으로 이뤄지고 있다. 따라서 셀러는 변경된 정책을 정확히 이해하고 판매 운영 관리에 반영해야 한다.

04_ 업무의 효율성을 높이는 툴의 활용

운영 관리를 할 때는 툴을 적극적으로 활용해야 한다. 글로벌 마켓이 급속히 성장하면서 플랫폼을 효율적으로 운영하는 데 도움이 되는 외부의 툴이 많이 개발되었는데, 이런 툴을 잘 사용하면 시간을 절약함으로써 업무의 효율성이 향상된다. 시간이 많이 소요되거나 복잡한 업무를 손쉽게 처리할 수 있는 툴, 마케팅에 이용함으로써 수익을 창출할 수 있는 툴을 활용해보자.

- **이베이 관련 툴**

  - Apps Center>My Store Maps: 내 스토어에서 구매한 바이어의 위치를 지도에 표시함으로써 바이어에게 전문 셀러임을 드러낼 수 있는 툴이다. 월 이용료는 피드백 점수에 따라 2.95~12.95달러다.

- **Apps Center>PDF Catalog**: 내 스토어의 상품을 PDF 카탈로그 형식으로 전환해 대량 구매 요청 등에 대응하는 데 도움이 되는 툴이다. 무료로 이용할 수 있다.

Chapter 5 누구보다 빠르게, 남들과는 다르게   213

- **Apps Center>Currency Converter**: 상품 페이지에 통화별 가격을 페이팔 기준으로 명시해 달러 이외의 통화로 구매하는 바이어에게 도움을 주는 툴이다. 무료로 이용할 수 있다.

- **PushAuction** www.pushauction.com : 멀티 계정의 상품 재고, 등록 현황, 판매 현황을 한눈에 확인할 수 있도록 해주며, 리스팅된 상품을 그대로 다른 계정 또는 다른 국가 사이트에 복사하는 기능이 특징적이다. 예약 리스팅, 자동 재등록, 판매 시 재고 수량 자동 복구 등 업무의 효율을 극대화하는 서비스를 제공한다. 또한 우리나라 우체국 배송 서비스 및 EMS 배송 건에 대해 툴 내에서 상품 정보 수정, 배송 라벨 출력, 트래킹 넘버 자동 업로드 기능을 활용할 수 있다. 리스팅, 판매, 고객 관리 관련 기능 중 원하는 것만 선택할 수 있으며, 기능별로 월 이용료는 10달러다.

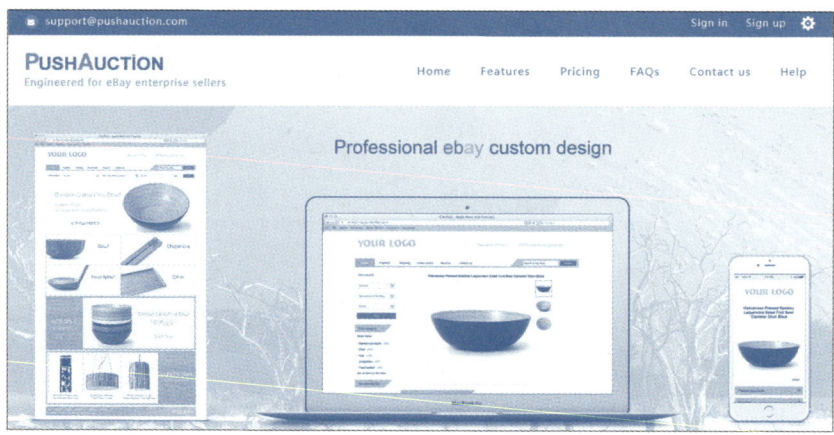

- Data Caciques www.datacaciques.com : 판매 데이터를 분석하는 기능도 있지만 무엇보다 크로스셀 Cross Sell 기능이 매우 잘되어 있다. 다른 상품을 상품 페이지의 원하는 위치에 함께 진열해 바이어의 이탈을 방지하고 추가 구매를 유도할 수 있다. 크로스셀만 이용할 경우 월 이용료는 2.95달러다.

■ 아마존 관련 툴

- Teika Metrics www.teikametrics.com : 아마존에서 상품을 광고하고자 할 때 유용한 툴이다. 광고의 타깃 분석, 매출 견인 효과가 큰 키워드 분석 및 제시, 키워드 광고 비용 자동 입찰 등의 기능을 제공하고, FBA 입고 상품의 판매 추이 분석 및 FBA 상품 입고 계획에도 도움을 준다. 30일간 무료로 이용할 수 있으며 월 이용료는 Basic이 29달러, Starter가 99달러, Growth가 249달러다.

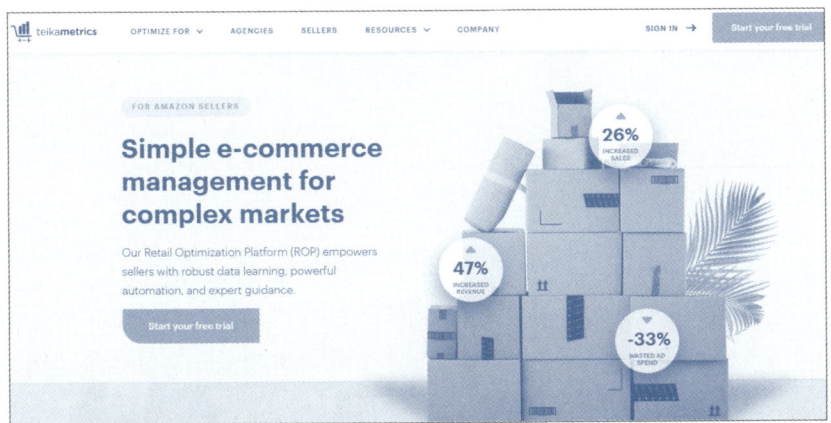

- Repricer Express www.repricerexpress.com : 같은 상품을 판매하는 셀러들과의 가격 경쟁을 Ignore, Beat Price By, Match Price, Price Above By 등으로 설정해 자동으로 조정할 수 있는 툴이다. 특히 FBA 상품의 경우 최저가로 설정해 Buy Box를 획득하는 데 유용하다. 15일간 무료로 이용할 수 있으며 월 이용료는 2500개의 SKU 기준 39달러다. 비슷한 기능을 제공하는 툴로 Seller Engine sellerengine.com 과 Feedvisor feedvisor.com 등이 있다.

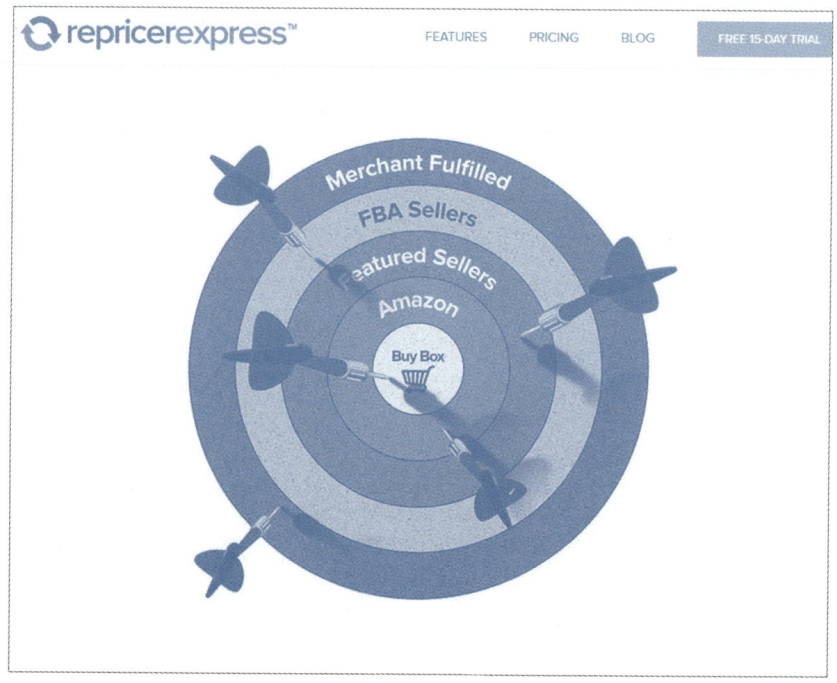

- Listtee listtee.com : 아마존의 상품 데이터를 기반으로 즉시 리스팅할 수 있는 툴이다. 일일이 상품을 검색할 필요 없이 아마존에 있는 데이터를 그대로 활용해 30분에 100개도 리스팅이 가능하다. 14일간 무료로 이용할 수 있으며 월 이용료는 Small Business가 49달러, Enterprise가 149달러다.

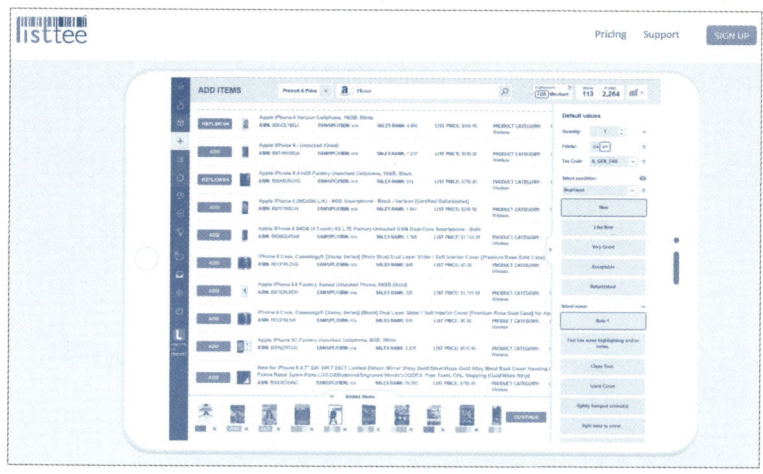

- **기타 유용한 툴**
  - Apps for Etsy www.etsy.com/apps : 엣시에는 특성상 SNS와 연계하는 자동화 툴이 많으며, 다양한 소규모 회사가 무료로 이용할 수 있는 툴을 제공하고 있다. 엣시에서는 이러한 툴을 한곳에 모아놓아 셀러는 자신이 사용하는 SNS와 목적 등을 고려해 툴을 골라 활용할 수 있다.

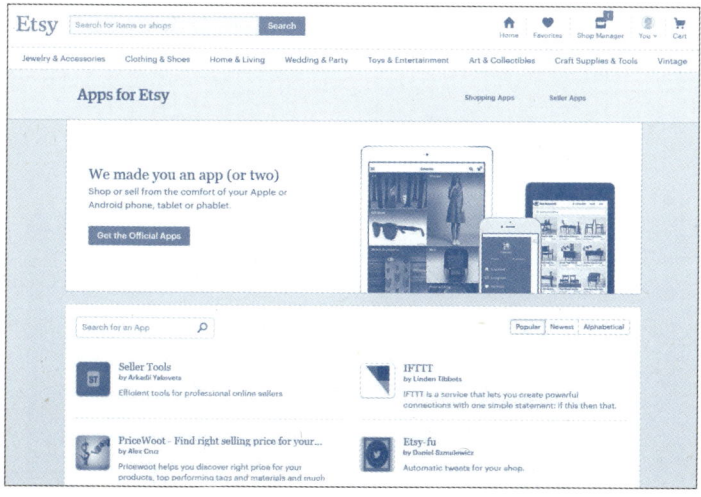

Chapter 5 누구보다 빠르게, 남들과는 다르게   217

- **Background Burner** burner.bonanza.com : 보낸자에서 리스팅을 할 때 상품 사진의 배경을 깔끔하게 지워주는 무료 툴이다.

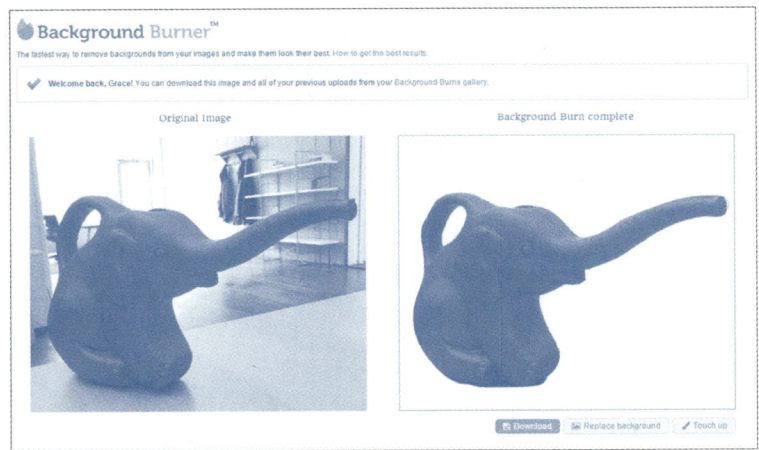

- **Sell in All** www.sellinall.com : 이베이, 아마존, 엣시, 라자다 등에 등록한 상품을 자유롭게 옮겨 멀티채널 전략을 극대화할 수 있는 툴이다. 예를 들면 이베이에 리스팅한 상품을 쉽고 간편하게 라자다에 등록할 수 있는 플랫폼 간 자동 연동 기능을 제공한다. 100개의 SKU에 대해 2개의 채널을 연동하는 경우 무료로 이용할 수 있으며, 무제한으로 이용하는 경우 판매될 때마다 5~7%의 수수료가 부과된다.

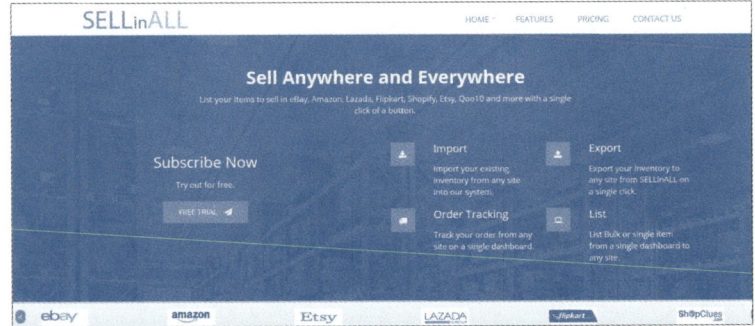

05_ 정확한 세무 처리와 월별·분기별 결산

세무와 관련된 사항도 정확히 알아둬야 한다. 사업을 시작할 때 곧바로 사업자 등록증을 만들어야 하는 것은 아니지만, 판매 매출이 조금이라도 발생하면 무조건 사업자 등록증을 만들어야 한다. 사업 소득이 있는 사람에게 주어지는 납세의 의무를 이행하기 위함이기도 하지만, 더 큰 이유는 해외 판매에 따른 매입 부가가치세 공제 혜택이 있기 때문이다. 사업자 등록증은 세무서에 가서 만들거나 정부 포털인 민원24에서도 신청이 가능하다. 세무서의 공무원에게 부탁하면 업태와 업종을 알아서 지정해주며, 민원24를 이용하는 경우 전자상거래업, 무역업, 도소매업 등을 포함하는 것이 일반적이다.

글로벌 마켓 셀러는 주기적으로 부가가치세 및 소득세 신고를 해야 한다. 1월 1일부터 6월 30일까지 발생한 매입·매출에 대한 부가가치세 신고는 7월 25일까지, 7월 1일부터 12월 31일까지 발생한 매입·매출에 대한 부가가치세 신고는 이듬해 1월 25일까지 하며, 법인은 4월에, 개인사업자는 5월에 소득세를 신고 및 납부해야 한다.

매입 부가가치세를 공제받으려면 일반 과세자 사업자로서 상품을 매입하고, 외국에 판매했음을 증명할 수 있는 서류와 매입 자료(현금영수증, 신용카드 사용 내역, 세금계산서 등)가 있어야 한다. 또한 매입 부가가치세를 공제받기 위해 중요하게 살펴봐야 할 것 중 하나는 수출 신고다.

수출 신고는 크게 일반 수출 신고, 목록 통관, 전자상거래 간이 수출 신고 등으로 구분된다. 일반 수출 신고는 관세청 홈페이지 portal.customs.go.kr/main.html에서 판매 건마다 관련 정보를 입력해야 하는데, 저가의 상품을 많이 판매하는 경우에는 현실적으로 그리 바람직한 방법이 아니다. 하루 판매가 50건이라면 네 시간 이상을 수출 신고에 매달려야 하기 때문이다. 그래서 많이 사용하는 방법이 목록 통관이다. 이는 휴대품, 탁송품 등 FOB 기준 200만 원 이하의 상품에 대해 특송업체가 처리하는 절차다. 기업의 수출 실적으로는 인정받지 못하지만 매입 부가가치세는 환급받을 수 있어 소규모 사업을 운영하는 셀러에게 가장 현실적이고 적합한 방법이다.

전자상거래 간이 수출 신고는 FOB 기준 200만 원 이하의 전자상거래 판매 건에 대해 수출자 또는 관세사가 처리한다. 영세율 적용, 구매 확인서 발급, 관세 환급, 수출 실적 인정, 부가가치세 환급이 가능하지만 여전히 절차가 번거롭다. 따라서 기업의 수출 실적이 반드시 필요한 경우에만 활용하는 것이 좋다.

소득세 신고 시 매출 산정의 기준이 되는 날짜는 세법상 선적일이다. 하지만 우체국에서 발송한 상품이 비행기에 선적되는 날짜를 확인하기는 현실적으로 어렵다. 또한 달러로 받은 판매 대금을 인출할 때 적용되는 환율과 세법상 기준이 되는 환율의 차액을 비용 처리할 수 있는지 등 협의가 필요한 사항은 셀러가 직접 또는 거래하는 세무사가 세무서에 문의해 확인해야 한다. 보통은 세무서에 양해를 구하고 실제 선적일 대신 페이팔, 페이오니아, 또는 월드퍼스트에 입금된 날짜의 환율을 적용해 매출을 산정한다. 환율은 서울외국환중개주식회사의 재정 환율을 기준으로 한다. 예를 들어 10월 1일 매출이 500달러, 환율이 1100원이면 55만 원이 매출로 기록된다.

수수료 등을 모두 지불하고 남은 페이팔, 페이오니아, 또는 월드퍼스트의 달러를 한화로 인출하고 이것만 한 번에 매출 및 소득으로 신고하는 경우가 간혹 있는데, 이는 비용 처리 항목을 누락한 것이므로 엄연히 잘못된 일이다. 다시 말해 모든 매출을 기재한 후 비용을 차감해서 소득을 계산해야 한다. 글로벌 마켓 비즈니스에서는 상품 매입비, 배송비, 플랫폼에 지불하는 각종 수수료, 환불 등으로 발생하는 손실 등을 비용 처리할 수 있으며, 이는 영수증과 다운로드한 통계 자료 등의 증빙 자료로 갈음한다.

세무 신고와 더불어 셀러는 월별 또는 분기별로 매출 및 비용과 관련된 자료를 확인하고 정산·결산을 해야 한다. 즉 손익계산서와 가계부를 꼼꼼히 점검해야 안정적인 수익 관리가 가능하다. 이베이, 엣시, 보낸자의 결제 수단인 페이팔에서는 월간 보고서 기능을 제공하지만, 아마존과 라자다의 결제 수단인 페이오니아와 월드퍼스트의 경우 각종 수수료의 계산이 플랫폼에서 이뤄지기 때문에 정산된 대금을 수령하는 수단에 그친다. 대신 아마존과 라다자에서 셀러가 정산 내역을 확인할 수 있는 보고서 기능을 제공한다.

◆ 페이팔에서 제공하는 판매 인사이트

셀러는 이러한 보고서를 이용해 실질적인 수익을 계산하고 운영 관리에 반영해야 한다. 판매를 시작할 때 당연히 마진을 계산했을 테고 판매량과 수익도 어느 정도 알고 있겠지만 보다 정확히 파악해야 한다. 그럼으로써 예상 마진과 다르거나, 의도치 않게 수수료가 낭비되거나, 고정 비용 대비 수익률이 좋지 않은 것과 같은 문제를 발견해내어 이를 근본적으로 개선하는 전략을 수립하는 단계로 나아갈 수 있다.

Your statement for:	Nov 29, 2017 18:53 PST - Nov 30, 2017 09:39 PST (Open) ▼ Previous		
How did this statement begin?	Beginning Balance	Previous statement's unavailable balance Subtotal	$179.84 $179.84
What events occurred during the statement period?	Orders	Product charges Promo rebates Amazon fees Other (shipping & gift wrap credits) Subtotal	$41.97 -$2.85 -$17.91 $2.85 $24.06
	Refunds	Product charges Subtotal	$0.00 $0.00
What is the result?	Closing balance	Total balance Unavailable balance What's this? View Details ▶ Upcoming payment schedule	$203.90 -$195.88

◆ 아마존에서 제공하는 정산 내역

  사업은 고정적인 월급이 들어오는 것이 아니기 때문에 정산 및 결산 작업을 제대로 하지 않으면 자신이 돈을 얼마나 돈을 벌고 있는지 알 수 없다. 필자도 이를 소홀히 하고 판매에만 열중한 적이 있다. 페이팔과 페이오니아에서 돈을 인출해 상품 매입 및 발송 비용, 생활비로 사용하면서 통장 잔고가 늘었다 줄었다를 반복했다. 판매가 증가해 매일 바빠 움직이느라 딱히 돈을 쓸 일이 없었는데도 남는 게 별로 없어서 보고서를 확인해보니 환율 하락으로 인해 처음에 계산한 것보다 마진이 훨씬 적었고, 심지어 어떤 상품은 마진 없이 파는 셈이었다. 게다가 거의 사용하지도 않는 툴의 이용료를 매월 내고 있었다. 그제야 하는 일에 비해 수익이 적은 이유를 깨닫고 월간 보고서를 확인하는 습관을 들이게 되었다.

  돈을 벌려면 예상 수익을 계산하고 실제 수익을 정확히 파악해 서로 비교해봐야 한다. 그리고 그 결과를 바탕으로 계획을 세우고 실천하면서 운영 관리를 한다면 안정적인 판매 구조가 정착되어 건강한 사업체를 일굴 수 있을 것이다.

06_ 사업 확장 및 발전을 위한 자금 확보와 투자

수익 창출이 지속되면 사업을 확장하고 발전시키기 위한 자금 확보와 투자를 고심해야 한다. 사업이 어느 정도 궤도에 오르기 전까지는 수익을 재투자할 필요가 있다. 유통업이나 제조업과 마찬가지로 글로벌 마켓 비즈니스는 재고를 확보하는 데 자금이 묶이며, 초기 자본이 많을수록 사업을 안정화하고 수익을 내는 시점을 빨리 맞게 된다. 예를 들어 특정 시즌을 공략하는 상품, 미리 매입하면 마진이 좋고 오래 두고두고 팔 수 있는 상품은 자금을 투자해 매입해두고 천천히 자금을 순환시키는 것도 한 방법이다.

그리고 환율이 너무 낮을 때는 상품 판매 대금을 현금화하지 말고 추가로 자금을 투자해 당장 필요한 운영비로 사용하는 것이 좋다. 자금 투자로 판매 수익의 상승도 노릴 수 있고, 시간이 지나 환율이 올랐을 때 판매 대금을 인출하면 환율 하락으로 인한 손실도 줄일 수 있다.

필자의 경험담을 소개하면, 2016년 여름 무렵 환율이 계속 하락해 1100원대가 무너졌을 때 인출을 해야 할지 말아야 할지 고민하다, 연말의 미국 대통령 선거가 환율에 영향을 미칠 것이라는 정보를 뉴스에서 보고 인출을 미루기로 결정했다. 환율이 하락한 4개월 동안의 운영비는 별도로 자금을 구해 충당했고 그사이에 10만 달러가 쌓였다.

그해 12월 트럼프가 미국 45대 대통령으로 당선되자 환율이 급격히 상승했고, 새해를 맞기 전 1200원이 조금 넘는 가격에 달러를 모두 인출했다. 4개월 동안 1억 원이 조금 넘는 자금을 추가로 투자한 데 따른 1000만 원가량의 손실을 보전하고도 남았다.

◆ 2016년 여름부터 트럼프가 대통령으로 당선된 시점까지 달러의 환율 변화

　사업 확장 및 발전을 위한 자금 확보와 투자가 필요한 상황은 다양하다. 셀러는 늘 사업의 흐름을 주시해 성장 가능한 시점을 찾아내고, 필요할 때 신속하게 자금을 투입할 수 있도록 대비해야 한다.

Chapter
06

글로벌 마켓 창업, 꽃길만 걷자

반가워요!
나만의 스토어 오픈

　　　　　　　　　　마케팅의 시작은 스토어의 형태를 갖추는 것이다. 오프라인에서 사업을 할 때 인테리어를 한 매장을 갖추는 것은 바이어에게 직접 어필이 되기 때문에 매우 중요한데, 온라인에서도 이와 마찬가지로 스토어의 형태를 잘 갖춰야 한다. 모든 글로벌 마켓 플랫폼에서는 스토어의 형태를 제공하므로 블로그나 카페처럼 쉽게 꾸밀 수 있다. 글로벌 마켓에 입점해 있더라도 독립적인 쇼핑몰 느낌이 나도록 전문성을 강화해 스토어를 꾸며야 바이어의 지속적인 재방문과 재구매를 유도할 수 있다.

　이베이에서는 유료로 스토어를 제공하며, 이베이에서 판매하는 셀러라면 스토어를 반드시 사용해야 한다. 매출이 꾸준한 셀러 중 스토어를 사용하지 않는 셀러는 없다. 스토어의 다섯 가지 레벨인 Starter, Basic, Premium, Anchor, Enterprise

에 따라 무료 리스팅의 개수가 고정가 기준 각각 100개, 250개, 1000개, 1만 개, 10만 개다 경매의 경우 Starter는 100개, Basic은 250개, Premium은 500개, Anchor는 1000개, Enterprise는 2500개의 무료 리스팅이 부여되는데, 이는 모든 카테고리에 적용되는 것은 아니고 Collectibles, Fashion 등 몇몇 정해진 카테고리에만 한정된다.

 스토어를 사용하면 무료 리스팅을 다 소진해 추가로 리스팅을 했을 때 초과분에 대한 등록 수수료도 할인받을 수 있다. 판매 수수료도 할인되는데, 스토어를 사용하지 않으면 10%가 부과되지만 스토어를 사용하면 카테고리에 따라 3.5~9.15%가 부과된다. 월 매출이 2000달러라면 판매 수수료에서만 1%에 해당하는 20달러를 절약할 수 있는데, 이는 Basic 스토어를 연간 구독하는 경우의 한 달 이용료와 거의 같다.

 스토어의 레벨이 높을수록 월 이용료가 비싸므로 셀링 리미트와 리스팅 수를 고려해 처음에는 Basic 스토어를 사용하다가 셀링 리미트와 리스팅 수가 많아지면 업그레이드하는 것이 바람직하다. 스토어 이용 방법은 월간 구독 Monthly Subscription과 연간 구독 Yearly Subscription이 있으며, 연간 구독의 경우 할인 혜택이 있으나 1년 안에 해지하면 위약금을 내야 한다. 따라서 처음에는 부담이 없는 월간 구독을 신청하고 사업이 안정되면 연간 구독으로 전환한다.

 스토어를 사용하면 할인 혜택을 받을 수 있는 것은 물론이고, 자체 홈페이지처럼 독자적인 디자인과 콘셉트의 스토어를 구축해 바이어에게 전문 셀러라는 인식을 심어줄 수 있다. 또한 셀러 자신이 구성한 카테고리 체계로 다양한 상품을 분류 및 진열해 바이어의 쇼핑 편의를 도모할 수 있다. 게다가 'stores.ebay.com/스토어 이름'의 도메인이 자동 생성되어 이 주소로 바이어의 직접 방문을 유도할 수 있다.

 스토어의 이름과 소개 문구, 카테고리 구성 요소 내의 키워드는 검색엔진의 검색 결과에도 반영된다. 따라서 스토어를 개설하면 이베이 외의 채널, 즉 구글이나 야후 같은 검색엔진을 통한 유입도 기대할 수 있다. 또한 각종 프로모션, 세일, 이메일 마케팅 등 이베이에서 제공하는 마케팅 툴도 활용할 수 있다.

◆ 이베이의 기본 포맷으로 구성한 델 스토어

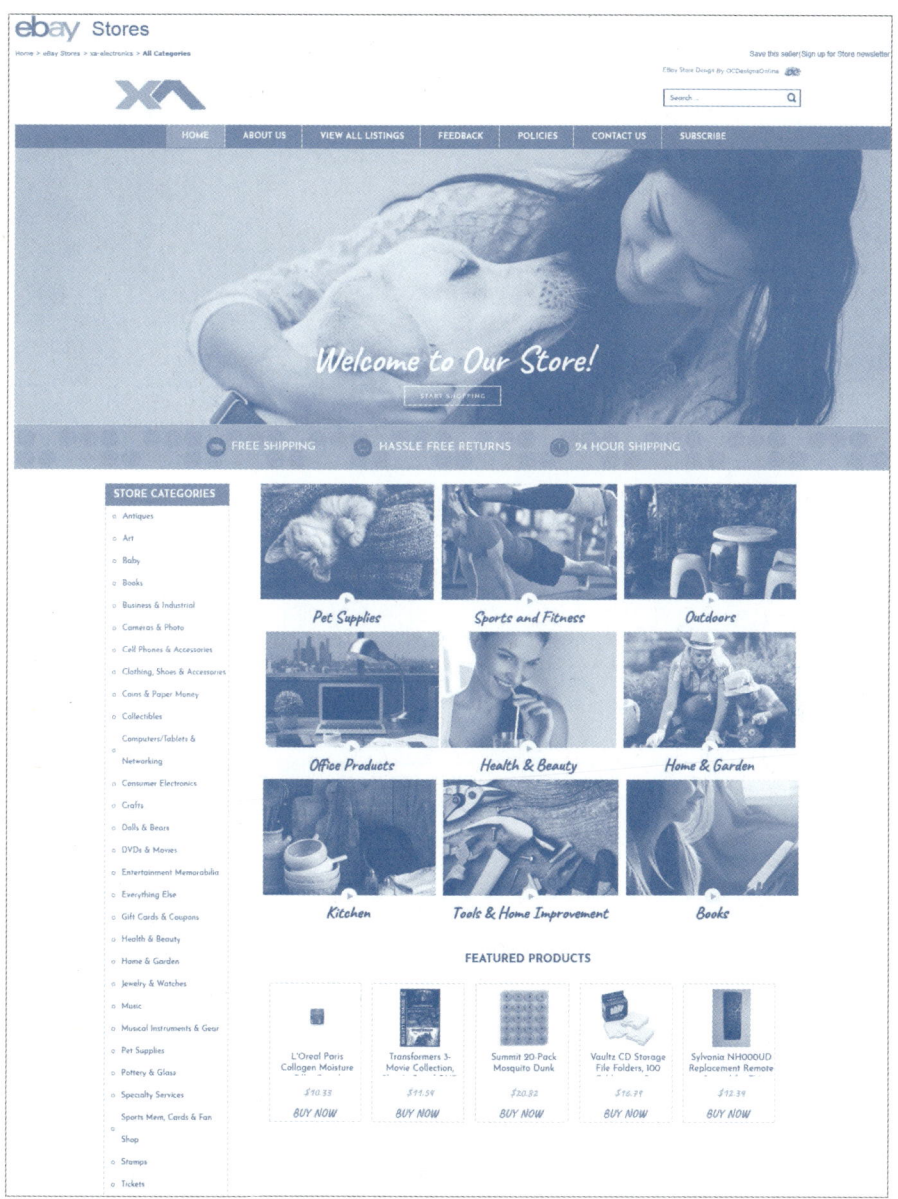

◆ 이베이의 스토어는 이베이 로고만 빼면 독립적인 쇼핑몰이나 다름없다. 이베이에서는 셀러가 HTML로 스토어를 커스터마이징할 수 있다.

한편 아마존은 그동안 셀러의 독자적인 스토어에 대한 중요성을 간과해왔다. 아마존이라는 브랜드의 힘이 워낙 막강해 아마존 자체로 브랜딩이 가능하기도 하거니와, 같은 상품을 여러 셀러가 판매하는 경우 Buy Box 하단의 Other Sellers on Amazon을 클릭해 셀러들의 목록을 열람하기 전까지는 셀러의 정보를 확인할 수 있는 방법이 없는 구조이기 때문이다(그리고 이렇게 판매하는 셀러들의 목록을 열람하는 바이어도 드물다). 하지만 2017년 하반기부터 Edit Seller Storefront 메뉴를 신설해 일반 셀러가 스토어를 꾸밀 수 있는 기능을 제한적으로나마 제공하고 있다. 자체 브랜드를 아마존에 등록한 셀러는 브랜드와 상품 라인을 선보이는 스토어로 구성할 수 있다.

셀러는 프로필, 브랜드 스토리, 판매 정책 등을 텍스트로 작성하는 공간을 꾸밀 수 있다. 하지만 이베이에서처럼 자체적으로 카테고리를 구성할 수 없고 추가적인 할인 혜택 등도 제공되지 않는다. 또한 스토어의 주소가 매우 복잡한 구성이라 바이어 유입 창구로서의 역할을 거의 하지 못한다.

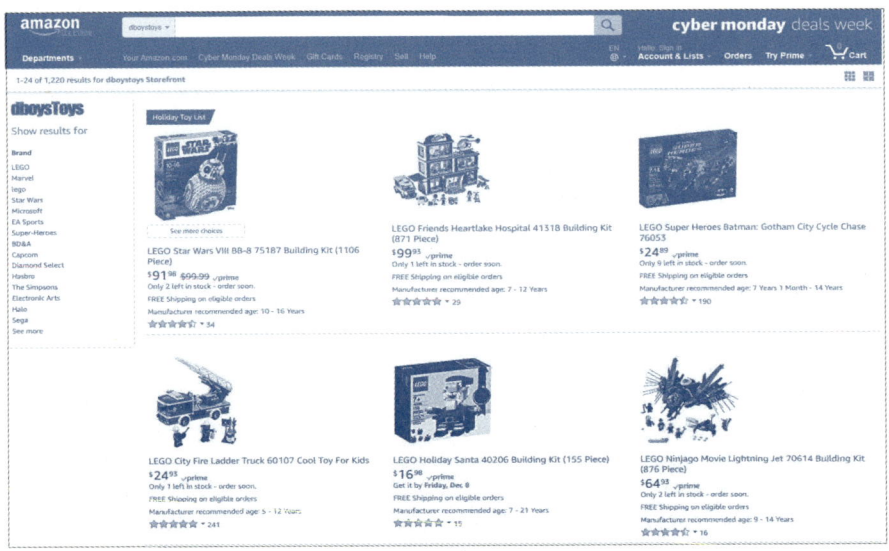

◆ 아마존 일반 셀러의 스토어는 브랜드 노출 및 구성이 매우 제한적이다.

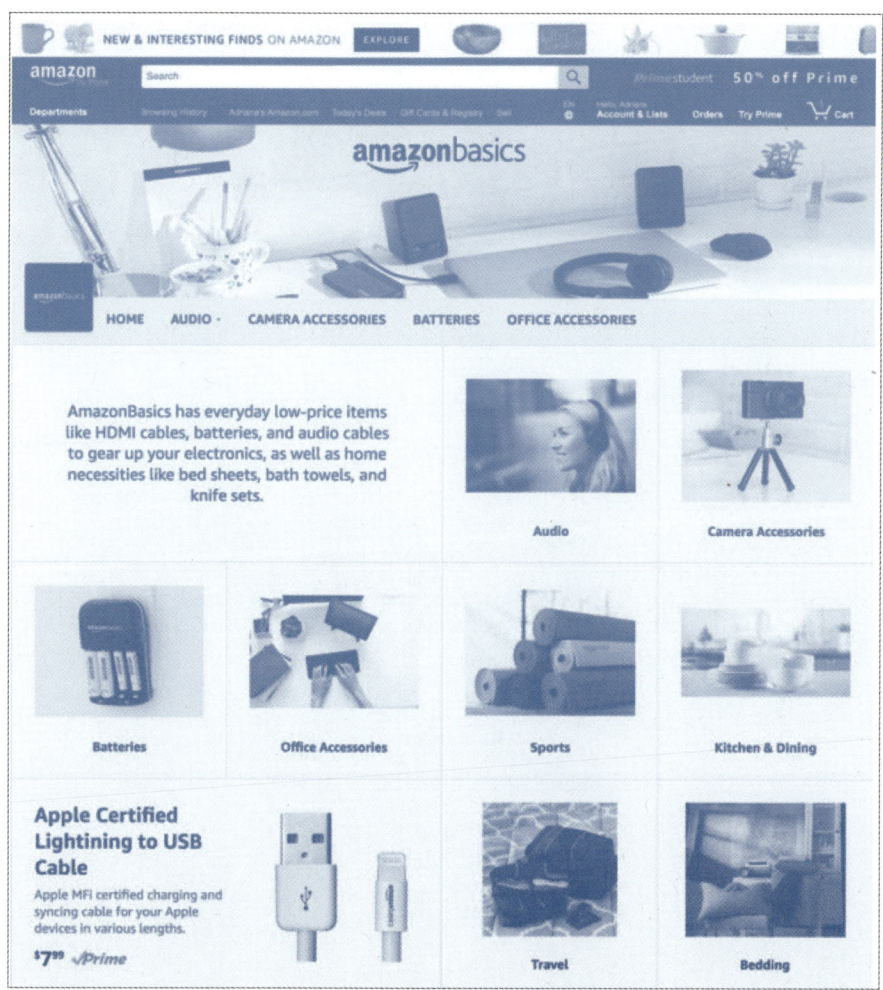

◆ 브랜드를 아마존에 등록한 셀러는 브랜드와 상품 라인을 선보이는 템플릿의 사용도 가능하다.

엣시는 상품은 물론 셀러와 스토어에 대해서도 교류가 활발한 마켓이다. '숍'이라고 표현되는 셀러 페이지는 SNS와 같은 역할을 하므로 숍을 꾸미는 것은 셀러의 정체성을 보여주는 일이나 다름없다. 그래서 엣시에서는 셀러가 아티스트로서 브랜드가 되는 경우가 많다. 음식점 간판에 할머니 사진을 넣는 것처럼 브랜드의 로고가

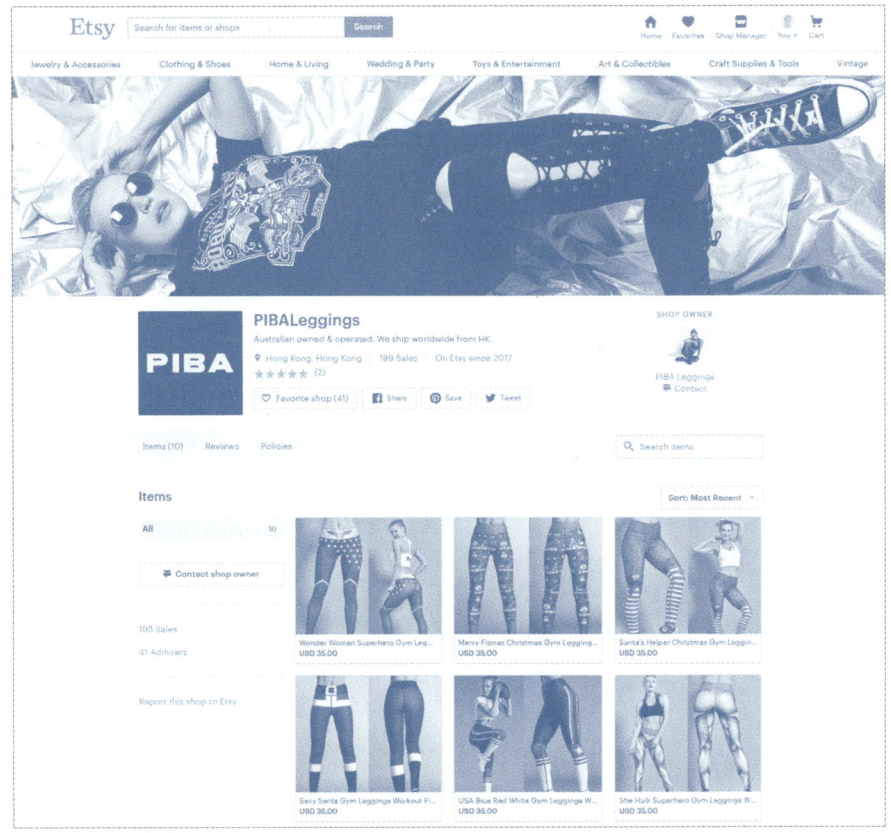

◆ 엣시의 숍에서는 셀러의 개성과 브랜드를 잘 표현할 수 있다.

아니라 셀러 자신의 사진을 대표 이미지로 올리기도 한다.

 엣시의 숍을 이용하는 데에는 별도의 비용이 들지 않으며 가입 절차부터 숍을 구축하도록 되어 있다. 숍에서는 셀러가 직접 카테고리를 구성하여 상품을 분류 및 진열할 수 있고, About이라는 섹션에는 셀러의 브랜드 스토리와 추가 이미지를 올릴 수 있다. URL 주소는 바이어의 유입이 가능하도록 일정한 틀에 스토어 이름이 합쳐진 형태로 구성된다.

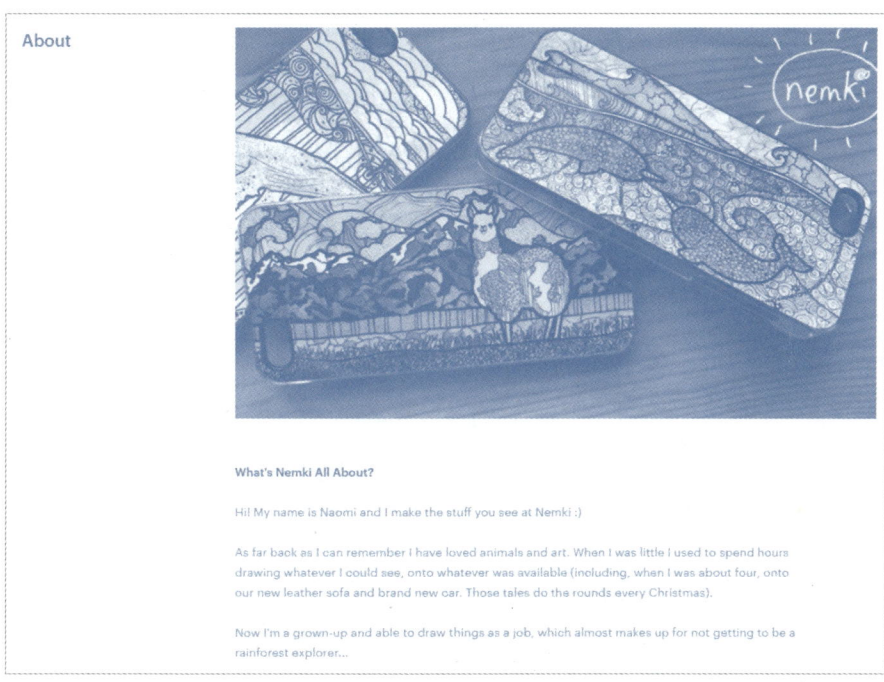

◆ 숍 하단의 About 섹션에 셀러의 브랜드 스토리를 쓰고 이미지도 올릴 수 있다.

    보낸자에서는 스토어를 '부스'라고 일컫는다. 부스의 형태는 이베이 스토어와 유사하며, 고정된 기본 틀에 로고, 커버스토리 개념의 빌보드를 삽입할 수 있다. 이베이에 있는 리스팅 데이터, 피드백, 로고를 그대로 가져올 수 있다는 보낸자의 특성상 부스를 세팅하는 데 특별히 할 일이 없다. 다만 헤더와 스토어 설명 부분은 이베이와 연동되지 않으므로 이것만 별도로 작성하면 부스의 구성이 완성된다. URL 주소는 일정한 틀에 스토어 이름이 합쳐진 형태라 바이어의 직접 방문을 유도할 수 있다.

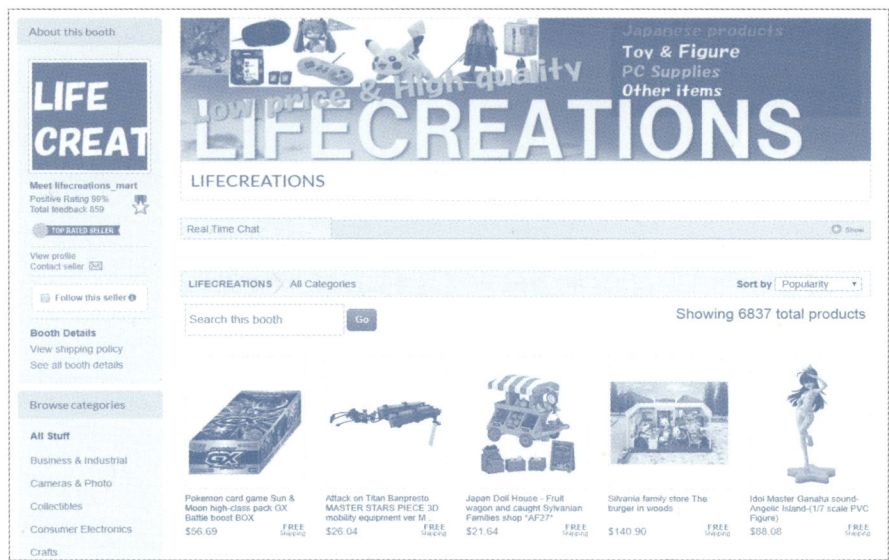

◆ 보낸자의 부스는 이베이의 스토어와 유사한 형태다.

　라자다는 스토어의 커스터마이징이 가장 자유로운 플랫폼이며 별도의 비용이나 절차 없이 셀러 페이지를 이용할 수 있다. 다른 플랫폼과 마찬가지로 라자다의 셀러 페이지도 기본적인 형태가 있고 커스터마이징이 가능한 부분은 스토어 상단의 Category Navigation 섹션뿐이다. 하지만 이 섹션은 포털 사이트의 카페 대문을 꾸미는 것처럼 단순히 이미지로만 채울 수도 있고, HTML 소스를 사용하여 링크 페이지로 연결되도록 만들 수도 있다. 따라서 우리나라 오픈 마켓과 같이 조금은 과도한 이미지 호스팅과 특집 페이지, 각종 링크 등이 어우러진 구성도 가능하다는 것이 장점이다. 또한 URL 주소는 일정한 틀에 스토어 이름이 합쳐진 형태다.

　글로벌 마켓 플랫폼에 따라 제공되는 스토어의 형태와 커스터마이징이 가능한 부분을 확인했으면 브랜드의 특성과 상품이 깔끔하게 노출되도록 정돈해야 한다. 또한 주요 상품, 이벤트 진행 등이 잘 드러나도록 지속적으로 메인 페이지를 손보는 작업도 게을리하지 말아야 한다.

◆ 라자다의 스토어는 우리나라 오픈 마켓과 흡사한 모습이다.

글로벌 마켓별 스토어의 이름과 기능

구분	이베이	아마존	엣시	보낸자	라자다
스토어 이름	스토어	스토어	숍	부스	스토어
이용 비용	유료	무료	무료	무료	무료
로고 삽입	가능	가능	가능	가능	가능
헤더 삽입	가능	불가능	가능	가능	가능
카테고리 자체 구성	가능	불가능	가능 (Section)	불가능	가능
URL 구성	가능	불가능	가능	가능	가능

적재적소의 광고가
만들어내는 힘

글로벌 마켓은 자체적인 광고 시스템을 갖추고 있어 셀러는 필요에 따라 이를 활용할 수 있다. 글로벌 마켓에서의 광고는 새로운 브랜드를 내놓거나 상품 라인을 확장한 경우, 독특하고 차별화된 상품 구색을 추가한 경우, 조회 수가 적은 상품을 노출하려는 경우, 재고 정리 세일을 하는 경우, 인기 있는 아이템의 매출을 늘리려는 경우, 시즌 프로모션을 진행하는 경우 등에 활용하는데, 광고 집행에 앞서 반드시 그 목적을 명확히 정해야 한다. 다시 한 번 말하지만 글로벌 마켓에서의 광고 집행은 필수가 아니라 선택이기 때문이다.

이베이에서는 Promoted Listings라는 광고 수단을 활용할 수 있다. 이는 상품이 정렬되는 알고리즘인 베스트 매치의 영향력을 배제하고 상품의 노출 순위를 인위적으로 높이는 방법이다. 사실 2000년대 중반까지는 이베이에도 우리나라 오픈 마켓과 같은 여러 가지 유료 광고가 존재했다. 그러나 2009년부터 상품의 제목을 진하게 처리하거나 목록에서 상품의 이미지를 확대해서 볼 수 있는 기능 정도를 제외하고는 유료 광고를 거의 없앴다.

2016년부터 시작된 Promoted Listings는 약 30%의 매출 증대 효과가 있는 것으로 검증되었다. 하지만 이베이가 광고 없는 플랫폼으로 이미지가 굳어진 탓인지 대중적으로 사용되는 툴은 아니다. 셀러는 원하는 리스팅에 대해 1~20%의 광고 비용Ad rate을 책정할 수 있으며, 이 비용의 순위에 따라 상품 검색 결과 및 상품 페이지에서 리스팅에 Sponsored라는 라벨이 붙어 노출된다.

광고 비용은 일반적인 클릭당 과금 방식Pay Per Click, PPC이 아니라 실제로 판매되었을 때만 부과된다. 즉 100달러의 상품에 10%의 광고 비용을 책정해 프로모션을 진행했는데 하나도 판매되지 않았다면 지불해야 할 광고 비용이 없다. Promoted Listings는 다른 글로벌 마켓의 광고와 달리 셀러에게 부담을 주지 않는 데다 효과도 어느 정도 검증된 방법이라 할 수 있다. 카테고리별 평균 광고 비용은 매주 공지되며 보통 4~5%, 경쟁이 심한 카테고리는 10~11%로 책정된다.

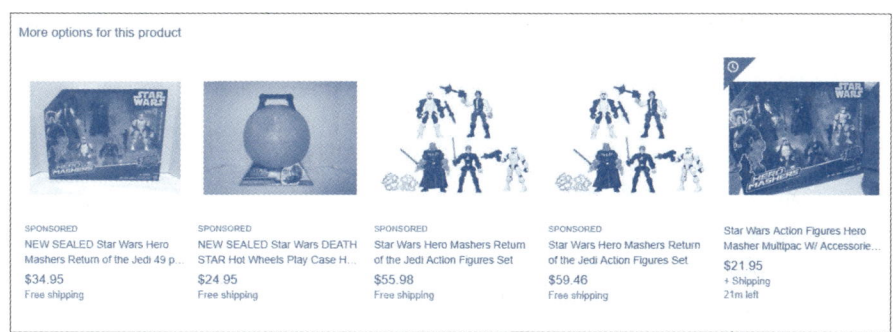

◆ 이베이에서는 광고를 진행 중인 상품에 Sponsored 라벨이 붙는다.

아마존에는 Sponsored Product라는 광고 캠페인이 있다. 이는 상품을 상세 페이지, 검색 결과 페이지 상단, 우측 또는 하단에 노출시킬 수 있는 방법으로 클릭당 과금된다. 피터 패리시 Peter Faricy 아마존 부회장은 "영세 상인이 아마존에서 사업을 키우기는 절대 쉽지 않습니다. 하지만 Sponsored Product와 같은 타깃 광고 서비스나 아마존의 배송 및 고객 서비스 노하우를 이용하는 FBA와 같은 서비스를 통해 셀러 여러분은 본인의 사업 규모와 관계없이 전 세계의 수많은 아마존 고객과 만날 수 있습니다."라고 말한 바 있다. 이 말처럼 경쟁이 매우 치열한 아마존에서 자본이 넉넉지 않은 셀러는 Sponsored Product를 적극적으로 활용할 필요가 있다.

광고 캠페인을 진행하는 상품은 검색 결과의 첫 페이지 하단에 노출된다. 아마존을 이용하는 바이어 중 검색 결과의 첫 페이지 다음을 조회하는 바이어는 30% 정도밖에 되지 않는다. 따라서 Sponsored Product를 이용하면 검색 결과의 첫 페이지에서 상품이 소개되어 바이어를 끌어들일 가능성이 높아진다.

브랜드를 갖고 있다면 검색 결과 위에 브랜드가 표시되는 Headline Search Ads를 이용해 브랜드 상품 라인의 가시성을 높이는 광고 캠페인도 할 수 있다.

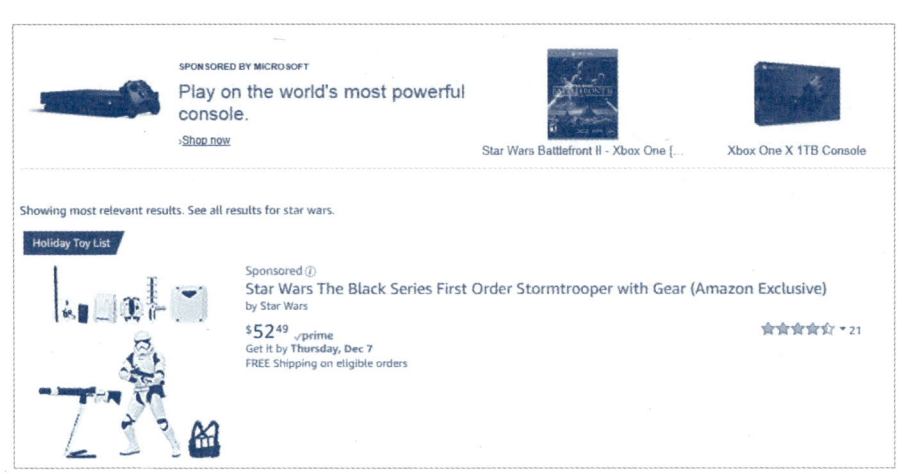

◆ 위쪽은 마이크로소프트의 Headline Search Ads, 아래쪽은 Sponsored Product를 이용한 광고다.

광고를 하려면 키워드와 타깃을 면밀히 분석해야 한다. 바이어가 입력한 검색 키워드와 동의어를 포함한 광범위 매치 Broad Match로 설정하면 상품이 가장 잘 노출되며, 그만큼 클릭할 확률이 높아져서 광고 비용이 커진다. 바이어가 입력한 단어나 입력 순서가 일치할 때만 매치 Phrase Match로 설정하면 광범위 매치보다 제한적으로 광고되는데, 이는 브랜드 또는 단어 배열의 순서가 중요한 경우에 사용하는 것이 좋다. 바이어가 입력한 검색 키워드와 완전히 일치하는 경우만 매치 Exact Match로 설정하면 가장 제한적으로 광고가 이뤄지는데, 이는 광고 예산이 적지만 꼭 타깃으로 삼아야 하는 키워드의 경우에 설정한다.

이와 같이 광고를 집행하려면 바이어가 상품을 찾는 과정을 역으로 추적하는 분석을 거칠 필요가 있다. 브랜드와 모델이 잘 알려진 상품이라면 바이어가 바로 검색해서 구매로 이어질 것이므로 Exact Match로 설정하는 것이 바람직하다. 또는 패션이나 액세서리처럼 'Men's Cap' 등의 광범위한 키워드를 검색한 후 주로 팔리는 상품을 구매하는 카테고리의 경우에는 Broad Match나 Phrase Match로 설정해야 한다.

이렇게 분석하기 어려울 때는 아마존에서 제공하는 자동 타기팅 캠페인을 활용해본다. 자동 타기팅 캠페인은 상품별로 연관된 모든 검색어에 대해 광고를 진행하기 때문에 아마존 바이어의 검색 패턴을 이해하는 데 도움이 된다.

자동 타기팅과 광범위 매치로 광고를 하다 보면 바이어들이 어떤 검색어를 입력하는지, 각 검색어의 효율과 성과가 어떤지 파악할 수 있다. 이렇게 바이어의 검색 패턴을 파악했으면 셀러가 목표로 삼는 특정 키워드를 포함한 광고를 직접 설정하는 수동 타기팅 캠페인을 시도한다. 광고 효율이 좋은 키워드는 입찰가를 높이고 비용 대비 광고 효율이 떨어지는 키워드는 입찰가를 낮춤으로써 효율적으로 광고비를 쓰면서 상품 노출을 최대화하는 전략을 구사해야 한다.

엣시의 광고는 클릭당 과금 방식의 Promoted Listings다. 셀러가 원하는 키워드를 선정하고 키워드마다 클릭당 비용을 설정할 수 있으며, 이 비용에 따라 해당 키워드 검색 페이지 상단에 Ad라는 라벨이 붙어 상품이 노출된다.

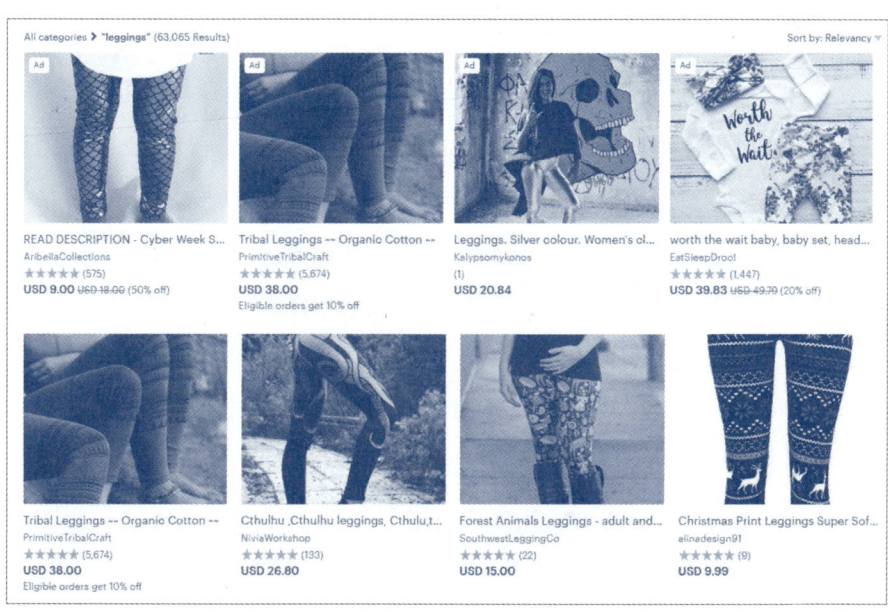

◆ 엣시의 Promoted Listings를 이용하면 상품에 Ad 라벨이 붙어 상단에 노출된다.

보낸자의 광고는 구글 쇼핑과 연동해 집행할 수 있다. 보낸자의 광고 프로그램 진행에 동의하면 부스에 있는 모든 리스팅의 광고가 자동으로 진행되며, 광고 비용은 실제로 판매되었을 때만 부과된다. 광고 프로그램을 이용하지 않는 Economy의 경우 판매 수수료가 3.5% 부과되고, Basic은 9%, Standard는 13%, Superior는 19%, Elite는 30%의 광고 비용이 판매 수수료와 합산되어 부과되는 방식이다. 레벨이 높을수록 보낸자에서 광고에 사용하는 비용과 채널이 많아지는데, 구글 쇼핑, Bing Ads, 이베이, 제휴된 블로그와 자체 프로모션을 통해 셀러의 상품을 노출시키고 보낸자가 직접 광고 비용을 부담한다는 점이 특이하다. 광고 비용이 적게 들었을 때는 원래 정해진 것보다 셀러에게 덜 청구하는 경우도 있다.

라자다의 광고는 클릭당 과금 방식의 Sponsored Products다. 특정 키워드를 대상으로 광고를 하는 것이 아니라 셀러가 판매하는 특정 상품을 대상으로 광고를 하며, 클릭당 과금되는 비용이 고정되어 있다. 따라서 셀러는 하루에 사용할 최대 예산을 정하고 광고할 상품의 클릭당 과금 비용을 확인함으로써 간단하게 광고를 집행할 수 있다.

앞에서 설명한 글로벌 마켓의 광고를 활용할 때는 반드시 광고의 효용성을 확인해야 한다. 한 예로 아마존에서는 광고의 효용성을 ACoS Advertising Cost of Sale로 검증한다. 이는 판매 가격과 광고 비용의 비율로 계산하며, 이를 통해 광고 후의 실제 수익도 정확하게 알 수 있다. 매출이 254달러, 광고 비용이 63달러라면 ACoS는 63÷254=25%, 쉽게 말해 1달러를 벌기 위해 0.25달러를 지불한 셈이다.

또한 수익에서 광고 비용을 차감해 실제 수익도 계산해봐야 한다. 254달러의 매출 중 수익이 40%일 때 광고 비용 25%를 제하면 실제 얻게 되는 수익은 15%다. 이렇게 계산했을 때 광고 비용 대비 수익이 높지 않거나 오히려 마이너스라면 광고를 계속할지 고민해보는 한편, 광고 비용을 줄이면서 매출과 수익을 견인할 수 있는 방법을 찾아야 한다.

따라서 광고를 진행할 때는 광고 비용을 다양하게 조정하면서 효과를 알아보는 과정이 필요하다. 예를 들어 Ad Rate를 10%로 설정했을 때의 매출과 8%로 설정했을 때의 매출이 같다면 굳이 10%로 할 필요가 없다. 그리고 아마존, 엣시, 라자다는 클릭당 과금되기 때문에 클릭으로 얻는 효과가 거의 없는 키워드나 타깃은 광고 대상에서 제외해야 한다.

닫힌 지갑도 열게 만드는 프로모션의 힘

독립몰에서 가능한 수준 이상의 다양한 프로모션을 글로벌 마켓에서도 활용할 수 있다. 먼저 이베이를 살펴보자. 이베이에서 가장 많이 사용하는 Order Discount는 일정 조건을 내걸고 그 조건을 충족하면 혜택을 주는 프로모션이다. 일정 조건은 금액이 될 수도 있고 수량이 될 수도 있다. 그리고 혜택은 할인이 될 수도 있고 추가 증정이 될 수도 있으며, 할인을 해주는 경우 일정 퍼센트를 할인해줄 수도 있고 일정 금액을 할인해줄 수도 있다. 편의점에서 흔히 보는 2+1, 백화점에서 15만 원 이상 구매 시 15000원의 상품권을 증정하는 것은 Order Discount와 같은 프로모션이다.

Order Discount의 가장 큰 목적은 다량 구매를 유도하는 것이다. 해외 배송은 국내 배송에 비해 바이어가 상품을 받기까지 오랜 시간이 걸리기 때문에 여러 상품을 한 번에 구매하는 경향이 있다. 또한 셀러 입장에서는 상품을 하나하나 발송하는 것보다 여러 상품을 한 번에 발송하면 배송비를 절약할 수 있다. 예를 들어 포장된 상품의 무게가 200g일 때 국제등기로 미국에 발송하는 비용은 6160원이다. 이 상품 3개를 각각 발송하면 18480원이 들지만 한꺼번에 묶어서 발송하면 같은 무게라도 11180원이 든다.

무료 배송으로 판매하는 것이 일반적이지만 판매 가격에 배송비가 포함되어 있기 때문에 셀러로서는 한 번에 다수의 상품을 판매하는 것이 유리하다. 이러한 배송비의 차액 중 일부를 바이어에게 돌려주는 개념으로 프로모션을 진행한다면 바이어 입장에서는 할인을 받아 만족스러울 것이고, 멀리 내다보면 셀러의 수익률이 올라갈 것이다.

일정 금액을 조건으로 내걸 때는 상품의 평균 단가를 고려해 최소한 2개 이상을 구매해야 그 조건을 맞출 수 있도록 기획하는 것이 좋다. 상품의 종류가 다양하고 여러 개를 한 번에 구매하는 경향이 있다면 3+1, 4+1과 같이 추가 상품을 증정하는 것도 좋은 방법이다.

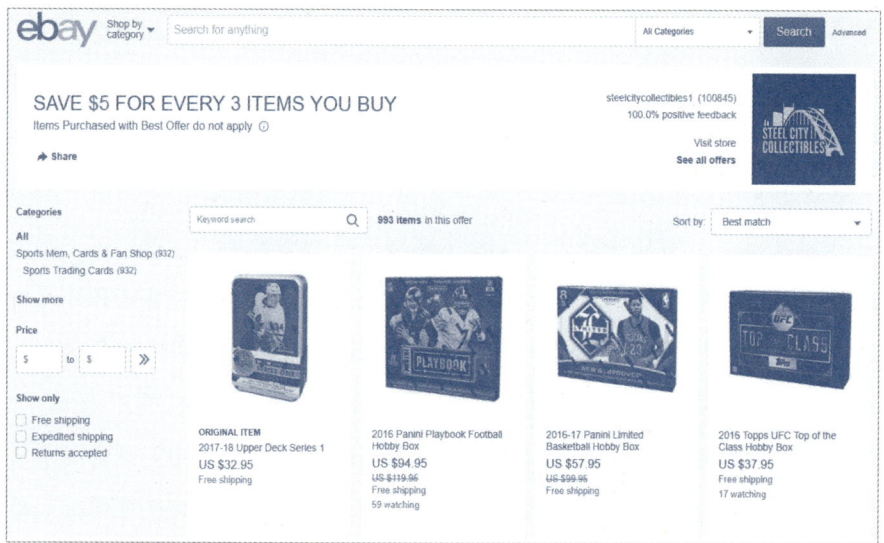

◆ 3개 구매 시 5달러를 할인해주는 프로모션

Shipping Discount는 Order Discount와 같이 일정 조건을 충족하면 배송에 대한 혜택을 주는 프로모션이다. 배송비를 받고 판매하는 경우 50달러 이상 구매하면 무료로 배송해주거나 업그레이드된 배송 수단을 제공하는 것이다. 이 역시 다량 구매를 유도하는 것이 목적이다. Shipping Discount를 진행할 때는 무료 배송이나 배송 수단 업그레이드로 발생하는 비용이 추가 구매를 통한 수익으로 상쇄되는지 사전에 계산해봐야 한다.

이베이에는 Sale Event+Markdown이라는 프로모션도 있다. Sale Event와 Markdown은 동의어로 상품 가격을 할인해서 판매한다는 뜻이다. 판매 가격을 할인하는 것은 가장 흔한 고전적 프로모션이다. 원래의 판매 가격을 준거로 제시하고 할인된 가격을 통해 절약되는 금액을 보여주기 때문에 바이어가 이득을 본다는 생각을 즉시 갖게 되어 매우 효과가 큰 방법이다.

그렇다고 해서 이러한 프로모션을 남발하는 것은 바람직하지 않다. 세일 이벤트를 너무 자주 하면 바이어가 '저 셀러의 상품은 기다리면 할인된 가격으로 살 수 있겠구나'라고 생각할 것이다. 이와 비슷한 예로 우리나라 로드숍 브랜드 화장품을 꼽을 수 있다. 로드숍 브랜드 화장품은 거의 매일 세일 이벤트를 하기 때문에 정가에 구매했다는 사람을 찾아보기 어렵다. 이러한 세일 이벤트는 손실을 키울 뿐 아니라 항상 할인하는 브랜드, 원래 가격이 정당한 것인지 의구심이 드는 브랜드라는 인식을 심어준다.

필자의 경우 뚜렷한 목적이 있을 때, 예를 들면 판매량이 많은 쇼핑 피크 시즌에는 매출을 더 늘리기 위해, 매출이 부진한 시즌에는 판매를 도모하기 위해, 가치가 떨어진 악성 재고를 처분하기 위해, 그리고 환율이 올라 마진이 높을 때 한정적으로 세일 이벤트를 진행한다. 그리고 이베이 계정을 생성한 날을 창립 기념일로 정해 매년 3월 30일 전후로 며칠간 창립 기념 세일을 한다. 2016년에는 창립 11주년을 맞아 11% 세일을, 2017년에는 창립 12주년을 맞아 12% 세일을 진행했다.

이베이의 또 다른 프로모션인 Codeless Coupon은 일정 조건을 충족하면 혜택을 주는 프로모션이라는 점에서는 Order Discount와 동일하다. 다만 Order Discount는 스토어를 방문하는 모든 바이어에게 제공되는 데 반해 Codeless Coupon은 특정 링크를 타고 들어온 바이어만 혜택을 받을 수 있다. 캐시백 사이트를 통해 어떤 사이트에 들어가야만 구매 시 혜택을 받을 수 있는 것과 비슷한 개념이다.

Codeless Coupon은 다양한 대상을 타깃으로 삼을 수 있다. 혜택을 주고자 하는 타깃을 선정하고, 그 타깃을 대상으로 프로모션을 진행했을 때의 효과를 전략적으로 구사해야 한다. 예를 들어 SNS에서 팔로우하는 사람에게 할인 쿠폰을 주면 구매 전환율을 높일 수 있다. SNS에서 상품을 접하고 살지 말지 망설이는 사람은 할인 쿠폰을 받으면 구매할 확률이 높다.

또한 구매한 적이 있는 바이어에게 할인 쿠폰을 제공하면 '내가 구매한 것에 대한 혜택을 받는구나'라는 생각을 갖게 됨으로써 단골 고객 또는 충성 고객이 되기도 한다. 필자의 경우 세 번 이상 구매한 바이어에게는 파격적인 할인 쿠폰을 제공하곤 하는데 그 효과가 탁월하다. 이렇게 제공한 쿠폰의 링크를 누군가가 SNS에 공유해 불특정 다수에게 노출되었고 그 덕분에 새로운 바이어와 인연을 맺게 된 경우도 있다.

아마존에서도 이베이와 거의 유사한 프로모션을 제공하고 있다. 기본적인 상품 가격 할인은 Edit Inventory에서 간단하게 설정할 수 있다.

◆ 이처럼 아마존에서는 정가에 의구심이 들 만큼 가격 할인이 흔하다.

이베이의 Order Discount와 같은 프로모션이 아마존에서는 Percentage Off, Buy One Get One으로 세분화되어 있다. 특정 조건을 충족하면 가격의 몇 퍼센트를 할인해주는 것은 Percentage Off로, 추가 상품 증정은 Buy One Get One으로 가능하다. 이베이와 다른 점은 어떤 금액 이상 구매했을 때 일정 금액을 할인해주는 방법이 없다는 것이다.

Free Shipping은 이베이의 Shipping Discount와 동일한 프로모션으로, 일정 금액 또는 일정 개수 이상 구매했을 때 무료로 배송해주는 것이다. 한편 아마존의 모든 프로모션은 Claim Code 설정을 선택할 수 있다. Claim Code를 설정하면 셀러가 지정한 코드를 입력했을 때만 프로모션의 혜택을 받을 수 있으므로, 특정 타깃을 대상으로 프로모션을 진행하고자 할 때는 Claim Code를 설정하고 이를 원하는 타깃에게 전달하면 된다.

Giveaway는 이베이에는 없는 아마존의 독특한 프로모션이다. 말 그대로 증정품을 주는 프로모션으로, 이를 통해 셀러는 자신의 상품에 관심이 있는 바이어에게 접근하는 기회를 만들 수 있다. 증정품을 지급하는 데 들어가는 비용은 마케팅 비용인

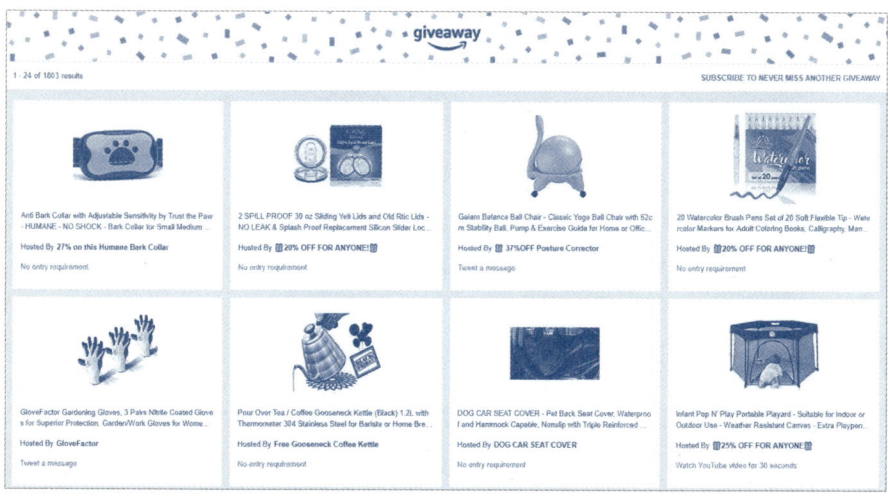

◆ 아마존의 Giveaway는 증정품을 주는 프로모션이다.

셈이다. 셀러는 지급할 경품의 수, 즉 당첨자의 수를 지정할 수 있고 당첨자 추첨 방법은 무작위 선정, 세 번째나 열세 번째 등의 특정 숫자, 선착순 등이다. 경품 당첨에 참가하고자 하는 바이어는 어떤 조건을 갖춰야 하는데 이 과정에서 셀러는 마케팅을 진행할 수 있다. 셀러가 지정한 동영상을 시청하거나, 셀러 또는 제삼자의 트위터를 팔로우하거나 리트윗하는 조건 등을 내걸 수 있기 때문이다. 물론 조건이 없어도 된다. 또한 당첨되지 않은 바이어에게는 다른 프로모션의 쿠폰을 증정해 구매를 유도할 수도 있다.

◆ 30초 동안 동영상을 시청하면 경품 당첨에 응모할 수 있고, 당첨되지 않더라도 페이스북에서 50% 할인 쿠폰을 받을 수 있는 프로모션이다.

Giveaway는 상품을 홍보하면서 매출도 올릴 수 있는 효과적인 프로모션이다. 따라서 인지도를 끌어올릴 수 있는 증정품은 무엇인지, 그리고 Giveaway 링크를 아마존뿐만 아니라 다른 채널을 통해 어떻게 홍보할지 궁리해보고 적극적으로 활용할 필요가 있다.

엣시에는 Sales and Coupon이라는 프로모션이 있다. Sales는 원하는 상품을, 원하는 기간 동안, 원하는 만큼 가격 할인을 해주는 기능이다.

◆ 엣시에서는 Sales and Coupon을 이용해 가격을 할인해줄 수 있다.

Coupon은 제공된 링크를 타고 들어오면 할인을 해주는 프로모션이다. 특정 타깃을 대상으로 삼지 않고 아무런 조건 없이 단순히 세일 중인 숍의 링크를 제공하기 위해 활용할 수도 있고, 특정 코드를 입력했을 때만 할인이 적용되도록 설정할 수도 있다. 후자의 경우 코드와 함께 링크를 홍보하는 채널을 넣으면 그 채널의 유입 효과를 확인할 수 있다.

보낸자에도 할인 및 쿠폰 제공 기능이 있다. 그러나 무료인 Economy 레벨은 프로모션을 사용할 수 없고 유료인 Basic부터 가능하다. 할인은 부스에 방문하는 바이어를 대상으로 하는 것이 아니라 특정 타깃을 대상으로 쿠폰을 발행하는 방식이다. 보낸자에서는 세분된 타깃을 셀러가 적절히 선택하도록 되어 있다.

Marketing Campaigns에서는 가장 인기 있는 카테고리, 가장 많이 판매되는 상품, 조회 수가 가장 많은 상품에 대해 구매한 적이 있는 바이어, 부스를 팔로우하는 바이어 등을 대상으로 할인율을 설정해 쿠폰을 발송할 수 있다. 또한 부스를 새로 팔로우한 바이어, 최근 3개월 내에 팔로우했으나 아직 구매하지 않은 바이어, 처음 구매한 바이어, 피드백을 남긴 바이어 등을 대상으로 할인 쿠폰을 발송할 수 있다. 사실 다른 글로벌 마켓에 비해 보낸자의 매출이 많이 떨어지지만, 한 번이라도 보낸 자에서 구매했거나 지속적으로 관심을 보이는 바이어의 구매를 유도하도록 세심하게 프로모션을 진행할 수 있다는 것이 장점이다.

라자다에서는 가격 할인 프로모션을 언제든지 개별적으로 진행할 수 있으며 이 외에도 Quantity, Buy 1 Get 1 Free, Free Gift, Combo 등의 프로모션이 있다. Quantity는 특정 수량 구매라는 조건을 충족하면 일정 퍼센트를 할인해주는 것이고, Buy 1 Get 1 Free는 말 그대로 1+1을 제공하는 프로모션이다.

◆ 라자다에서는 세일하지 않는 상품을 찾아보기 어렵다. 연말에는 판매 수수료를 면제해주면서 세일을 강요하기도 한다.

Free Gift는 특정 상품 구매 시 상품을 증정하는 것이다. Combo는 라자다에서만 볼 수 있는 프로모션으로, 특정 상품을 한꺼번에 구매하면 각각 할인을 해주는 프로모션이다. 예를 들어 50달러인 상품 A, 30달러인 상품 B를 한꺼번에 구매하면 각각 20%, 10%를 할인해주는 경우 상품 A는 40달러, 상품 B는 27달러가 되므로 총 67달러에 구매할 수 있다.

글로벌 마켓의 프로모션

프로모션	이베이	아마존	엣시	보낸자	라자다
가격 할인	Sale Event + Markdown	Edit Inventory에서 항시 설정 가능	Sale	Marketing Campaigns	Edit Inventory에서 항시 설정 가능
일정 조건 충족 시 할인	Order Discount	Percentage Off, Buy One Get One			Quantity, Buy 1 Get 1 Free
일정 조건 충족 시 배송 혜택	Shipping Discount				
쿠폰 발행	Codeless Coupon	Percentage Off, Buy One Get One에서 선택 가능	Coupon	Marketing Campaigns	
무료 증정품		Giveaway			
구매 시 사은품 증정					Free Gift
특정 상품 묶음 구매 시 할인					Combo

프로모션은 판매를 가속화하는 동력으로서 매우 중요하므로 셀러는 구체적인 목표와 그에 맞는 전략을 세우고 적절한 프로모션 방법을 찾아야 한다. 이 과정에서 각종 데이터를 참고하고 그동안의 경험을 바탕으로 타깃을 설정해 진행하면 더 큰 효과를 볼 수 있을 것이다.

한편 글로벌 마켓 플랫폼에서 제공하는 프로모션만이 전부가 아니다. 셀러 스스로 기민하게 매출 상승을 위한 가격 전략을 구사할 수도 있다. 신상품이 출시되면 셀러는 스키밍 가격 skimming pricing이나 침투 가격 penetration pricing 전략 중 하나를 시도하는 경향이 있다. 스키밍 가격 전략은 가격 저항력이 없는 최우수 바이어층을 대상으로 고가를 책정하는 것으로, 전자 제품이 대표적인 예로 꼽힌다. 초기의 고가 전략은 목표 시장 점유율에 다다른 후 상품의 성장기, 성숙기, 쇠퇴기를 거치면서 가격 하락 전략으로 이어지는데, 이는 경쟁 셀러나 경쟁 상품이 거의 없을 때 유효한 전략이다.

침투 가격 전략은 규모가 큰 시장을 저가로 공략하는 것이다. 상품 도입기에는 저가 전략을 펼쳤다가(일단 써보셔) 시간이 지나 어느 정도의 시장 점유율에 도달했다고 판단되면 가격을 점차 올리는 이 전략은 경쟁이 치열할 때 남들보다 먼저 시장 점유율을 확보하기 위해 활용되곤 한다. 경쟁이 치열한 카테고리의 상품은 검색 노출 결과에서 높은 순위를 차지하는 것이 매우 중요하므로 초반에는 낮은 가격으로 조회 수 대비 판매율을 높여 노출도를 향상하고 이후 가격을 점차 올리는 방법을 고려해본다. 또한 판매하는 상품군이 다양하면 보완재를 세트로 구성해 판매함으로써 바이어에게 가격적인 이득과 동시 구매의 편리성을 제공하면서 매출을 올리는 전략도 가능하다.

미끼 상품도 활용해볼 수 있다. 미끼 상품은 바이어를 유인하기 위해 일반적인 가격보다 대폭 할인하는 상품으로 특매 상품, 유인 상품, 특수 상품, 로스리더라고도 일컫는다. 미끼 상품을 이용해 셀러의 상품들이 저렴하다는 인상을 줄 수 있고, 상품 페이지에서 다른 상품을 쉽게 둘러볼 수 있는 크로스 프로모션을 제공해 다른 상품의 구매도 유도할 수 있다. 미끼 상품으로는 브랜드 상품, 재고 상품, 리퍼브[20] 상품을 주로 활용하며, 특히 이베이에서는 노출도가 높은 경매 방식으로 판매하면 효과가 극대화된다.

---

20 제조 과정에서 작은 흠집이 생긴 상품이나 바이어가 변심해 반품한 상품 등을 손질해 정품보다 저렴한 가격에 판매하는 것을 말한다.

물 들어올 때 노 젓는
쇼핑 시즌 공략법

　　　　　　　　미국의 최대 쇼핑 시즌인 블랙 프라이데이가 다가오면 우리나라 오픈 마켓과 쇼핑몰도 이 열풍에 동참해 각종 이벤트를 진행한다. 셀러는 이러한 쇼핑 피크 시즌을 놓치지 말아야 한다. 이때 매출을 많이 올려야 비수기에 사업을 안정적으로 유지할 수 있다. 바이어들은 일찌감치 쇼핑 피크 시즌을 위한 구매를 시작하기 때문에 이에 대비해 바이어들이 자주 찾는 상품을 미리 확보해놓고 적극적으로 마케팅을 펼쳐야 한다.

◆ 판매가 증가하는 홀리데이 시즌에 대비해 프로모션을 미리 준비해야 한다.

　　미국 바이어가 쇼핑을 하는 시즌을 다음 표에 정리했으니 이를 참고해 마케팅 전략을 세우고 실행해보자.

미국의 홀리데이 캘린더[21]

날짜	설명	바이어가 주로 찾는 상품
1월 1일 (양력설)	새해를 맞이하고 기념한다. 새해가 되면 건강한 생활 방식을 위한 계획을 세우고 친구와 가족의 복을 기원한다.	건강용품, 스포츠 용품, 도서, 건강식품 및 유기농 식품, 운동 장비, 운동복, 운동화, 피트니스 전자 제품, 다이어트 제품, 인사 카드
음력 1월 1일 (음력설)	아시아 국가에서는 음력설에 가족과 친구끼리 선물과 현금을 주고받는 풍습이 있다.	아시아 전통 의상, 빨간색과 금색 상자, 조화, 전통 장식품
2월 14일 (밸런타인데이)	사랑과 우정을 기념하는 날이다. 스토어에서는 낭만적인 각종 상품, 선물, 카드, 초콜릿을 판매한다.	초콜릿, 카드, 성인 장난감, 꽃, 하트 모양 쿠키, 양초
3월 17일 (성 패트릭 데이)	아일랜드를 주제로 한 파티, 음식과 음료로 이 날을 축하한다. 녹색 의상을 입고 녹색 음식을 먹는다.	티셔츠, 모자, 파티 용품, 아일랜드 상징물, 파티 선물, 액세서리 등 아일랜드를 주제로 한 녹색 아이템
3월 22일~4월 25일 중 하루 (부활절)	성 금요일, 부활절 일요일, 부활절 월요일은 수많은 미국인이 기념하는 종교 행사의 날이다. 이 날은 봄의 시작과도 관련이 있다.	플라스틱 달걀, 토끼를 주제로 한 아이템, 완구, 작은 선물, 장식품, 종교 상품, 파스텔 톤의 파티 선물, 카드 등 부활절 관련 용품
5월 두 번째 일요일 (어머니의 날)	어머니 또는 어머니와 같은 어르신에게 카드나 선물을 보낸다. 일반적으로 귀금속, 꽃, 초콜릿, 간식 등을 선물한다.	화장품, 꽃, 귀금속, 의류, 핸드백, 도서, 카드, 초콜릿, 미용용품, 가정용품 등 여성 고객을 겨냥한 제품
6월 세 번째 일요일 (아버지의 날)	아버지에게 존경을 표현하고 부성애, 아버지와의 유대감, 아버지가 사회에 미치는 영향력을 기리는 날이다.	넥타이, 도서, 양말, 향수, 면도기, 주택 개조용품, 스포츠 및 아웃도어 장비 등 남성 고객을 겨냥한 제품
7월 4일 (미국 독립 기념일)	미국이 독립을 선언한 날을 기념하는 공휴일로서 피크닉, 바비큐, 야외 게임과 수영 활동 등을 즐긴다.	그릴, 주방용품, 피크닉 용품, 수영 장비, 야외 경기, 테라스 용품 등의 아웃도어 제품과 성조기, 풍선, 불꽃놀이 등의 축제용품

---

21 출처: sell.amazon.co.kr

날짜	설명	바이어가 주로 찾는 상품
7월 중 하루 (프라임데이)	프라임데이는 아마존의 프라임 회원을 위한 이벤트로 아마존의 모든 품목을 크게 할인해 준다.	아마존 카테고리의 모든 품목
8월 초 신학기 시즌	미국에서는 8월에 새 학기가 시작된다.	문구류, 필기구, 사무용 소프트웨어, 도서, 공책, 책가방 등의 학생 관련 제품, 전자 제품 및 의류
10월 31일 (핼러윈)	어린이에게 사탕을 주고 변장 파티에 참석하거나 유령의 집을 방문하기도 한다. 또 무서운 이야기를 공유하고 공포 영화도 감상한다.	각종 의상, 메이크업, 액세서리(가면, 가발), 음료수, 가짜 피, 무서운 느낌의 콘택트렌즈 등 무섭고 기발한 제품
11월 네 번째 목요일 (추수감사절)	북미 전역에서 기념하는 공휴일이다. 원래는 수확을 기념하는 축제였으나 지금은 흩어져 사는 가족들이 모여 함께 칠면조 요리 등을 먹는다.	오리털 재킷, 장갑, 스카프, 털모자, 스키 장비, 스키복, 주방 식기, 칠면조 조리용 팬, 냄비, 앞치마
추수감사절 다음 날 (블랙 프라이데이)	크리스마스 쇼핑 시즌의 시작을 알리는 날로 1952년부터 시작되었다. 대부분의 유통업체가 일찍 영업을 시작하고 파격적인 프로모션을 진행한다.	전체 카테고리(고가 아이템에 집중되는 경향이 있음) 고수요/대량 아이템, 할인가 및 프로모션 제공이 필수
추수감사절 다음 주 월요일 (사이버 먼데이)	여러 나라에서 새롭게 부상하고 있는 기념일인 사이버 먼데이는 온라인 쇼핑과 관련된 날로 온라인 쇼핑몰에서 대규모 할인 행사를 진행한다.	전체 카테고리(전자 제품에 집중되는 경향이 있음) 고수요/대량 아이템, 할인가 및 프로모션 제공이 필수
12월 25일 (크리스마스)	크리스마스는 원래 기독교의 기념일이지만 종교에 상관없이 세계적인 공휴일로 자리 잡았다. 크리스마스트리를 장식하고 가족이 모여 함께 식사하며 선물을 교환한다.	선물과 관련된 모든 카테고리, 크리스마스 장식, 카드, 양초, 재림절 달력, 조명
12월 31일 (새해 전야)	새해 전야에 사람들이 모여서 파티를 즐긴다.	파티 액세서리 및 장식, 불꽃놀이, 음료수, 카드, 달력

SNS는 마케팅 수단이 아닌 일상의 한 부분이다

오늘날 우리는 SNS를 통해 사람들과 교류하고 정보를 얻고 있다. 맨체스터 유나이티드의 사령탑이었던 앨릭스 퍼거슨 감독은 SNS가 인생의 낭비라고 말한 바 있지만 글로벌 마켓 비즈니스를 하는 셀러라면 이 말을 무시해도 좋다. 마케팅 수단으로 SNS를 활용하는 것은 이제 새삼스러운 일이 아니기 때문이다.

글로벌 마켓의 셀러는 SNS의 중요성을 인식하고 마케팅에 적극적으로 활용해야 한다. 글로벌 마켓 플랫폼에서는 상품 페이지를 자신의 SNS에 스크랩해 공유하는 기능을 제공한다. 이베이, 아마존, 엣시, 보낸자에서는 페이스북, 트위터, 핀터레스트와 연동할 수 있으며 라자다에서는 페이스북의 공유만 가능하다.

◆ 이베이에서는 상품 페이지를 페이스북, 트위터, 핀터레스트에 공유하는 기능을 제공한다.

SNS에 상품의 링크를 포스팅하는 기능은 바이어가 상품을 쉽게 공유하도록 하기 위한 것이지만, 한편으로는 셀러가 주도적으로 활용해야 하는 기능이기도 하다. 현재 글로벌 마켓의 셀러가 SNS 마케팅에 가장 많이 활용하는 채널은 페이스북과 인스타그램이다. 페이스북의 경우 모든 플랫폼의 상품 페이지를 쉽게 링크할 수 있

으니 여기서는 최근 가장 주목받는 인스타그램을 살펴보자.[22]

인스타그램은 이미지 위주의 정보 전달 채널이기 때문에 상품 홍보를 적극적으로 할 수 있다고 생각하기 쉽다. 하지만 사실 인스타그램은 직접 매출을 일으키는 마케팅 채널이 아니라고 할 수 있다. 그럼에도 인스타그램을 통해 마케팅을 하는 이유는, 팬을 기반으로 하는 마케팅 채널로서 판매에 간접적인 영향을 미치기 때문이다. 인스타그램을 통해 마케팅을 하고 있는 브랜드를 보면 상품을 드러내놓고 홍보하기보다는 일상적인 콘텐츠에 잘 녹여낸 이미지가 주를 이룬다.

페이스북에서는 정보성 콘텐츠를 제공하는 사용자와 주로 친구를 맺지만, 인스타그램에서는 관심 있는 카테고리나 인물을 팔로우함으로써 그 일상을 간접 경험하는 것이 목적이다. 사적인 공간 같은 인스타그램에서는 브랜드가 추구하는 느낌이 담긴 이미지로 스토리텔링을 하는 것이 좋다. 이렇게 해서 팬을 늘려나간다면 간접적인 매출 증진 효과, 브랜드의 신뢰도 확립, 단골 고객 형성 등의 중·장기적 목표에 다가갈 수 있다.

인스타그램에서 마케팅을 하려면 먼저 계정을 생성하고 브랜드나 상품의 콘셉트가 잘 반영되도록 깔끔하게 꾸미는 작업이 필요하다. 글로벌 마켓의 스토어를 꾸밀 때와 마찬가지로 계정의 이름, 프로필의 문구, 대표 이미지 등을 세심하게 골라야 한다.

인스타그램에서 아쉬운 점은 게시글에 링크를 넣을 수 없다는 것이다. 즉 상품의 사진을 올릴 때 판매하는 곳으로 안내하는 Call To Action(CTA)을 기입할 수 없다. 인스타그램에서 링크를 넣을 수 있는 공간은 계정의 프로필뿐이다. 따라서 여러 상품의 이미지를 각각 올려 판매하려고 애쓰는 것보다는 다양한 상품을 꾸준히 등록해 내가 갖고 있는 상품을 브랜딩하고, 이 브랜드가 추구하는 이미지와 느낌을 방문자에게 각인시키는 것이 좋다. 브랜드에 호감을 느낀 방문자는 프로필의 브랜드 링크를 클릭할 가능성이 높다.

---

22 인스타그램 마케팅과 관련된 내용은 brunch.co.kr/@andrewyhc의 포스트에서 인용해 각색한 것이다.

적절한 해시태그의 사용은 필수다. 판매 상품의 가장 대표적인 해시태그를 검색창에 입력했을 때 자동 완성으로 추천되는 연관 해시태그 중 포스트 수가 1000~5000개인 해시태그를 선정하는 것이 일반적인 방법이다. 그러나 해시태그의 포스트 수가 너무 많아 노출을 기대하기 어렵다면 틈새시장을 공략하듯이 보다 트렌디한 해시태그에 초점을 맞춰보자. 일반적인 해시태그를 검색창에 입력했을 때 자동 완성으로 추천되는 연관 해시태그 중 포스트 수가 100~500개로, 인기가 너무 많지도 적지도 않은 키워드를 선정하는 것도 하나의 방법이다.

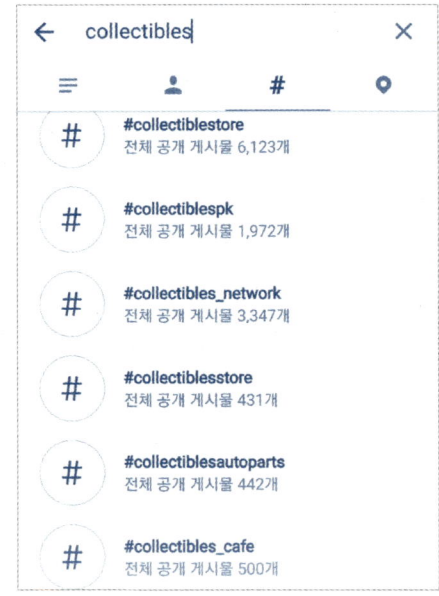

◆ 해시태그를 입력했을 때 나타나는 연관 해시태그의 포스트 수를 통해 활용도를 가늠해볼 수 있다.

비슷한 상품을 판매하는 셀러나 비슷한 콘셉트의 계정에서 사용하는 해시태그도 참고한다. 글로벌 마켓 플랫폼에서 상품을 리스팅할 때 검색창에 연관 검색어로 나오는 단어, 비슷한 상품을 취급하는 셀러들의 상품 페이지를 참고하면서 타이틀과 설명 글을 작성하는 것과 같은 맥락이다. 또한 주요 타깃으로 삼은 국가나 연령대의 사람들이 주로 사용하는 해시태그를 탐색해 파악하는 것도 좋다.

포스트마다 주렁주렁 달린 해시태그가 지저분해 보인다면 포스트와 댓글에 해시태그를 나눠 단다. 이렇게 하면 포스트의 내용을 깔끔하게 보여주면서도 해시태그의 효과를 유지할 수 있다.

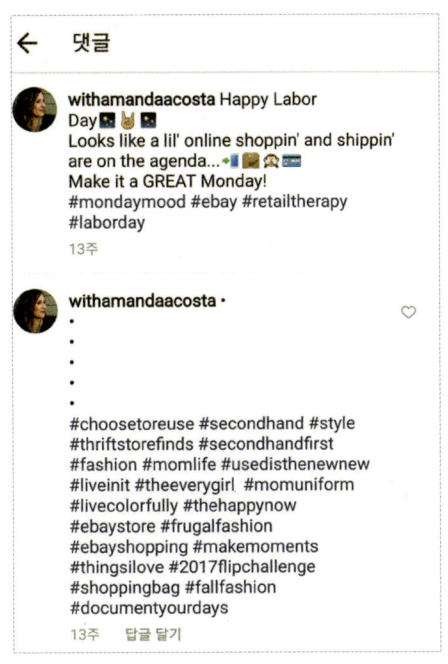

◆ 해시태그를 포스트와 댓글에 나눠 달면 콘텐츠를 보다 깔끔하게 보여줄 수 있다.

ⓘ 파워 솔루션

조금 요령을 부려보자면 해시태그에 이베이 상품의 아이템 넘버를 추가하는 방법이 있다. 이베이의 상품 페이지에는 고유의 아이템 넘버가 부여되므로 이 숫자를 해시태그의 텍스트 마지막에 제시하고(예를 들어 #152478786803) 'Copy and paste the last hashtag on ebay search box to see this item'이라고 덧붙이면 인스타그램 게시물에서도 이베이 상품 페이지로의 직접적인 유입을 유도할 수 있다.

사진을 올릴 때는 사진의 품질과 콘셉트, 스토리텔링에 신경을 쓴다. 하나의 카테고리를 전문적으로 취급하는 셀러라면 그에 맞는 콘셉트의 완성도 높은 콘텐츠를 일관성 있게 올려야 보는 이들에게 각인될 수 있다.

◆ 정사각형, 직사각형 이미지를 섞어놓으면 여백이 생겨서 보기에 좋지 않다.

상품을 리스팅할 때와 마찬가지로 직사각형 사진을 들쭉날쭉하게 올리지 말고 정사각형의 꽉 찬 사진을 올리되 보정에도 신경을 써서 자신만의 분위기를 연출한다.

◆ 자신만의 독특한 색감과 느낌을 보여주는 이미지로 구성되었다.

　상품 사진만 자주 또 많이 올리면 거부감을 유발할 수 있다. 일상을 공유하는 인스타그램의 특성상 상품 사진으로 도배하면 팔로워가 빠져나갈 수 있으므로 일상 사진을 적절히 섞는 것이 좋다. 필자의 경우는 3장씩 나열되는 특성을 이용해 2장은 상품 사진, 1장은 일상 사진을 올리며, 사진 3장의 느낌이나 콘셉트가 통일되어 보이게 한다.

◆ 판매하는 상품뿐 아니라 제작 과정과 부자재, 일상의 모습을 다양하게 올리는 것이 좋다.

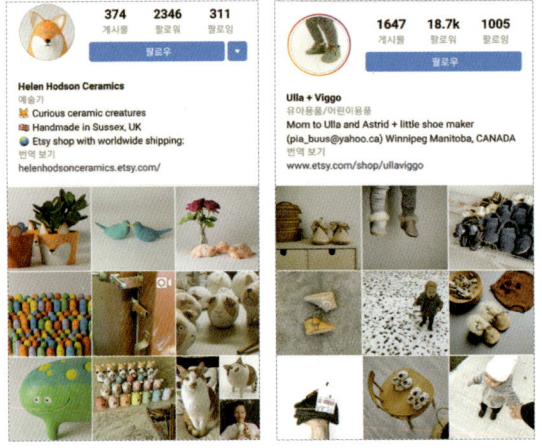

◆ 인스타그램에서 브랜드와 사진의 일관된 콘셉트를 유지하면서 다양한 일상을 공유하는 좋은 사례다.

글로벌 마켓에서 인지도를 쌓기 전까지 SNS 계정의 팔로워를 늘리기란 어렵지만, 인스타그램은 시간을 투자한 만큼 팔로워를 늘릴 수 있다.

팔로워를 늘리는 첫 번째 방법은 선팔(먼저 팔로우하는 것)과 맞팔(나를 팔로우한 사람을 나도 팔로우하는 것)이다. 글로벌 마켓의 바이어들이 자주 사용하는 해시태그를 검색해보고 팔로워 수가 몇 백 정도인 계정을 선팔한다. #followme #followmeback #followmefollowback 등은 선팔, 맞팔과 같은 개념의 해시태그다. 이 해시태그를 사용하는 사람들을 팔로우하면 그들도 내 계정을 팔로우할 것이다.

내가 팔로우했는데 나를 팔로우하지 않는 사람들은 정기적으로 언팔로우를 함으로써 팔로워 수에 비해 팔로잉 수가 지나치게 많은 것을 방지해야 한다. 이렇게 하기가 번거롭다면 Followers와 같은 앱을 사용해 편리하게 관리할 수 있다. 맞팔이 되고 나면 선팔한 계정에 들어가 라이크를 누르고 코멘트도 달아준다. 라이크와 달리 코멘트는 알림창에서 눈에 띄기 때문에 더욱 효과적이다.

판매 상품에 관심이 있을 만한 사람들을 찾아내고 그들이 자주 쓰는 해시태그를 찾아다니면서 게시물에 라이크, 코멘트, 팔로우 등의 액션을 취하는 것이 중요하다. 통상적으로 그중 약 5~10%의 사람들은 내 계정을 방문하고 내 콘텐츠에 관심이 있다면 맞팔도 한다. 이렇게 타깃을 팔로워로 만드는 데에는 많은 시간을 투자해야 하지만 쌓이면 쌓일수록 큰 효과를 볼 수 있다.

한편 인스타그램 정보와 같은 개인 정보를 글로벌 마켓 플랫폼에서 노출하는 것을 유의해야 한다. 플랫폼에 따라 규정이 상이한데 이베이, 아마존, 라자다에서는 상품 페이지나 메시지 등에 SNS 채널 정보를 기재할 수 없다. 직거래를 유도할 수도 있기 때문으로, 이는 SNS 채널에 대한 규제라기보다는 셀러와 직접 연락 가능한 정보에 대한 제한이라고 볼 수 있다. 따라서 글로벌 마켓에 직접 노출하지 말고 바이어에게 상품을 발송할 때 SNS 채널 정보가 담긴 명함을 동봉하는 것이 좋다.

페이팔로 결제를 받는 플랫폼의 경우, 페이팔을 통해 수집할 수 있는 바이어의 이메일로 홍보하는 것도 한 방법이다. 이렇게 이미 거래를 튼 바이어를 대상으로 한 홍보는 물론이고 잠재 고객에게도 SNS 채널을 알리기 위해 노력해야 한다. 판매 상품과 연관이 있는 커뮤니티와 블로그를 통해 알리거나 개인 블로그, 유튜브 등에 상품에 대한 프리뷰, 리뷰를 올리면서 SNS 채널 정보를 기재하면 효과적이다.

필자가 인스타그램 팔로워를 늘리면서 가장 큰 효과를 본 방법은 나를 팔로우한 사람들에게 개별적인 메시지를 통해 할인 쿠폰을 선물한 것이었다. 내 계정에 조금이라도 관심이 있어 팔로우했을 그들에게 고마움을 노골적으로 표현했는데 의외로 반응이 좋았다. 할인 쿠폰을 받은 사람들 중 약 10%가 그것을 사용해 구매했으며, 몇몇은 구매한 상품을 인스타그램에 올리고 필자의 스토어를 해시태그로 남기기까지 했다. 그중 많은 팔로워를 가진 사람의 후기는 파급 효과가 더욱 컸다.

인스타그램은 중·장기적인 목표를 세우고 운영해야 한다. 팔로워를 늘리기 위해 매일 해시태그 서핑을 하고 누군지도 모르는 전 세계 사람들의 계정을 드나들며 팔로우와 라이크를 누르는 일이 처음에는 재미있다가 갈수록 지루하게 느껴질 수도 있다. 하지만 SNS 마케팅이란 것이 원래 그런 걸 어쩌겠는가. SNS 마케팅에 관한 아래의 글을 깊이 새겨 읽고 실천하기 바란다.

Participate in your SNS life as an seller. Don't just think of it as a task or job that needs to be done every now and then. Make it a part of your life. (셀러로서 SNS 활동을 하라. 가끔 해야 하는 업무나 일이 아닌 일상의 일부로 여겨라.)

비즈니스에 도움을 주는
리스크 관리 방법

글로벌 마켓에는 늘 리스크가 존재한다. 이를 관리하지 않고 방치하면 누적된 리스크로 인해 막대한 손해를 입고 결국 폐업의 길로 접어들게 된다. 따라서 판매를 시작하기 전부터 그리고 판매를 진행하면서 어떤 종류의 리스크가 있는지 파악하고 분석해 대응책을 세워야 한다. 대응책을 마련한 후에는 지속적으로 모니터링하면서 판매에 지장이 없도록 관리해야 한다. 이를 위한 대응 활동은 크게 리스크 회피, 감소, 공유, 수용으로 이뤄진다.

리스크 회피는 리스크가 발생할 수 있는 활동을 중단하는 것으로 공급처와의 계약 철회, 새로운 지역 시장에 대한 확장 축소, 상품 판매 중단 등을 포함한다. 리스크 감소는 리스크의 발생 가능성이나 영향력 중 하나 또는 모두를 감소시키는 것으로, 일상적으로 이뤄지는 사업 결정이 여기에 속한다. 리스크 공유는 리스크의 일부를 이동하거나 공유함으로써 리스크의 발생 가능성이나 영향력을 감소시키는 것으로, 일반적인 방법으로는 헷징 거래, 아웃소싱 등이 있다. 마지막으로 리스크 수용은 리스크의 발생 가능성이나 영향력을 줄이는 어떤 행동도 취하지 않는 것이다.

힐리웰[23]이 정리한 리스크의 유형 중 글로벌 마켓 비즈니스를 하면서 겪을 수 있는 것은 다음과 같다. 유형을 분류하기는 했지만 리스크는 한 유형에 국한된다기보다는 전체적으로 밀접하게 관련되므로 글로벌 마켓에서의 판매 프로세스 전반에 걸친 리스크를 통합적으로 이해하고 대응해야 한다.

글로벌 마켓 비즈니스의 각종 리스크

유형	내용
상품/산업 리스크	상품 공급 중단, 품절
국가/지역 리스크	자연재해, 우체국 파업 등으로 인한 특정 국가로의 배송 중단 또는 지연
환경 리스크	환율 변동, 우체국 요금 인상, 분실·파손 발생으로 인한 환불
평판 리스크	나쁜 피드백으로 인한 평판 하락
정보 리스크	변경된 정책의 미준수로 인한 불이익
경쟁자 리스크	경쟁 셀러의 등장으로 인한 매출 하락
운영 리스크	셀러 등급 하락으로 인한 판매 자격 박탈, 운영 주체의 건강 악화

---

[23] Holliwell, J. (1998), 〈The Financial Risk Manual〉, PITMAN Publishing.

01_ 상품/산업 리스크

먼저 상품/산업 리스크는 상품 공급이 중단되거나 품절이 발생하는 상황을 말한다. 이는 특히 재고를 준비하지 않은 셀러에게 심각한 타격을 준다. 모든 글로벌 마켓에서는 품절로 인한 주문 취소에 페널티를 부과하며 이 페널티가 누적되면 셀러의 자격을 박탈당할 수도 있다. 따라서 셀러는 되도록 재고를 보유해야 하며, 품절로 어쩔 수 없는 상황이 발생하면 가능한 한 다른 상품으로 교환하는 방향으로 바이어와 협의하는 것이 좋다.

 필자의 경우 늘 공급받던 국내 생산품이 중국 OEM 생산으로 바뀌어 어려움을 겪은 적이 있었다. 바이어의 구매 이유 중 하나가 한국에서 제조된 상품이라는 것이었는데, 제조사의 사정으로 디자인만 국내에서 하고 생산은 중국에서 하는 방식으로 변경되었던 것이다. 이러한 경우는 예측하기 어려운 리스크라 한동안 판매에 큰 지장을 주었다. 한국 제조품인 줄 알고 구매했는데 'Made in China'라고 쓰여 있으니 속사정을 알 리 없는 바이어에게 오해를 사기도 했다. 이런 일에 대비해 셀러는 상품의 유통 구조를 파악하고 제조사의 상황 변화도 주시해야 한다.

02_ 국가/지역 리스크

국가/지역 리스크는 자연재해, 우체국 파업 등으로 특정 국가로의 배송이 중단되거나 지연되는 상황으로, 이런 일이 드물 것 같지만 의외로 자주 일어난다. 아일랜드에서 화산이 폭발해 항공기가 결항되어 배송이 지연되었던 경우, 러시아 세관에 화재가 발생해 배달이 지연되었던 경우를 예로 들 수 있다. 특정 국가로의 배송 중단이나 지연은 인터넷 우체국에 공지되니 수시로 확인할 필요가 있다.

 배송 중단 또는 지연을 미처 확인하지 못한 상황에서 상품이 판매되었다면 바이어에게 신속히 연락해 상황을 설명하고 양해를 구하거나 거래를 취소하는 등의 조치를 취해야 한다. 그나마 다행인 것은 대개 우리 쪽 문제가 아니라 바이어 국가의 사정 때문이라 대부분의 바이어가 너그럽게 이해해준다.

공지사항	
번호	
540	칠레, 코스타리카, 도미니카공화국행 우편물 접수중단 안내
539	폴란드(PL),멕시코(MX),에콰도르(EC)행 EMS 및 국제우편물 지연 안내
538	[긴급] 미국(US) 및 중국(CN) EMS 지연안내
537	미국(US)행 EMS 배송지연 안내
536	중국(CN)행 EMS 배송지연 안내

◆ 국제우편 관련 뉴스는 인터넷 우체국의 '국제특급(EMS) > 공지사항'에서 확인할 수 있다.

03_ 환경 리스크

환율 변동, 우체국 요금 인상, 분실이나 파손으로 인한 환불 등은 환경 리스크에 속한다. 이러한 상황은 수익에 직접적인 영향을 미치는 요인이므로 급히 대책을 마련해야 한다. 오르락내리락하는 환율은 셀러가 조정할 수 없는 불가항력적인 요소이므로 매일 환율을 모니터링하면서 앞으로의 추세를 예측해보고, 손실이 발생하지 않을 기준 환율을 보수적으로 잡아 수익을 계산하고 가격에 반영해야 한다. 기준으로 잡은 환율보다 실제 환율이 하락하면 수익이 줄어든다. 만약 1100원을 기준으로 잡고 수익률을 30%로 계산했을 때 5만 달러의 매출을 올렸는데 환율이 1050원으로 하락한다면 매출에서 250만 원, 수익에서 75만 원이 사라져버린다.

우체국 요금 인상도 불가항력적인 요소로서 수익에 큰 영향을 미친다. 필자가 이베이에서 처음 사업을 시작한 2005년에는 미국으로 발송하는 소형 포장물 500g의 요금이 5500원이었으나 2017년 12월 현재 7430원으로 올라 인상 폭이 적지 않다. 게다가 2019년 1월 1일부터는 트래킹 넘버가 없는 소형 포장물의 이용이 제한됨에 따라 기본 배송 수단이 국제등기가 되므로 어쩔 수 없이 2800원이 추가된다. 상품 가격에 배송비를 포함해 무료 배송으로 판매해야 하는 상황에서 이는 50달러 미만의 저가 상품을 취급하는 셀러에게 굉장히 큰 타격을 줄 것이다. 50달러짜리 상품의 경우 6% 정도의 가격 인상이 불가피해졌기 때문이다. 가격이 더 낮은 30달러짜리 상품은 10% 정도 가격을 인상해야 하므로 바이어의 가격 저항에 부딪혀 판매 감소로 이어질 수밖에 없다.

이처럼 환율 하락, 우체국 요금 인상 등으로 비용이 증가하는데 가격을 그대로 유지함으로써 수익이 감소할 때는 상품의 매입 원가를 낮추거나 판매량을 증가시키는 전략이 필요하다. 이는 임기응변으로 대응할 수 있는 수준이 아니기 때문에 미리 짜놓은 예상 시나리오에 따라 움직일 수 있도록 대비해야 한다. 그러기 위해서는 언제 발생할지 모를 손실을 메울 수 있는 예비 비용을 마련해놓을 필요가 있다.

발송한 상품의 분실이나 파손으로 인한 손실 또한 환경 리스크다. 우편 서비스가 국제적인 협약을 맺고 있고 시스템이 아무리 발전했다 해도 사람이 하는 일이라 분실, 파손과 같은 문제가 생길 여지가 있다. 실제로 국제우편이 분실되는 비율은 0.5% 정도라고 한다. 해외 바이어를 상대로 상품을 판매하다 보면 간혹 이러한 문제를 겪는데, 이때 환불이나 재발송에 따르는 손실의 비율과 금액을 계산해 예비 비용을 준비해두면 어느 정도 손실을 상쇄할 수 있다.

필자의 경우 평균 판매 가격이 50달러이고 마진을 제외한 비용이 40달러 정도다. 상품 검수와 포장을 완벽하게 한다고 해도 주소 불명, 수취인 부재, 자연재해 등으로 분실이나 반품 요청이 발생하는데, 경험상 200건당 1건 정도의 비율이다. 그래서 40달러의 비용을 200으로 나눠서 나온 0.20달러를 예비 비용으로 책정하고, 이 비용은 수익에서 빼고 남겨둬 손실을 메우는 데 사용한다.

또한 200건당 1건 정도의 비율이 더 증가하지 않도록, 분실이나 배송 지연으로 클레임이 제기되어 환불을 해주고 난 후에도 관리를 잘해야 한다. 바이어에게 지속적으로 연락을 취해 늦게라도 상품이 도착했는지, 상품을 받았다면 다시 지불해줄 수 있는지 정중하게 묻는다. 일주일 간격으로 서너 번 정도 연락을 하면 절반 이상은 상품을 수령했다면서 구매 대금을 돌려준다. 대부분의 셀러는 환불을 해준 후에는 관리를 하지 않는 경향이 있다. 손해를 입은 것에 속이 상해 훌훌 털고 마는 것이다. 금액이 적다면 잊어버리는 게 나을 수도 있지만, 그렇지 않다면 일상적인 손실로 치부하지 말고 회수하기 위해 노력해야 한다.

04_ 평판 리스크

평판 리스크는 바이어에게 안 좋은 평가를 받아 셀러의 점수가 낮아진 상황을 말한다. 앞서 설명했듯이 피드백이라는 지표로 드러나는 셀러의 신용도는 바이어의 구매 결정에 중요한 영향을 미친다. 따라서 바이어가 불만을 제기했을 때는 최대한 신속 정확하게 해결해야 한다. 대응하기도 전에 나쁜 피드백을 받았더라도 바이어와 협의해 피드백이 수정되도록 해야 한다. 이베이에서는 셀러와 바이어의 협의를 통해 피드백을 수정할 수 있는 기회를 매년 5회씩 제공하고 있다. 이는 바이어가 스스로 수정할 수 있는 것이 아니라 반드시 셀러가 먼저 피드백 수정 요청을 보내야 한다. 피드백 수정 요청을 받으면 바이어는 10일 이내에 피드백을 수정할 수 있다.

간혹 억울하게 나쁜 피드백을 받는 경우도 있다. 통관 후 관세나 부가가치세 부과에 대한 불만, 세관 계류로 인한 배송 지연에 대한 불만, 리스팅에 명시된 내용에 대한 불만, 바이어의 주소 변경 요청으로 배송 문제가 발생한 것에 대한 불만 등은 셀러의 잘못 때문이 아니다. 그래서 글로벌 마켓에서는 이러한 피드백을 공식적인 수정 기회와 상관없이 삭제해주므로 각 글로벌 마켓의 문제 해결 센터를 통해 해결하길 바란다.

05_ 정보 리스크

글로벌 마켓의 정책은 수시로 변경되는데 바뀐 정책을 준수하지 않아 계정 제한 등의 불이익을 받게 된 상황을 정보 리스크라고 한다. 대부분의 글로벌 마켓은 1년에 2회 정도 정책을 변경하고 이를 공지한다. 이베이의 경우 2017년 한 해 동안 Active

Contents 사용 제한, Http 콘텐츠 사용 제한 등의 정책이 시행되었고, 이 때문에 셀러들은 대대적으로 리스팅을 수정 및 보완했다.

아마존은 매년 연말을 앞두고 FBA에 입고해 판매할 수 있는 자격과 기간을 공지한다. 정책 변경은 어느 날 갑자기 이뤄지는 것이 아니라 최소한 시행 1개월 전에 공지 사항에 올리거나 개별 메시지로 알려준다. 마켓마다 고유의 정책이 있으며, 마켓에 입점한 셀러로서 반드시 이를 준수해야 한다. 따라서 공지 사항 중에 중요한 정책 변경이 있는지 모니터링하고 바뀐 정책에 즉각 대응한다.

06_ 경쟁자 리스크

경쟁자 리스크는 경쟁 셀러의 등장으로 인한 경쟁이 심화되어 매출 하락으로까지 이어지는 상황을 뜻한다. 시장의 원리상 경쟁은 피할 수 없는 일이며 해답은 경쟁 우위를 갖는 것이다. 경쟁 우위 전략은 크게 원가 우위 전략, 차별화 전략, 집중화 전략으로 구분된다.

원가 우위 전략은 상품을 낮은 가격에 매입해 가격 측면의 경쟁 우위를 확보하는 것이다. 매입 가격에 경쟁력이 있으면 가격 경쟁이 심해져서 다른 셀러들이 마진을 남기지 못해 포기하는 시점이 와도 살아남을 수 있다. 그러기 위해서는 상품을 매입할 때 유통사를 건너뛰고 직접 제조사로부터 대량으로 공급받아 매입 가격을 낮추거나, 미국 지역에서 톱레이티드 등급을 획득해 판매 수수료를 할인받고 이를 판매 가격에 반영하는 방법 등으로 원가 우위를 실현해야 한다.

차별화 전략은 다른 셀러에게서는 찾아볼 수 없는 자신만의 강점으로 경쟁 우위를 확보하는 것이다. 신상품 업데이트가 가장 빠르거나, 정기적인 이벤트로 바이어들의 관심을 끌어모으거나, 디자인이 뛰어난 상품을 선보이거나, 바이어의 문의에 아주 빠르고 정확하게 응대하거나, 항상 증정품을 주거나, 100달러 이상 구매 시 무조건 특급 배송 서비스를 제공하는 것을 예로 들 수 있다.

집중화 전략은 틈새시장에서 원가 우위나 차별화를 추구해 경쟁 우위를 확보하는 것으로, 경쟁자가 없는 시장이나 상품을 개척하는 전략이다. 다른 셀러들이 팔지 않지만 바이어들이 찾는 상품을 발굴하기 위해 다양한 카테고리의 상품을 끊임없이 연구하고 시장의 새로운 니즈에 촉각을 곤두세워야 할 것이다.

07_ 운영 리스크

셀러의 등급 하락으로 불이익을 받고 심한 경우 판매 자격이 박탈되는 상황에 처하는 것은 운영 리스크다. 안정적인 재고 관리, 바이어의 클레임 관리로 늘 문제가 없도록 해야겠지만 삶에는 예기치 않은 일이 닥치기도 한다. 필자의 경우 갑자기 몸이 아파 며칠 동안 병원에 입원한 적이 있는데, 스마트폰이 없던 시절이라 판매 관리를 할 수 없었다. 퇴원 후 확인해보니 그 사이 상품을 받지 못했다는 클레임이 여러 건 제기되었고, 이미 이베이에 중재 요청이 들어가 종료된 것이 대부분이었다. 문제를 신속히 해결하지 못한 탓에 결국 등급이 하락해 원상 복구하기까지 몇 개월 동안 고생했다. 몸이 아팠던 것도 속상한데 일까지 엉망이 되어 엎친 데 덮친 격이었다.

이러한 상황에 대비하기 위해, 또 주력 카테고리의 인기가 떨어지거나 경쟁에서 밀리는 상황에 대비하기 위해, 계정이 어느 정도 안정적으로 유지되면 만약을 위한 계정을 추가로 생성해둘 필요가 있다. 또한 여러 계정의 사용은 다양한 기회 요인으로 작용할 수도 있다.

글로벌 마켓 중 복수의 계정 생성을 허용하는 곳은 이베이가 유일하다. 이베이는 국가별 사이트가 있고 각 사이트에는 해당 국가 바이어의 니즈가 반영되어 있다. 따라서 추가로 생성한 계정을 특정 국가 사이트 전용으로 운영한다면 이베이 속에서 스토어를 여러 개 갖고 있는 것처럼 수익을 늘릴 수 있을 것이다. 보통 최초 가입은 미국 사이트에서 하여 미국을 비롯한 전 세계를 대상으로 판매하고 이후에 영국, 호주, 독일 등의 사이트에 계정을 추가로 생성해 해당 국가 바이어들에게 판매하는 사례가 많다. 즉 각각의 계정이 각국 전용 스토어가 되는 것이다.

한 카테고리를 전문적으로 취급하다가 다른 카테고리의 상품도 판매하고자 할 때는 스토어의 구성과 콘셉트를 해치지 않도록 별도의 계정을 생성하고 그 계정에서 다른 카테고리의 상품을 판매하는 것이 정석이다. 이렇게 하면 한 카테고리만 취급할 때의 한계를 극복할 수 있다. 다만 처음부터 여러 개의 계정을 만들면 이도 저도 제대로 운영하지 못하는 경우가 비일비재하다. 그러므로 처음부터 욕심을 내기보다는 하나의 계정을 최소한 1년 이상 꾸준히 운영하다 추가 계정을 생성하는 것이 바람직하다.

    마지막으로 운영 주체의 건강 문제 역시 중요한 리스크 중 하나다. 보통 글로벌 마켓 비즈니스는 1~2명이 소규모로 운영한다. 그래서 빠른 의사 결정과 업무 진행이 가능하지만 운영자에 대한 의존도가 절대적이라 운영자가 아프기라도 하면 모든 일이 멈춰버린다. 글로벌 마켓 비즈니스를 오래 하면 주로 책상에 앉아 컴퓨터를 다루다 보니 허리, 어깨, 손목 통증이 생기고 시력도 나빠진다. 상품을 다루고 포장하는 과정에서 먼지를 많이 흡입해 호흡기가 나빠지고 접착제 냄새 때문에 만성 두통에 시달릴 수도 있다. 억울한 클레임이 들어오거나 바이어가 억지를 부릴 때 겪는 정신적 스트레스, 그리고 모든 사업이 그렇듯 언제 망할지 모른다는 불안감과 초조함이 운영자를 옥죄곤 한다.

    모든 직업이 그렇겠지만, 자신감을 갖고 업무에 매진하되 24시간 매달리기보다는 취미 생활도 하고 적당히 휴식도 취해야 한다. 업무의 특성 탓인지 글로벌 마켓의 셀러는 아침형보다 올빼미형이 많다. 조용한 밤에 리스팅을 해야 더 잘되는 것 같고 미국 바이어의 일상에 맞춰 생활해야 할 것 같아서 필자도 새벽에 잠들고 오전 늦게 일어나는 생활을 몇 년 동안 지속했다. 그러다 결혼을 하면서 아침형으로 생활 패턴을 바꿨는데, 결론은 밤에 하든 낮에 하든 업무의 효과는 별 차이가 없다는 것이다. 몸에 무리가 가지 않도록 건강을 돌보면서 스스로 잘 관리하는 것은 모든 일의 기본 중 기본이다.

에필로그

또 한 권의 책을 세상에 내놓게 되었다. 전문 작가는 아니지만 글로벌 마켓에 관한 책만 벌써 네 권째다. 시간이 지날수록 한 글자 한 글자를 쓰는 데 책임감과 무게감이 더 커지는 듯하다. 앞서 펴낸 세 권은 1년 간격으로 출간했는데 이 책은 4년이라는 시간이 걸렸다.

독자에게 당부하고 싶은 것이 있다. 글로벌 마켓 창업은 이 책을 펼쳐 든 순간부터 시작된다. '이런 내용이 있구나' 하면서 구경만 하고 실행하지 않으면 어떤 결과도 일궈낼 수 없다. 해보기로 마음먹었다면 곧바로 계정을 세팅하고 상품 등록을 꾸준히 하면서 판매 관리 과정을 몸소 익혀나가야 한다.

이 책은 앞서 출간한 책들과는 방향을 다르게 잡고 집필했다. 캡처한 화면에 번호를 매겨가며 설명하는 매뉴얼이 아니라, 전체적인 관점에서 과정의 맥락을 이해할 수 있도록 구성했다. 하지만 실제로 일을 하다 보면 매뉴얼이 필요한 것도 사실이다. 저자로서 변명을 하자면 지면을 통해 매뉴얼을 만들기란 쉬운 일이 아니었다. 화면을 일일이 캡처하기도 어렵거니와, 무엇보다 글로벌 마켓 플랫폼의 업데이트가 잦아 화면이 자주 바뀌기 때문이다.

그렇다고 해서 매뉴얼을 간과할 수는 없기에 독자가 본격적으로 글로벌 마켓 비즈니스를 하는 데 도움이 되도록 각 글로벌 마켓 플랫폼의 계정 세팅, 상품 등록, 판매 관리 매뉴얼을 '글로벌 마켓 창업 멘토링 카페 cafe.naver.com/globalmentor'에 올려놓았다. 두꺼운 책을 펼쳐놓고 변경된 화면을 보면서 씨름하는 것보다 훨씬 효율적일 것이다. 내용이 업데이트될 때마다 카페의 매뉴얼에 반영할 것을 약속드리니 카페에서 PDF 매뉴얼을 내려받아 익히길 바란다.

교육 현장에서 글로벌 마켓 창업에 관심을 가진 많은 분을 만나고 있다. "강사님 이름을 어디서 봤다 싶었는데, 예전에 제가 읽었던 책이 강사님이 쓰신 거였군요."라는 분도 많다. 책을 출간하면서 얻게 되는 고마운 인연이다. 이 책을 통해서도 또 다른 인연을 많이 맺기를 기대해본다.

이 자리를 빌려서 고마움을 전하고 싶은 분들이 있습니다.

사랑하는 아내 신지혜 님, 오래오래 행복하게 같이 잘 살아봐요. 소중한 나의 가족, 아버지 배충근 님, 어머니 이경순 님, 장인어른 신현동 님, 장모님 장선옥 님, 하나뿐인 동생 배누리 군, 처제 신유림 양, 우리 댕댕이 콩이와 봉희, 모두 사랑합니다.

언제나 든든한 지원군이 되어주시는 이베이코리아 CBT 사업팀, 에이슨앤컴퍼니 한기용 실장님, 조미경 차장님, 최은석 대리님께 감사드립니다.

나이가 들수록 더욱 각별함을 느끼는 친구들, 이수형, 한상아, 박동휘, 채수연, 이경훈, 홍윤석, 최성원, 유명석, 박진용, 이민걸, 한경동, 진익복, 최명훈, 강성용과도 출판의 기쁨을 함께 나누고 싶습니다. 마지막으로 부족한 제게 흔쾌히 출판의 기회를 주신 e비즈북스에도 심심한 감사의 인사를 드립니다.

2018년 6월
저자 배우리